国家自然科学基金项目"滇中城市群'三生空间'多尺度耦合及多目标协同优化研究"（42301304）

云南省基础研究计划项目"基于功能分区视角的滇中城市群国土空间特征识别与格局优化重构"（202201AU070112）

云南省教育厅"高原山坝区国土空间演化模拟与优化配置博士生导师团队"

资助

高原山区城市群国土空间多尺度时空演变与多目标优化研究

林伊琳　赵俊三　陈国平　著

武汉大学出版社

图书在版编目(CIP)数据

高原山区城市群国土空间多尺度时空演变与多目标优化研究/林伊琳,赵俊三,陈国平著. —武汉:武汉大学出版社,2024.5

ISBN 978-7-307-24382-8

Ⅰ.高…　Ⅱ.①林…　②赵…　③陈…　Ⅲ.城市群—国土规划—研究—云南　Ⅳ.F129.974

中国国家版本馆 CIP 数据核字(2024)第 086351 号

责任编辑:王　荣　　　责任校对:汪欣怡　　　版式设计:马　佳

出版发行:**武汉大学出版社**　　(430072　武昌　珞珈山)

(电子邮箱:cbs22@whu.edu.cn　网址:www.wdp.com.cn)

印刷:湖北恒泰印务有限公司

开本:787×1092　1/16　印张:16　字数:364 千字　插页:2

版次:2024 年 5 月第 1 版　　2024 年 5 月第 1 次印刷

ISBN 978-7-307-24382-8　　定价:96.00 元

前　　言

　　党的十八大以来，中央加大了空间领域的改革和制度建设力度，十九大以后，特别是二十大的召开，改革方针进一步明确，制度建设快速推进。2018 年通过机构改革新组建自然资源部，将国土空间规划这"一个问题"交由一个部门负责，同时"强化国土空间规划对各专项规划的指导和约束作用"，国土空间规划的法定地位得以确认。积极推进国土空间规划、国土空间用途管制和主体功能区制度的协调互动，对提升国土空间治理体系和治理能力现代化具有重要意义（黄征学等，2020）。2019 年 5 月，中共中央、国务院发布了《关于建立国土空间规划体系并监督实施的若干意见》，已将各类空间规划统一为国土空间规划"五级三类"体系（五级：国家级、省级、市级、县级、乡镇级。三类：总体规划、详细规划、相关的专项规划）。党的十九大报告强调，要建立科学、高效的国土空间规划体系，整体谋划新时代国土空间开发保护格局，科学合理布局"三生空间"（生产空间、生活空间、生态空间）。党的二十大报告强调，要"优化国土空间发展格局""构建优势互补、高质量发展的区域经济布局和国土空间体系"。优化国土空间发展格局，就是要在"五级三类"中，科学统筹划定国土空间规划的核心——"三区三线"（生态空间、农业空间、城镇空间和生态保护红线、永久基本农田、城镇开发边界），强化底线约束，构建高质量发展的国土空间布局和支撑体系，促进区域协调发展。

　　改革开放以来，随着我国经济社会的快速发展，资源约束趋紧，国土空间开发无序、空间结构失衡、环境污染严重、生态系统退化日趋严峻。基于此，多年来国家从不同层面实施并开展了诸如主体功能区规划、土地利用总体规划、国土规划、城乡规划、环境保护规划与国民经济发展规划相衔接的多规合一等多项与国土空间密切相关的规划，各项规划按照发展需求与重点对格局进行调整，其目的均是优化配置和高效利用空间资源，形成良性发展的国土空间格局。即，须对国土空间结构进行优化治理，以科学的空间规划"再塑"国土空间结构和布局，实现国土空间格局优化配置，是推动区域国土空间均衡发展、协调利用的重要途径，也是加快形成绿色生产方式和生活方式、推进生态文明建设的关键举措。

　　国土空间本质上是一个有关治权规定的包含自然资源、地理环境、经济、社会、文化等全要素的复杂系统空间，具有多种层级的实体空间，既可以划分为省、市、县、乡镇、村域等行政层级性空间，也可根据其核心功能和定位按生产、生活、生态等非行政层级进行空间划分，是自然生态和人类所有活动的载体。"三生空间"作为国土宏观尺度认知的基本范式，其格局具有特定的时空属性，形态和状态可在多种时空尺度上变化。同时它的形成和演变受自然、经济、社会、生态等多种复杂因素的影响，表现出高度的尺度依赖性、耦合性和非平稳性特征。加之国土空间优化具有多目标特性，需要以区域内各类空间数据和属性数据为基础，综合利用地理学、地理信息科学、生态环境学、多目标协同理论等创新方法，深入研究区域国土空间格局变化，探索其演变规律和尺度依赖性，揭示国土空间数量结构与格局之间的耦合机理及尺度关系；顾及国土空间多要素与多目标冲突，协同具有多样性和矛盾性特征的规划目标，模拟优化未来国土空间开发格局，实现不同空间要素的优化配置，才能为后期国土空间规划、各类专项规划、详细规划、开发策略的制定和实施提供理论和方法支撑。

本书基于尺度和国土空间格局优化研究的基础理论，以高原山区城市群——滇中城市群为例，从生产、生活和生态功能出发，以土地利用数据、遥感监测数据、社会经济数据等多源数据为数据源，综合运用计量地理模型、景观指数、地学信息图谱、空间分析等技术方法，从行政区尺度、栅格尺度和景观尺度等多尺度视角出发，开展国土空间格局分异特征及多尺度空间自相关性研究，探究国土空间结构和格局尺度规律、尺度效应；构建 8 种栅格尺度下国土空间类型的二元 Logistic 回归模拟模型，分析国土空间格局模拟过程中的尺度相关性特征；采用 CLUE-S 模型和 FLUS 模型模拟国土空间格局情况；耦合 MCR-FLUS-Markov 模型，提出基于生态安全格局的国土空间格局多目标优化新方法，探究在"生活-生产-生态空间"协调下的滇中城市群国土空间格局优化配置方案。对开展城市群国土空间规划编制、城市群生态治理、绿色发展及国土空间有效利用具有重要意义。

本书得到国家自然科学基金项目"滇中城市群'三生空间'多尺度耦合及多目标协同优化研究"（42301304）、云南省基础研究计划项目"基于功能分区视角的滇中城市群国土空间特征识别与格局优化重构"（202201AU070112）、云南省教育厅"高原山坝区国土空间演化模拟与优化配置博士生导师团队"的资助。本书主要由林伊琳撰写完成，赵俊三、陈国平负责校稿审定。编著本书过程中引用和参阅了国内外学者的相关研究成果，在此一并表示诚挚的感谢！

由于研究深度和水平有限，书中难免有疏漏和不妥之处，敬请广大专家学者谅解包容、批评指正！

林伊琳

2024 年 1 月

目　　录

第1章 绪 论

1.1 研究背景

尺度是空间数据的共同特征，它体现了人类对空间事物及现象认知的深度与广度，是对地理对象、地理空间及地理现象认知的基础。尺度在地学中无处不在，尺度效应的存在使得不同空间要素的空间及属性尺度存在一定的差异。多尺度现象并不是一个新事物，它普遍存在于我们现实客观世界当中（柴立和，2005）。国土空间是生存之本，发展之要，是人类社会发展和生态文明建设的空间场所和主阵地，其格局在一定的区域内具有独特的组织结构和多维、多尺度特性。国土空间开发是以一定的空间组织形式通过人类的生产建设活动，来获取人类生存和发展的物质资料的过程，而开发格局是一个国家或区域的人们依托一定地理空间，通过长时间生产和经营活动形成的经济要素分布状态（肖金成等，2012）。从全球视角来看，国土空间开发格局的形成和发展与经济社会发展阶段密切相关。

我国疆域辽阔，但国土资源的潜力非常有限。近几十年来，随着经济社会的快速发展，资源约束趋紧，国土空间开发无序、空间结构失衡、环境污染严重、生态系统退化日趋严峻。基于此，近年来国家从不同层面实施并开展了诸如主体功能区规划、土地利用总体规划、国土规划、土地利用总体规划、城乡规划、环境保护规划与国民经济发展规划相衔接的多规合一等多项与国土空间密切相关的规划，各项规划按照发展需求与重点对国土空间结构和布局进行调整，其目的均是优化配置和高效利用空间资源。党的十九大报告也强调，要建立科学、高效的国土空间规划体系，整体谋划新时代国土空间开发保护格局，综合考虑人口分布、经济布局、国土利用、生态环境保护等因素，科学布局生产空间、生活空间、生态空间。因此，国土空间开发已成为国家发展战略的重要组成部分，优化国土空间开发格局已是推进生态文明建设的首要任务，是加快形成绿色生产方式和生活方式、建设美丽中国的关键举措（《中共中央、国务院关于建立国土空间规划体系并监督实施若干意见》）。然而，国土空间规划具有空间尺度上层级性，我国制定"国家—省—市—县—乡"的"五级"规划体系，不同层级国土空间总体规划承担着不同国土空间治理功能（曾源源等，2022）。按照我国目前的规划体系，各类空间规划均存在行政层级和区域尺度上的分级，只有通过揭示不同尺度国土空间格局之间的依赖性和耦合机制，才能实现尺度间的良性约束和优化配置。

国土空间作为一个远离平衡状态的自组织系统，国土空间各类功能系统或要素之间相互重叠、耦合与冲突，各种空间要素通过不同组合方式产生相互作用和综合效果，在不断运动中体现着国土空间系统的动态性和稳定性。空间要素及形态的多样性和异质性决定了国土空间规划的多目标特征(欧名豪等，2020)。因此，国土空间格局优化具有多目标性。国土空间规划旨在满足区域社会经济发展的长远需求，对城镇、农业和生态布局进行统筹优化，对山、水、林、田、湖、草，以及矿产、能源、生物等空间资源进行合理安排的战略手段。空间规划应该包含定性(性质)、定用(用途)、定量(规模)、定位(空间)、定序(时序)的"五定方案"，其最本质的功能是对未来资源的分配和时空组织，其最大的目标在于遵守五重框架中各项约束条件的效益最大化，即自然条件的适宜性、经济发展的可行性、社会制度和政策的可容性、生态系统的平衡性和空间布局的合理性(严金明等，2017)。因此，国土空间规划若要协调发展与保护之间的关系，真正实现"多规合一"，关键是要通过协同具有多样性和矛盾性特征的规划目标，来实现不同空间要素的优化配置(欧名豪等，2020)。只有综合利用地理信息科学、土地科学与自然资源管理、计算机科学、多目标协同理论等交叉学科的创新方法，对国土空间资源对象进行深入研究，探索优化目标之间的依赖关系，厘清国土调查数据、耕地与基本农田保护数据、城乡人口时空活动迁移数据、自然地理及生态环境数据、社会经济数据等之间的内在关联性，揭示国土空间数量结构与空间格局之间的耦合机理，采用高效的多目标方法，优化模拟未来国土空间分布格局，才能为后期各级空间规划和各类专项规划、空间资源开发制定和实施提供理论和方法支撑。

规划作为面向未来的超前性的计划和安排，具有不确定性的特点，特别是对复杂系统进行优化配置时，人为判断的有限理性特征更加明显，而降低这种不确定性需要科学的规划方法提供支撑。长期以来，我国不同行政层级间的国土空间规划主要以数量结构约束为主，对多尺度用地空间布局耦合关系的研究还不够深入，政府层面对空间布局也主要停留在本级尺度，上下级不同尺度规划之间存在数量结构与空间布局矛盾冲突，空间布局与资源配置等方面存在目标内容不协同，较少顾及规划空间多尺度耦合与多目标特征。现今，我国的社会经济发展战略与资源环境配置的科学要求均发生了根本性的转变，国土空间作为实施诸多规划的载体，原有的空间分配格局已无法应对现势需要，多尺度、多目标空间规划布局与政策指标之间的冲突与矛盾问题已普遍存在，亟须提出一套完善、科学的国土空间规划理论方法体系，揭示国土空间格局特征多尺度效应，实现国土空间格局优化多目标协同，促进国土资源高效利用，形成与经济发展方式转变相适应的国土空间开发格局，实现上下级规划的"无缝"衔接及数量结构与布局的统一。

近10年来，我国的国土空间开发利用格局发生了剧烈的变化，生产空间和生活空间不断扩张，而生态空间持续萎缩，造成生态破坏、土地退化、资源浪费、环境污染等问题日益突出。生产、生活和生态涵盖了人类的生存、生产、生活过程，以及物质和精神资料的发展等方面。三者构成的"三生空间"是国土空间宏观尺度认知的基本范式(Shi et al., 2018)，在可持续发展战略中承担着不同的功能，同时这三种空间彼此之间存在功能的交叉重叠(刘彦随等，2011；谢高地等，2009)。用地功能呈现多元化发展，用地结构的改变使得国土空间功能不断扩张，主体功能凸显。因此，准确判别国土空间主体功能，也即

"生产-生活-生态空间"的主体功能，有利于区域准确定位其发展重点；明晰国土空间优化开发模式和范式，探讨国土空间优化开发的技术路径，对其格局进行优化，突破资源环境瓶颈，对实现区域"生产-生活-生态空间"的有序发展十分重要。

滇中城市群是国家重点培育的 19 个城市群之一，也是云南省经济社会最发达区域，其资源禀赋和基础条件优越、区位优势凸显，在国家现代化建设大局和全方位开放格局中的战略地位举足轻重，受到越来越多的关注。其空间格局本质上是生产要素、社会关系和生态环境等相互作用的体现（徐磊，2017）。实际上，城市群也具有一定的层级尺度性，包括城市群、市域、县域，加之其地处高原山区，地形破碎复杂、生态环境脆弱，不同层级的国土空间特征表现出的多尺度特性明显。同时，随着城镇化建设深入开展，工业化进程快速推进，城市群国土开发强度日益增大，加之国土空间无序开发、非均衡发展，滇中城市群国土空间不同功能、不同区域之间存在激烈的竞争，生产空间、生活空间大量侵占生态空间，大城市对中小城市的空间剥夺，使得大中小城市的协调机制无法得到发挥，导致城市群空间利用失调、资源粗放利用等问题，各功能类型空间之间矛盾日益尖锐。如何揭示多尺度视角下的滇中城市群生产空间、生活空间和生态空间的功能、数量、结构、布局时空演化及影响因素的内在规律，尤其是尺度效应规律，如何有效缓解城市群生产用地、生活用地、生态用地之间的矛盾，实现整个城市群资源环境、经济社会发展与生态安全相互协调，显得尤为重要。

综上所述，国土空间格局的形成本身就是一种动态演变的复杂过程，具有特定的时间和空间属性，其形态和状态可在多种时空尺度上变化；其格局优化也是各功能空间资源配置的多目标优化问题。关于空间多尺度的研究，必须寻求综合的研究途径，将地方尺度和局地尺度的国土空间格局变化动态联系起来（蔡运龙，2010）。滇中城市群作为西部大开发战略和西南"桥头堡"建设中重要的战略支撑地，也存在空间结构不合理、功能格局混乱等问题，然而绿色发展和生态环境保护是滇中城市群国土空间开发的重要前提，产业建设、生活质量和生态环境之间协调发展也是实现国土资源高效利用，以及经济、社会和自然和谐发展的必然选择。因此，从空间多尺度视角出发，探索滇中城市群不同层级之间的国土空间格局的演变规律和尺度差异性、依赖性，研究不同尺度国土空间格局的关键影响因素，是不同尺度国土空间格局优化配置所要解决的关键问题，在此基础上探究在各功能空间相互协调下的国土空间多目标优化配置方案，识别尺度间国土空间数量结构优化与空间布局优化的耦合性、矛盾冲突，提出多尺度特征识别与多目标优化方法是支撑生态文明时代区域国土空间规划理论方法体系建设的重要内容，为指导国土空间规划与治理实践工作提供科学理论技术支撑，也是缓解山区城市群各功能空间之间竞争和协调用地矛盾的重要途径。

1.2 研究目的与意义

1.2.1 研究目的

本书的研究目的是探究适合高原山区城市群的国土空间特征多尺度耦合机理及多目标

优化的技术关键和实现路径，形成与之相配套的理论方法和技术体系。具体包括：

(1)以滇中城市群为例，从多尺度视角出发，以"三生空间"作为研究范式，以土地利用数据、遥感数据、社会经济数据等多源数据为基础，科学分析滇中城市群多尺度国土空间数量结构与布局特征，探讨城市群国土空间格局时空演变过程及尺度分异规律，分析不同空间类型、驱动因素及二者之间的尺度效应；

(2)研究建立国土空间格局多尺度空间模拟模型，揭示国土空间格局模拟过程中的尺度相关性特征；

(3)研究构建区域生态安全格局，将维护区域生态安全融入国土空间格局优化过程和结果，从城市群整体协调性出发，设计国土空间开发利用多目标情景，对未来城市群国土空间格局进行优化配置，科学、合理地配置空间资源，缓解生产用地、生活用地、生态用地之间的矛盾，形成可持续发展的城市群国土空间格局，提升国土空间利用质量和效率，引导空间资源的优化配置，以实现城市群国土空间的区域均衡和协调发展。

1.2.2　研究意义

1. 科学意义

(1)通过定量与定性相结合的科学实验研究，构建空间多尺度视角下的城市群国土空间格局时空演变及优化配置的理论方法体系，弥补目前国土空间格局在多尺度时空演变及优化研究方面的不足，使得对国土空间格局多尺度时空演变方法及影响因素的探究不再限于单一的理论推理，将其充分应用于实践过程，有利于促进多尺度国土空间利用科学理论与方法体系的完善。

(2)通过国土空间格局多尺度空间数据耦合、GIS 空间数据挖掘、国土空间格局演化信息图谱建立方法的研究，探索 GIS 空间多尺度演绎规律，为国土空间利用和地理信息科学多尺度问题研究提供新的科学方法和研究思路。

(3)国土空间格局模拟优化具有尺度依赖性，并受多种因素制约，研究建立不同尺度的国土空间格局空间模拟模型，探索国土空间格局多尺度空间耦合关系和多因素耦合关系，充实国土空间规划理论体系。

(4)通过多学科交叉融合、多技术集成，构建城市群生态安全格局，将生态安全格局与国土空间优化配置相结合，探究在"生活-生产-生态空间"协调下的滇中城市群国土空间格局多目标优化方案，为城市群国土空间格局多目标优化提出一种新的方法和范式。

2. 应用价值

(1)空间多尺度研究为国土空间规划及多规合一等空间数据处理提供理论基础与技术方法支撑。

基于多源国土资源大数据，从多尺度视角出发，开展国土空间时空演化和空间系统功能特征耦合关系研究，分析不同尺度国土空间数量结构和格局特征，探讨国土空间格局演化过程及尺度分异规律；研究不同尺度国土空间开发格局的关键驱动因素，找出相互间协同和矛盾的制约因素，为国土空间总体规划、专项规划、详细规划等多尺度空间数据处理提供理论基础和方法支撑。

（2）缓解生产空间、生活空间、生态空间结构性矛盾。

在新型城镇化背景下，为兼顾人类生活居住、经济社会发展、生态保护之间的关系，为解决快速转型期存在的国土开发无序和生态环境恶化的问题，缓解生产空间、生活空间、生态空间不协调发展的冲突，国土空间格局亟待优化调整。本书基于生活扩张、生产开发和生态保护之间的空间耦合关系，构建多目标的国土空间格局优化模型，为建立国土空间数量结构与布局的协调关联机制找到可行的方法，通过实验研究来判别"生产-生活-生态空间"的主体功能并对其结构进行优化，有利于准确定位区域发展重点，在兼顾生活扩张、生产开发和生态保护的关系，协调三个功能空间之间的用地需求与安排，在较大程度上能缓解生产空间、生活空间、生态空间的结构性矛盾，对实现区域"生产-生活-生态空间"的协调发展及相关规划的制定与实施提供决策依据，对促进国土空间有序、适度及可持续开发利用具有指导意义。

（3）对指导高原山区城市群国土空间开发及优化配置具有实际应用价值，且作为典型案例的研究经验可向其他地区推广。

长期以来，关于滇中城市群各类空间规划、土地利用结构布局与用地分区、国土资源开发利用、土地利用覆被变化等方面的内容，政府部门和一些专家学者开展了相关研究并取得了一些成果。但是与生产开发、生活建设和生态安全密切相关的国土空间开发格局方面的研究较少。对滇中城市群国土空间进行格局的时空演化特征分析及优化配置研究，成果将直接服务于各级各类国土空间规划专题研究和规划编制工作，为区域国土空间优化战略布局、科学调整产业布局、推动新型城镇化建设和助力乡村振兴提供方法和技术，具有实际应用价值，可作为典型案例，其研究经验值得推广。

1.3　国内外研究进展

1.3.1　空间多尺度研究

尺度是地学研究的基本问题，源于地球表层自然界的等级组织和复杂性，本质上是自然界所固有的特征或规律（邬建国，2000）。尺度效应的存在使得不同空间要素的空间及属性在不同的尺度存在一定的差异。目前已有的文献成果所关注的空间多尺度问题主要集中在地理学界、地理信息学界、遥感学界及生态学界，这些领域研究的对象均属于国土空间的一部分，与国土空间格局研究密切相关。

针对多尺度在地理学界、地理信息学界的研究，Abler 于 1987 年发表的文章中介绍了 1983 年美国国家航空和宇宙航行局（National Aeronautics and Space Administration，NASA）与部分著名学者讨论的关键科学问题，空间数据的多尺度表达就是其中之一。尺度问题至今仍然是重要热点问题。李双成等（2005）重点阐述了地理学尺度研究理论框架的内容和对象，提出在地理科学中需要解决的 10 个关键尺度问题，并初步给出解决尺度问题的方向。王艳慧等（2003）探讨了地理空间要素多尺度表达在几何、实体及属性等层次方面的多尺度表现特征。应申等（2006）在地理信息科学的尺度问题分析中表明，地图信息量与比例尺存在重要关系，地图信息的传递变化是由地图的尺度引起的，方根模型是空间要素的选取表达与空间尺度关系的最直接体现。李玲（2018）对面向嵌入式设备的 GIS 空间数据多尺度表达与快速显示技术进行了深入研究，提出基于改进 G-H 算法的超大尺寸图斑快速显示算法，解决了嵌入式设备上百兆级矢量及影响空间数据的快速处理及显示技术难题。刘朝辉等（2017）提出一套顾及语义尺度和动态特性的属性特征的表达操作方法，从多时间尺度和多语义尺度角度初步实现了时空对象属性特征的认知方式，为时空对象属性特征的精准化管理提供新的思路。袁磊等（2014）兼顾考虑多尺度土地利用数据在时间、空间和语义属性的多尺度特征，以空间维度作为切入点，构建了面向对象的土地利用多尺度时空数据模型。Zhao 等（2016）从多尺度空间关联耦合的角度，构建了一个能够动态、定量表征不同尺度国土空间变化及其驱动力机理的国土空间变化多尺度驱动力系统动力学耦合模型。地理科学中的基础性工作是空间尺度的研究，而空间尺度又是认识地理空间、地理建模和表达的前提和基础，只有充分了解空间尺度的意义及内在关联性，才能更好地把握尺度，从而实现空间分析和决策的有效性（李霖等，2005）。

在土地利用模拟中不适宜的空间像元尺度可能导致土地利用信息的不恰当表达（Pan et al.，2010）。有些学者为寻找最佳尺度规模，开始对空间尺度和领域规模进行研究，以提高模拟结果的准确度。潘影等（2010）利用 CLUE-S 模型邻域模拟模块，以北京市密云县为例，研究了模型中两种邻域距离参数对土地利用变化模拟精度的影响。陈国平（2018）从空间多尺度视角研究滇中城市群土地利用格局的尺度效应，结果显示为 1km 栅格尺度最能表征区域土地利用结构特征。张永民等（2003）对奈曼旗的土地利用格局演变进行模拟，确定了 0.5km 栅格尺度下的模拟正确率最高，达 85%。周浩等（2017）从栅格大小为 1km×1km 开始，以步长为 100m 逐步提高空间分辨率，模拟挠力河流域土地利用情况，通过对比不同空间尺度的模拟精度，确定最佳模拟空间尺度为 200m。

Woodcock 等于 1987 年发表了第一篇与尺度问题有关的文章，文章通过实验分析的方法就尺度对影像信息表达产生的影响进行了揭示。随后，在遥感学界，关于尺度问题的研究文章大量涌现。郑东玉等（2018）认为传统的最优尺度自动确定方法或模型忽略了地物纹理信息特征，难以适用于复杂影像的最优尺度选取，提出一种基于灰度共生矩阵的纹理均值法，并开展了面向对象建筑物目标提取的最优分割尺度选择研究。刘一哲（2016）以甘肃省白银市为例，基于 eCognition 软件，采用面向对象的多尺度分割方法，利用多种尺度对研究区影像进行分割，认为 shape 取值在 0.4~0.6 之间，compactness 取值在 0.5~0.8 之间得到的分割结果最理想。周文等（2018）指出在耕地地块分割中，需要保证地块边界清晰、连续，对分割边界的要求较高，提出一种结合影像分区及尺度估计的耕地提取方法。李慧等（2015）基于 eCognition 软件的多尺度分割思想，提出一种基于最小生成树分割和最小异质性准则的改进后的多尺度分割方法。张佩芳等（2007）在对云南省山地流域遥感土地利用分类对比研究中发现遥感分类模型效应与尺度空间有较大的关联性。

在生态学界的研究中，尺度推绎是景观生态学的十大研究论题之一（邬建国，2004），其研究重点与国土空间格局研究有相通之处，因此其理论和方法被借鉴和引用到国土空间格局研究中。目前国内开展的关于景观格局演变尺度的效应研究主要表现在空间粒度变化的尺度效应，尺度域与特征尺度选择、空间幅度变化的尺度效应及景观格局演变驱动力的尺度效应等方面（赵文斌等，2010）。岳天祥等（2003）研究了生态地理建模中的尺度问题解决方法，提出若要从根本上解决生态建模中的时空尺度问题，除了运用微分几何学和等级理论等经典方法外，还需引入格点生成法和网络计算等现代理论和技术手段。覃纯（2008）采用景观指数分析、数据与图形分析相补充、定性与定量相结合的方法对东宝区景观空间格局尺度效应进行了研究分析。陈利项等（2006）建立了基于环境—格局—过程的尺度转换方法，为景观生态学中的尺度转换提供了一种新的研究思路。王永豪（2011）采用美国陆地资源卫星三期遥感影像，采用半方差分析和小波变换方法，研究了东祁连山地景观的 4 个尺度等级结构特征。

综合以上研究，多尺度问题是一个跨学科邻域的知识范畴，不同学科领域对多尺度概念界定有所不同，其定义取决于尺度使用的环境和条件。现有研究所反映的尺度多数与"层级、范围、标度"等及"分辨率、粒度、细节"相关，针对不同学科特点对尺度问题的深入研究也主要从几何空间关系入手，提出相应的解决方法。国土空间中的数据处理、格局的演变与过程的表征、驱动力、方法模型的应用等均存在尺度关联和尺度效应。不同尺度区域的国土空间结构演变规律、空间格局的形态表征各异，对多尺度国土空间格局的尺度分异特征及规律进行深入剖析，揭示不同尺度区域范围的国土空间格局的影响因素，需要考虑几何空间关系和时间尺度、空间尺度、语义尺度、层级尺度等，是对国土空间多尺度问题的综合研究。同时，国土空间作为一个整体，无法探究其最佳尺度的表达，故需要一个多尺度的方法来研究国土空间系统空间集合的不同层级。

1.3.2 多尺度国土空间格局分异研究

由 Waldo Tobler 提出的地理学第一定律，即空间相关性定律，认为地物之间的相关性与距离有关；Michael Goodchild 提出的地理学第二定律，即空间异质性定律，认为空间的隔离造成了地物之间的差异。空间自相关性和空间异质性成为地理学的通用属性（严金明，2002）。

空间异质性作为一个依赖于尺度的生态学概念，是指生态学过程和格局受时间和空间尺度的影响而表现在空间分布上的不均匀性及复杂性，分为结构异质性和功能异质性（陈其春等，2009）。目前，关于国土空间格局分异研究主要集中在土地利用方面，土地利用分异特征又包括土地利用结构分异和土地利用强度分异。

按照系统论中的"结构-功能"的理论观点，系统结构是系统功能实现的基础，一定的结构就有一定的功能，结构决定功能。换言之，结构最优是达到功能最佳的基础，土地利用结构作为土地利用系统的核心关键(白丽娜等,2011),对其进行定量表征,有助于深入了解土地利用系统特征动态过程,指导用地功能结构布局的高效配置,实现土地资源的合理开发和持续利用(宋戈等,2012)。

关于土地利用结构分异特征的研究,封志明等(2003)在对土地利用结构类型划分的基础上,深入探讨了我国 2475 个县域土地利用主要结构类型的地域分异规律和开发利用方向。陈国平等(2017)以滇中城市群为例,综合运用计量地理模型、景观指数和地学信息图谱等多种模型方法,深入分析了城市群内 42 个县域的土地利用结构的地域差异性,结果表明城市群土地利用多样化呈现中部和东部高,西部低的空间格局。陈其春等(2009)基于土地利用数量结构和功能特征的对应变换关系,选取社会、经济和人口等定量指标,对县域土地利用数量结构与功能特征的关联分析方法进行了研究探讨。施开放(2013)以重庆市永川区为例,运用计量地理学模型和现代地理信息空间分析技术相结合的方法,从土地利用的数量结构和空间结构两个方面对研究区土地利用结构特征进行了分析,用于指导县级土地利用规划编制工作。

土地利用强度作为全球环境变化的重要驱动力,是人类活动对自然生态系统影响程度的直接反映,也是土地利用可持续程度的重要测度指标(刘芳等,2016)。目前,国内外对土地利用强度的量化研究主要基于"人类活动强度指数""土地利用发展强度指数"和"土地利用程度综合指数"3 种方法。国外偏重选取功能指向明显的区域,诸如湿地、流域、农业用地等区域作为研究对象,对土地利用强度变化进行单期比较分析(刘亚香等,2017)。Ellis 等(2008)结合灌溉密度和人口密度构建了第一幅全球土地利用强度图。Asselen 等(2012)建立了描述农业用地与自然植被镶嵌结构的全球土地利用强度分类体系和数据集。针对土地利用强度的高低情况,国内学者普遍采用人类活动强度指数和土地利用程度综合指数的大小进行表征。王国杰等(2006)认为区域土地利用强度具有时空异质性,即在规定时段内的区域土地利用强度的时空变化可以在一定程度上反映该时段因人类干扰活动影响而产生土地景观的空间差异,并采用地学统计理论和半方差函数探讨了晋江市 1989—2001 年人类干扰活动对土地景观产生的空间异质性。马劲松等(2010)以南京市江宁区和溧水县为例,运用半方差变异函数和分形维数对研究区多时段的土地利用强度指数进行空间异质特征分析。马利邦等(2019)以疏勒河流域中下游为研究对象,综合运用土地利用程度指数和 SFA 模型分析了研究区近 30 年的土地利用强度及其影响因素的时空差异。为有效反映土地利用的总体程度并合理认知土地利用程度的区域分异规律,刘纪远等在《西藏自治区土地利用》(1992)一书中提出一种新的数量化土地利用程度分析方法,该方法从生态学角度出发制定了土地利用程度分级指数标准,将土地利用程度进行定量化表达。庄大方等(1997)在分级指数标准的基础上研究并提出土地利用程度综合指数计算法和指标体系,构建了中国土地利用程度的区域分异模型,为研究我国土地利用程度区域分异提供了新的方法和技术手段。

在多尺度分异研究方面,吕晓芳等(2008)基于多期遥感影像,以北京东北缘温榆河为例,从流域尺度、土地利用类型尺度及斑块尺度等多尺度视角出发,剖析了该河流沿河道两侧的生态廊道规划区域土地利用变化在空间上的变化轨迹及分异特征。苏世亮（2013）从流域尺度、行政尺度和生态区尺度等层级尺度出发，系统地研究了流域生态系统对城市化的时空响应机理。徐建华等（2005）运用多阶段 Theil 系数嵌套法和小波法，从时间尺度和空间尺度两个方面分析了我国区域经济差异情况。代合治等（2015）以山东省为例，运用泰尔系数 T、变异系数 CV 等方法，从经济板块—市域—县域等不同行政层级尺度，分析了研究区经济发展水平的差异程度，结果表明：经济发展水平差异程度受区域尺度影响，即区域尺度越小，差异程度就越大；但从变化趋势来看，大尺度区域的差异程度对区域整体经济发展水平差异的贡献度在提高。

综上所述，关于土地利用结构、土地利用强度的特征分异等方面的研究多基于单一尺度，针对多尺度的研究也主要以行政尺度作为划分单元。同时，对尺度的定义和理解方面，也存在较大差异，在分析土地利用分异特征时对栅格尺度的划分较随意，存在一定局限性。

1.3.3 多尺度国土空间格局自相关研究

时间和空间上的相关性是导致自然界存在秩序、格局和多样性的主要原因之一（Zhao et al.，2005）。空间数据广泛存在的自相关特性是地学研究和地学数据处理必须面对的一个重要问题。针对空间信息的自相关特性，倘若采用经典的线性回归模型，则很难对其进行描述和表达。

空间自相关（Spatial Autocorrelation）是指某一变量在同一分布区内的观测数据之间具有潜在的相互依赖性。Tobler 在"地理学第一定律"中指出："事物之间都是相互关联的，但相近的事物比距离远的事物相关性更强"。空间自相关分析是认识空间分布特征的常用方法，其目的是确定两种事物的变化是否在空间上相关，并判断其相关度如何。

近年来，土地科学研究领域越发受到重视，加之土地科学自身的复杂性，空间自相关逐渐成为该学科研究热点。Overmars 等（1986）首次将空间自相关分析运用在土地利用格局分析中，并引入了空间自回归模型，此后空间自相关正式被引入土地科学研究中。Cai 等（2006）针对传统的土地利用程度研究缺少揭示空间关系，深入剖析了流域地形指数之间的空间自相关关系。谢正锋等（2009）利用 Moran's I 指数探讨了广州市土地利用程度的空间自相关性和空间自相关关系。高凯等（2010）基于 GIS 软件对长江流域土地利用数量结构及空间自相关特征进行了分析。谷建立等（2012）以谷城县行政村土地调查数据和 DEM 数据为基础，采用空间自相关的多个指标对土地利用空间自相关格局进行详细的分析，揭示了土地利用空间局部聚集和异常特征。曹冯等（2014）对福建省德化县土地利用程度的空间自相关进行了分析。张松林等（2007a，2007b）研究并比较了最常用的衡量空间自相关的指标，其结论对探测空间自相关模式时如何选择指标具有指导意义。

尺度问题一直是土地科学研究的重点，现下许多学者从空间自相关分析入手来探究空间尺度问题。刘朝海等（2015）对海口市东海岸带不同大小规则格网尺度划分下的土地利用变化强度指数的空间自相关性进行了研究，结果发现格网单元越小，呈现的土地利用变化信息越详细,但全局信息特征被掩盖;格网单元越大,总体特征越明显,但数据局部信息被弱化,从而导致部分原始数据信息遗失。邱炳文等(2007)、刘敏等(2012)、刘荣(2010)基于不同栅格尺度,采用 Moran's I 指数的空间自相关图来表示各土地利用类型及其影响因子的空间自相关性特征,并在此基础上构建了土地利用与影响因子的空间自回归方程。分析发现,研究区各地类的空间自相关性与空间尺度密切相关,空间自相关性随研究尺度的变化或增强或减弱,土地利用类型及其驱动因子在不同尺度上也均存在空间自相关性。胡和兵等(2012)对南京市九乡河流域土地利用程度多尺度空间自相关性进行了定量分析,研究发现流域土地利用程度具有较强的正的空间相关性,且随着空间尺度的增大,自相关性呈逐渐减弱趋势。陈曦炜等(2011)认为,不同土地利用类型、不同尺度的最优空间自回归模型的具体形式不尽相同,其具体形式也存在尺度依赖性。

此外,空间自相关在国民经济、社会发展领域也成为研究焦点。王岩松等(2015)以河南省为例,从市级和县级尺度分析区域经济发展的空间相关性及尺度效应,结果发现两种行政尺度的经济发展均有显著的空间自相关性,且空间自相关性的尺度效应存在一个临界值,当超过临界值后,县域尺度(小尺度)比市域尺度(大尺度)的 Moran's I 值大;未超过临界时,则相反。

综合已有研究成果,发现以土地利用程度作为观测变量的空间自相关研究为主。研究结论均表明土地利用程度具有空间自相关特征,空间自相关性随空间尺度的增大而逐渐减弱。针对国土空间格局演变及驱动力多尺度空间自相关分析中,通常采用 Moran's I 指数和空间自相关图进行分析。上述以行政尺度作为划分单元的研究居多,所采用的多尺度通常为栅格尺度,其尺度(粒度)往往根据经验任意划分,存在主观性。

1.3.4　国土空间开发格局研究

国土空间开发是综合利用各种自然、社会和经济资源实现城镇化和工业化的过程,其格局是城镇化和工业化等经济社会活动在地理空间上的分布状态(肖金成等,2012)。国土空间开发格局方面的研究主要集中在变化过程、格局与驱动力这三个方面(喻锋等,2014)。

肖金成等(2012)在分析了我国国土空间开发格局的现状与问题的基础上,认为我国目前已形成了多核、多轴、分片型的国土空间开发格局。刘纪远等(2003)、陈佑启等(2000)通过分析我国国土空间格局内部各要素结构、数量、分布的时空变化过程,揭示了国土空间开发格局的区域分异特征和时空变化规律。邵景安等(2007)、刘纪远等(2000,2009)采用定性与定量分析相结合的方法,研究分析了导致区域空间变化的自然与人文驱动力及驱动机制。李杰等(2017)运用景观指数法,深入分析近 20 年来昆明市东川区国土空间格局变化情况,并揭示了其格局特征的驱动机制,认为影响东川区国土空间格局变化和可持续发展的主要驱动力是山地灾害频发、气候变化及人类活动强度不断增强。樊杰等(2015)通过"双评价"研究(即资源环境承载力评价和国土空间开发适宜性评价),主体功能定位的数理结构、空间形态结构及成因和相互交叉分析,提出了长江经济带的空间格局特征,并对未来长江经济带战略地位和空间结构演变及应对策略等新命题进行了初步探讨。Shi 等(2018)利用横断山区多时点的土地利用数据,从数量、结构及空间格局方面分析了不同海拔下各国土空间类型的变化特征,并揭示了国土空间格局的变化规律与影响因素。林伊琳等(2019)为探索国土空间格局时空演化规律和分异特征,揭示国土空间数量结构与空间格局之间的耦合机理,以滇中城市群为例,开展了城市群国土空间格局变化研究,探讨了城市群国土空间开发格局存在的问题并给出相应对策。祁帆等(2016)总结了中国国土空间开发利用存在的问题,提出以资源环境承载能力为基础,加快转变国土开发利用方式,提高国土开发质量和效率,建设开放、和谐、安全、可持续国土的构想。鲍晓倩(2013)指出国土空间开发无序,区域和城乡发展差距加大,资源开发利用效率不高及环境污染等问题的产生是缺乏全局规划和总体设计导致的,国土空间开发要注重顶层设计。肖金成(2011)对福建省国土空间格局的基本特征进行了详细分析,指出存在的问题,还着重提出优化空间格局的建议。

改革开放 40 多年来,国家层面的渐进式制度变迁对全国整体空间产生了持续的影响。如今,"一带一路"倡议使资本的控制与流动、产业链的组织与构建拓展到全球和超国家尺度,改变了原有以沿海地区发展为重点、东中西梯度推进的国家空间格局。同时,也促进全球尺度的运营管理和生产制造功能拓展到区域与城市尺度,使得城市群也成为参与全球竞争的主体,重新塑造我国从沿海到内陆的空间格局,形成多极支撑、多重尺度嵌套、趋向扁平化的国家开发体系(樊德良等,2016)。樊德良等(2016)认为在"一带一路"倡议背景下,国土空间格局将要面临转变,以珠三角城市群和深圳为例,分析了城市群和城市两种尺度空间格局可能带来的转变,提出差异化的发展应对策略。

综上所述,研究者从战略发展、顶层设计及适宜性等方面对国土空间开发格局进行了深入的分析,对未来国土空间开发格局优化提供有益借鉴。就研究区而言,涉及全国、城市群、州市和县域,但均是基于单一行政尺度进行研究的,针对多尺度国土空间格局的分析研究尚未多见。

1.3.5 国土空间分类体系研究

国土空间是宝贵资源,是人类赖以生存和发展的基础保障。分类,即根据事物的特点或属性分别归类。国土空间分类则是依据不同国土空间资源利用的特点和目的进行归类(林坚等,2016)。改革开放 40 多年来,我国相继出台了 10 多项国土空间分类标准,这些分类标准的制定部门及背景,关注重点和分类依据等方面均有所差异,最终形成了多种国土空间分类方式。譬如,国土部门 1984 年颁布的《土地利用现状调查技术规程》中的"土地利用现状分类";1989 年颁布的《城镇地籍调查规程》中的"城镇土地分类";1997 年颁布的《县级土地利用总体规划编制规程》中的"土地规划用途分类";2001 年颁布的《全国土地分类》(试行)、2002 年的《全国土地分类》(过渡期间适用)、2007 年的《土地利用现状分类(GB/T 21010—2007)》均从土地详查和土地变更调查角度出发,以土地用途和功能覆盖为分类依据,构建了国土空间的二级土地利用分类体系,包括耕地、园地、林地、草地、商服用地、工矿仓储用地、住宅用地、公共管理与公共服务用地、特殊用地、交通运输用地、水域及水利设施用地和其他土地 12 个一级类(黄金川,2017),其他用地分类可根据实际需要,在其基础上选择性地进行归并和细化;2010 年的《市县乡级土地利用总体规划编制规程》中的"土地规划用途分类"从服务于市、县、乡、旗土地利用总体规划角度出发,构建了国土空间的三级土地利用分类体系,其中一级类包括农用地、建设用地和未利用地;住建(城乡规划)部门 1990 年颁布的《城市用地分类与规划建设用地标准》(GBJ 137—1990)中的"城市用地分类";1993 年颁布的《村镇规划标准》(GB 50188—1993)中的"村镇用地分类",2007 年的《镇规划标准》(GB 50188—2007)中的"镇用地分类",2011 年的《城市用地分类与规划建设用地标准》(GB 50137—2011)中的"城乡用地分类"和"城市建设用地分类"从开发建设的角度,将国土空间划分为建设用地与非建设用地(黄金川等,2017;程遥等,2012);2007 年颁布的《国务院关于编制全国主体功能区规划的意见》从用地政策视角,将国土空间划分为优化开发、重点开发、限制开发和禁止开发四类政策区;环保部门 2000 年颁布的《全国生态环境保护纲要》中的生态分区,根据生态系统的自然属性和所具有的主导服务功能类型,将国土空间划分为生态调节功能区、产品提供功能区和人居保障功能区(王丹君等,2011)。此外,由中国科学院地理科学与资源研究所牵头,联合多家单位共同构建的中国土地利用/土地覆盖遥感监测数据的分类系统采用三级分类系统,每一级别的土地分类依据各有不同,其中一级类,是根据土地资源及其利用属性,分为耕地、林地、草地、水域、建设用地和未利用土地共 6 类;二级类主要根据土地资源的自然属性,在一级类基础上进行划分,共 25 个类型;三级类主要根据耕地的地貌部位,分为 8 个,譬如耕地分为水田和旱地(二级类),水田根据其所处的地貌位置又分为 4 个三级类(山地水田、丘陵水田、平原水田和坡地水田)。该分类系统从土地利用/土地覆盖类型遥感监测实用操作性出发,紧密结合全国县级土地利用现状分类系统,便于土地覆被遥感监测成果与地面常规土地利用调查成果的联系及数据追加处理。

综上所述,我国的国土空间分类体系呈现多元化状态,反映出不同阶段的国土空间管理需求,主要以功能覆盖为主,逐渐关注用地政策和空间形态等特征(岳健等,2003;林坚,2014)。我国现行国土空间分类体系种类繁多,以单一主体功能分类为主,但大多着眼于生产和生活功能,对生态功能特性考虑欠佳,较少顾及国土空间的多功能性和分类的实用性。

1.3.6 "三生空间"识别与格局演化特征研究

国外鲜有直接研究"三生空间"的成果,但是与"三生空间"相关的规划研究很早便已贯穿在西方国家的空间规划实践中,研究大致分为土地多功能内涵、国土分区研究的界定等方面。随着社会经济发展和生态文明时代的到来,我国国土空间逐渐从生产空间利用为主转向了生产、生活、生态三方面协调发展。"三生空间"是国土宏观尺度认知的基本范式(时振钦等,2018)。国内诸多学者已着手研究建立了"三生空间"用地的分类体系、空间特征识别的方法,并对空间格局时空演化特征进行分析。

张红旗等(2015)以土地生产、生活和生态功能为主导,通过先分区再分类的方法,构建了中国"三生用地"的三级分类体系。李明薇等(2018)在遵循"三生空间"的内涵基础上,以河南省为例,构建了基于土地利用功能的"三生空间"分类体系及评价标准,并揭示了河南省1990—2015年"三生空间"格局演变特征,且进行了可视化表达。Shi等(2018)以横断山区为例,在构建国土"三生空间"分类体系与土地利用现状分类的衔接关系的基础上,从数量结构、空间分布和景观格局转化等方面揭示了其时空变化情况并剖析了国土空间变化的影响因素。刘继来等(2017)从分析土地利用类型和土地利用功能辩证关系的角度出发,依据土地利用现状分类标准,构建了"三生空间"的土地利用分类及评价体系,揭示并分析了中国1990—2010年"三生空间"时空格局及演化特征。李广东等(2016)综合土地功能、生态系统服务和景观功能等相关理论并作为依据,构建城市生态-生产-生活空间功能分类体系,给出了定量测度"三生空间"功能的方法,分析了城市"三生空间"功能的格局特征。程婷等(2018)在地理国情普查内容与指标的基础上,结合土地的生产、生活、生态功能特征构建了"三生空间"分类体系,并对各类用地的空间格局特征进行了分析。杨清可等(2018)基于"三生"与土地利用主导功能视角,以土地利用数据为基础,采用归并分类法建立"三生"土地利用主导功能分类体系,运用多种方法定量分析了长江三角洲地区土地"三生"功能利用格局的时空演变特征及生态环境效应。柳冬青等(2018)基于"三生空间"视角,构建了"三生"功能空间适宜性评价体系,将各子空间按"强、半、弱"等级进行划分,识别了甘肃省白龙江流域多时点上的"三生"功能空间格局且揭示其变化特征。吴艳娟等(2016)从"三生"功能视角出发,从国土空间开发的本底约束与功能空间开发适宜性,构建了市域国土空间开发建设适宜性评价体系,采用定性与定量相结合的方法对宁波市国土空间功能格局进行识别。朱媛媛等(2015)采用净初级生产力NPP的生态空间评估模型,建立了五峰县"三生空间"区划的指标体系,并结合RS、GIS技术划定"三生"功能空间范围。随着大数据应用的不断拓展,基于夜间灯光数据、POI数据等大数据来划定识别"三生空间"的研究越来越多,成为未来识别划定"三生空间"的新视角和新趋势,如Fu等(2021)基于城市POI数据,构建生产空间、生活空间、生态空间分类体系,并运用层次分析法、GIS空间分析方法、样方法等方法对武汉市中心城区生产空间、生活空间、生态空间进行识别。但目前来看,该类研究暂时处于起步阶段,其规范性和科学性仍有待提高,且研究区多为中东部一线发达城市,地形相对平坦,研究区普适性有待拓展,是否适用于小尺度和高原山区有待进一步验证。

综上所述,现有主流的"三生空间"识别方法可分为自上而下的量化测算法和自下而上的土地利用类型归并分类法。前者通过构建指标评价体系以量化识别生产、生活与生态功能区划(徐磊等,2017),具备指标地域针对性和评价体系综合性强的特点,在"三生"功能评价上独占优势,但难以实现多主体融合和多尺度集成表达;后者实质是在土地利用数据基础上进行归并与分类(崔家兴等,2018),能有效地实现与各种用地分类、国土空间管制和开发相衔接,同时在一定程度上弥补了土地利用分类对生态功能考虑欠缺的不足,也有效地实现了与各种用地分类的衔接,但对其主体功能的动态性考虑尚有不足(如耕地的主要功能为生产功能，同时也具备一定的生态功能，大片的农作物对周边生态环境也起到调节作用)，功能交叉重叠时仍存在识别误差，且识别结果也会因分类体系不同产生差异，虽适用尺度更广泛，但精细化程度有待提高。二者无论在技术方法还是用地功能，均在一定程度上弥补了缺点。但鉴于"三生空间"存在空间范围的动态性、空间尺度的差异性、空间功能的复合性及空间用地的异质性等特征(扈万泰等，2016)，尚未形成统一且覆盖多尺度、涵盖不同地域类型的"三生空间"分类体系。总之，关于"三生空间"识别、"三生空间"格局演化特征等研究尚显不足，研究尺度也多基于单一行政尺度，亟须深入开展多尺度"三生空间"类型、格局与演化过程的综合研究。

1.3.7　国土空间格局模拟研究

目前，国内外关于国土空间演化模拟的研究主要集中于土地利用/土地覆被(Land Use and Land Cover Change，LUCC)。LUCC 是自然资源、环境与人类社会经济活动的过程交互和链接的纽带，同时也是影响自然生态系统的重要因素(张津等，2018)，一直都是全球环境变化和可持续发展研究的核心内容。LUCC 是一个动态变化的过程，其机理和过程非常复杂，受自然、社会和人文因素在不同时间、空间尺度上的相互作用(Turner，1987)。土地利用过程建模与模拟则成为研究 LUCC 的重要途径之一(李少英等，2017)。国际上关于 LUCC 研究始于 1992 年，而第一个关于 LUCC 模拟的项目则是 1994 年联合国环境署(UNEP)启动的"土地覆被评价和模拟(LCAM)"项目，旨在运用高分雷达影像探测技术，探测全球尺度(以东南亚地区为主)的土地覆被现状与变化情况，为区域可持续发展提供服务。1995 年，国际应用系统与分析研究所(IIASA)开展了欧洲和北亚地区的 LUCC 模拟研究，揭示了 1900—1990 年欧洲和北亚地区 LUCC 变化过程的时间动态、空间分异和生态效应，并基于地球系统变化情景下预测了未来 50 年 LUCC 时空变化趋势，为指导相关区域制定对策服务(IIASA，1998)。时至今日，土地利用建模与模拟领域取得了巨大的进展，国内外诸多学者针对不同问题导向建立的一系列模拟模型已投入运行(Veldkamp et al.，2001；Walsh et al.，2002)。Verburg 等(2012)集成了全球经济模型(GTAP)和综合评价模型(IMAGE)构建了土地利用转换及其效应模型(CLUS/CLUE-S)，自该模型提出以来，备受国内外学者青睐且竞相研究与应用，成果丰硕(郭延凤等，2012；施云霞等，2016；冯仕超等，2013)。此外，元胞自动机(Cellular Automata，CA)模型和多智能体(Agent-Based Model，ABM)模型的发展也极大地丰富了 LUCC 的建模方法，成为当前土地利用模拟的主流模型(黎夏等，2007；Van Vilet et al.，2012)。传统 CA 模型(刘毅等，2013)在土地利用变化模拟过程中侧重自然环境要素，通过邻域规模(冯永玖等，2011)和转化规则(Wu et al.，1998；Li et al.，2002；杨俊等，2016)确定元胞转化成其他土地类型的概率，忽略了土地利用变化过程中的人文因素，较之 ABM 模型通过微观智能体之间及其与地理空间要素相互作用模拟，能较好地反映复杂的空间决策与人地关系(Van Vilet et al.，2012；Wu et al.，1998)。此外，亦有学者(全泉等，2011；Ligtenberg et al.，2001；黎夏等，2006)把 CA 模型与 ABM 模型耦合，构建兼具两个模型特点的土地利用情景模拟模型,并在不同地区进行了实证研究;或是将 CA 模型、ABM 模型分别与其他模型(肖蕾,2017;秦贤宏等,2009;张启斌等,2017;Zhang et al.,2013;张洁,2017;张鸿辉,2011)相结合,发挥各模型自身优势以提高模拟精度。总体来看,不论是 CLUE/CLUE-S 模型,还是 CA 模型、ABM 模型及其他耦合模型,均受研究尺度和模型本身设计的限制,研究尺度主要集中在流域尺度(肖蕾,2017)、中观的市级尺度(全泉等,2011;秦贤宏等,2009)和微观的县级尺度(张启斌等,2017),研究区域也多为平原地区,针对地处高原山区且面向宏观的城市群尺度研究甚少;模型自身的决策行为难以定义,且需要采用两期及以上土地利用数据的变化,用以计算转化概率,由于误差的传递性,导致模拟精度很难提高(张鸿辉,2011)。

值得关注的是,刘小平等于 2017 年提出一种面向全球尺度或大区域城市群的未来土地利用模拟(FLUS)模型。与传统土地利用演化模拟模型相比,FLUS 模型从单期土地利用数据的分布进行采样,能够同时模拟多种土地利用变化类型的相互作用及空间动态变化,极大地提高了模拟精度。周浩等(2017)结合了 Landsat 影像、DEM 数据和社会经济数据等多源数据,运用 FLUS 模型模拟在 RCPs 气候情景下三江平原挠力河流域耕地变化情况。朱寿红等(2017)基于"反规划"理念,利用 FLUS 模型探讨了徐州市贾汪区城镇用地增长边界划定思路。邓元杰(2018)构建了低碳导向下的土地利用结构优化模型,并采用多目标现行规划法与 FLUS 模型,分别对低碳导向下 2020 年德阳市土地利用结构优化方案进行了求解和空间布局情况模拟。吴欣昕等(2018)提出一种耦合了 FLUS 模型和膨胀与腐蚀的算法的多情景城市边界划定模型:FLUS-UGB,在对珠江三角洲 2000—2013 年城市土地利用进行模拟和验证的基础上,预测了在基准、耕地保护及生态控制情景下 2013—2050 年的城市扩张情况,并依据预测结果进行了城市增长边界的划定。以上研究均取得了较好的效果。

综合以上研究发现,目前的研究多集中于运用数学方法和模型,实现了对不同类型、不同情景状态下的同步模拟。模拟时,在中、小尺度国土空间格局方面具有优势。在已有研究应用中,数据采用的大多是单一尺度空间数据,其空间尺度是固定的,未能定量揭示不同区域层级因素对国土空间格局的影响程度及各行政单元最佳空间耦合尺度。此外,现有模型在进行空间分析时掩盖了空间数据内部的自相关性,在某种程度上影响模拟结果的精确性。故此,多尺度的综合研究是国土空间格局模拟模型的必然要求。尺度问题仍是模拟模型研究中值得深入探讨的问题(唐华俊等,2009)。改革开放以来,我国国土空间开发格局发生了剧烈变化,为对国土空间现状及未来国土空间开发进行合理、有效的引导和管控(肖金成等,2012),探究国土空间格局与多尺度关系势必成为未来研究领域的新焦点。

1.3.8 国土空间格局优化配置研究

从本质上讲,优化国土空间开发格局就是根据自然生态属性、资源环境承载力、现有开发密度和发展潜力,统筹考虑未来区域人口分布、经济布局、国土利用和城镇化布局,按区域分工和协调发展的原则划定具有某种特定主体功能定位的空间单元,按照空间单元的主体功能定位调整完善区域政策和绩效评价，规范空间开发秩序，形成科学合理的空间开发结构(肖金成等，2012)。

国内集中在以土地资源为研究对象，对国土空间资源优化配置进行研究。薛东前等(2022)在分析城市群演变的空间过程，描述其基本特征和规律的基础上，揭示了城市群演变与土地利用优化配置趋势；罗鼎等(2009)认为，以往关于土地利用优化配置方面的研究多以国土空间数量结构优化为主，却忽视了空间布局的优化；王昱等(2012)提出"实现有效的总量控制和资源的高效利用是建设用地空间优化配置的两大核心目标"，并指出政府间的利益冲突和博弈是建设用地空间配置的核心特征。

在优化目标及路径方面，传统的土地利用空间优化研究主要集中在单目标优化(郭小燕等，2016)，后来在可持续发展理念影响下，学者开始认识到有限的国土空间资源既要用于发展经济，又要用于生产、生活与生态保护，并且不同利益相关者对国土空间资源持有不同的价值倾向，因此将空间资源配置研究视角转向以社会、经济和生态综合效益优化为主的土地资源配置研究(张前进等，2013)，且优化目标也多与国家宏观战略需求相关。马冰滢等(2019)针对京津冀城市群生态友好型协同发展的需求，设置生态系统服务价值最大化和经济价值最大化两种优化目标，探索不同情景下土地利用空间配置格局。此外，学者还分别从宏观、中观和微观尺度探讨了国土空间重构模式与优化路径。如蒋晓娟(2019)基于人文地理学学科体系和生态文明建设理念，建构了甘肃省国土空间优化模式。付晶莹等(2022)提出齐齐哈尔市黑土保护与粮食安全战略背景下国土空间优化调控路径。丁明磊等(2022)从"经济-社会-生态"复合系统的视角探讨了碳中和目标下国土空间格局优化和调控机理。焦利民等(2021)探讨了中国可持续城市化及其与国土空间优化的关系，以及面向可持续城市化的国土空间优化理念、路径和方法。樊杰等(2021)探讨了主体功能区战略内涵及价值，在揭示主体功能区和国土空间规划的尺度传导原理的基础上，解析"三区三线"的效用及实施路径。随着国土空间优化目标及路径研究的不断深入，"生产空间集约高效、生活空间宜居适度、生态空间山清水秀"的国土空间发展总目标逐渐成为国土空间优化实践的重点及任务。林伊琳等(2021)基于 MCR-FLUS-Markov 耦合模型和 GIS 技术，提出"生活-生产-生态空间"协调的国土空间格局优化配置方案，为优化国土空间格局提供了新的思路和方法。

优化指标是优化目标的细化和量化描述。在优化指标方面，以往研究针对不同目标及规划利益需求，构建相应的指标体系。传统的指标体系主要包括社会效益指标，如社会服务设施获取程度、城镇化率、交通发育指数、城镇/农村居民恩格尔系数等；经济效益指标，如土地生产力、劳动生产率、资金生产率、经济产投比、资金利润率等；生态效益指标，多以生态服务价值、碳排放量、森林覆盖率、水空气土壤污染程度等指标来表示，这些指标的共同点就是易于获取。针对各类空间规划目标指标体系设定各有侧重且相互交叉，引发规划相互"打架"问题，欧名豪等(2020)认为在国土空间规划指标构建时，除了以土地利用结构、布局作为主要管控指标外，还应将附着在土地上的要素纳入指标管控，也即土地要素所能产生的社会价值、经济价值或生态价值，包括空间指标和非空间指标。

张一丁(2022)围绕城市规划中广泛涉及的经济发展、生态保护、土地利用、城乡建设等领域,构建了一套包含52项具体指标的"多目标优化"国土空间总体规划指标体系。就指标选取方法而言,模型方法略显单一,目前最常用的方法为AHP评价模型(2013),但该模型涉及定量数据较少,存在定性成分多,指标权重难以确定等缺陷。

在研究方法上,张红旗等(2003)将GIS技术与线性规划模型有效地耦合起来,实现了农用地在空间上最优配置的方法与技术;龚健(2004)把系统动力学和多目标规划整合模型应用于国土空间总体规划研究。近年来,随着人工智能算法的兴起,将智能算法应用于土地优化配置方面的研究越来越多,包括线性规划、目标规划等数学模型及模拟退火、遗传算法、微粒群算法、蚁群算法等智能优化算法,以及基于元胞自动机和多智能体的土地利用优化配置模型(Liu et al.,2011;Liu et al.,2012;Ma et al.,2011)。人工智能算法建模耗费的时间较少,还能较好地反映土地利用格局演变的复杂特征,从而改善了土地利用演变模拟的效果。研究发现启发式智能算法对土地资源空间优化配置具有优势,主要表现在数据输入、量化空间目标和大区域的空间优化配置三个方面。Stewart较早地全面介绍了遗传算法(GA)在土地资源空间优化配置中的应用;董品杰等(2003)根据遗传算法的内在并行机制及其全局优化的特性,提出基于多目标遗传算法的国土空间结构优化配置方法,该方法具有客观性强、灵活性高、操作简便等优点。张鸿辉等(2011)通过运用基于多智能遗传进化算法的MOSOLUA模型,探索了"资源节约"和"环境友好"两种不同目标的约束下土地利用空间配置。刘殿锋等(2013)用粒子群算法(PSO)对土地资源进行了空间优化配置。

针对国家推进生态文明建设的远景目标,不少学者开始重视生态安全格局构建方面的研究,并探寻在生态安全格局下的土地利用优化配置方案。在研究模型方法上,最小累积阻力(Minimum Cumulative Resistance,MCR)模型是建立生态安全格局和优化生态空间的重要途径。杨天荣等(2017)在RS、GIS技术支持下,对关中城市群生态服务重要性和生态安全敏感性进行评价,识别生态园地,并利用MCR模型构建区域生态安全格局,进而开展区域生态结构优化布局研究。程迎轩等(2016)采用MCR模型,并结合GIS空间分析和土地适宜性评价等方法,构建在生态保护、建设用地扩张和农业生产三个过程综合协调的县域生态用地空间优化格局。谢莹(2017)以重庆市渝北区为例,耦合了景观安全格局和CLUE-S模型,将生态保护融入土地利用中,探索未来土地利用格局空间优化配置的方法。Wei等(2016)以石羊河流域为例,运用MCR-CLUE-S模型,研究基于生态安全格局的土地利用优化配置结果,并探寻与耕地保护、社会经济发展的未来土地利用空间优化配置的方案。赵筱青等(2019)将MCR模型引入土地利用空间优化配置研究中,结合CLUE-S模型,探究在"城镇-农业-生态"协调下的高原湖泊流域土地利用格局优化配置方案。Yan Yong等(2011)以栖霞市为例,利用GIS的空间信息处理技术,建立了苹果园最小累积阻力模型,探讨山区苹果园地单种土地利用优化的技术途径。

综上所述,基于智能算法的国土空间优化配置是目前较为主流的方法。从优化内容来看,多侧重国土空间数量结构的优化,较少顾及国土空间布局的优化;从优化目标来看,多从宏观上进行表述，如根据国家战略决策，可分为资源节约型和环境友好型；根据可持续发展要求，分为社会效益、经济效益、生态效益和环境效益；优化目的往往通过设置主导目标和约束条件，又或是兼顾双目标或效益最大化的优化研究为主。基于生态安全格局下的国土空间优化配置仍停留在初探阶段。从本质上看，区域国土空间资源配置是一个以多种约束条件为边界，以宏观上资源配比的数量结构和微观上空间定位布局合理性为目标的多目标优化配置问题。所以，将数量结构和空间布局优化相结合是当前国土空间格局优化配置研究的重要方向之一，如何将维护区域生态安全融入国土空间格局优化过程和结果中，实现多维目标的国土空间优化配置的研究有待进一步加强。

1.3.9 现有研究的评述

从国内外已有研究的系统综述来看，相关成果在空间多尺度、尺度分异和多尺度空间自相关、国土空间格局识别与格局演化特征、国土空间格局模拟及优化配置等方面都进行了深入的探讨，研究方法及内容不断拓展和延伸，成果颇丰富。现有研究为本书进行滇中城市群国土空间格局多尺度时空演变与多目标优化的相关研究提供了坚实的理论基础和实践经验，在研究视角与分析方法上为本书开展相关研究提供了重要的参考依据，起到了良好的借鉴作用。但在现有研究中发现仍存在以下问题有待进一步研究：

（1）现在土地利用面临着向国土空间的转型，以往关于土地利用时空格局演变的相关研究已取得较丰富的成果，为国土空间时空格局演变提供了理论基础和技术方法。国土空间格局演变包括数量结构演变和空间布局演变，以往研究较多择其一进行分析，方法上也略显单一。综合运用多方法从数量结构和空间布局进行定量化、定位化，相互验证的集成分析较少。另外，研究视角多集中在单一尺度，基于行政尺度、栅格尺度、景观尺度等多尺度视角的国土空间格局时空演变分析更少见。

（2）目前许多学者将关注度聚焦在与国土空间相关的研究上，学者在指标体系和模型方法上进行了大量探索，为剖析滇中城市群国土空间格局提供了技术支撑。正如前文综述中所述，国土空间格局具有多维、多尺度特征，而现有的关于多尺度国土空间格局分异规律、空间自相关性和尺度效应的研究多基于栅格尺度，其像元尺度大小往往是根据经验划分，存在较大主观性。针对滇中城市群多尺度国土空间格局识别、演变分异与空间自相关性的研究还很缺乏，尤其以"三生空间"作为分析视角，仍需进一步深入探索滇中城市群多尺度国土空间格局的异质性与关联性等。

（3）国土空间格局优化模拟的研究逐步成为学者研究的热点，相关成果从理论到方法、路径等多方面为本书构建滇中城市群国土空间格局优化模拟框架提供了参考。从目前已有的国土空间格局优化研究内容来看，往往是根据不同规划目标和利益需求来设置主导目标和约束条件，又或是兼顾双目标或效益最大化的优化研究为主。"三生空间"是目前对国土空间的宏观认知范式，在现有研究成果中缺乏基于"三生空间"视角下的城市群国土空间格局优化方法和路径的研究。

综上分析，拟解决的科学问题如下：

（1）通过不同模型之间的耦合，结合诸多模型的优点，自上而下地分析国土空间数量结构，自下而上地分析国土空间布局，多维度探索国土空间格局在演化过程中数量结构与布局之间耦合关系，揭示变化机理，克服单一模型的缺点。

（2）研究多尺度国土空间时空格局演变的分异规律、尺度规律及尺度效应。厘清不同尺度国土空间格局与影响因素及其作用强度的差异性，探究二者之间的尺度效应特征。

（3）构建区域生态安全格局，将其融入国土空间格局优化过程和结果中，从多维目标情景模拟城市群未来"三生空间"布局，探寻"三生空间"协调下的城市群国土空间多目标优化配置方案，形成符合可持续空间发展的高原山区城市群国土空间优化配置方案。

为城市群后期国土空间规划与治理实践提供方案借鉴，为实现国土资源高效利用和可持续发展提供技术方法支撑。

1.4　主要内容与技术路线

1.4.1　主要内容

本书以滇中城市群为例，将"三生空间"（生产空间、生活空间、生态空间）作为国土空间格局的研究范式，从空间多尺度视角出发，以土地利用数据、遥感数据、社会经济数据等多源数据为基础，科学分析滇中城市群多尺度国土空间数量结构与空间格局特征；从空间多尺度视角探讨城市群国土空间格局时空演变过程及尺度分异规律；构建多尺度国土空间格局二元 Logistic 回归模拟模型，分析国土空间类型与驱动因素之间的尺度效应；耦合 MCR-FLUS-Markov 模型，构建区域生态安全格局，并将其融入国土空间格局优化过程和结果中，设定基于生活空间扩张情景、生产空间开发情景和生态空间保护情景，探究在"生活-生产-生态"协调下的城市群国土空间格局优化配置方案。本书研究内容主要分为 5 个部分。

1. 多尺度"三生空间"分类体系构建

在科学定义"三生空间"内涵的基础上，以滇中城市群 2000 年、2005 年、2009 年和 2015 年土地利用数据为基础，以国土空间安全下的生态安全、粮食安全和经济社会发展安全为出发点，以强化生态功能的基础地位，突出土地的主体功能和多功能为分类目标，采用归并分类法，建立"城市群-市域-县域"三级尺度下的国土"三生空间"分类体系与土地利用现状分类的衔接关系，为后续研究区国土空间格局时空演变及优化配置研究提供数据基础。

2. 国土"三生空间"演变规律研究

国土空间格局演变研究一般是对比同一区域多期国土空间数据，然后分析其差异性。综合运用动态度模型、地学信息图谱、核密度估计、标准差椭圆方法和景观格局指数模型等多种方法，并借助 GIS 空间分析和空间数据挖掘等技术手段，对不同时期的"三生空间"数据进行叠加计算及空间统计分析，定性化、定量化和定位化地识别"三生空间"在不同监测时点的结构信息图谱，采用 Markov 转移矩阵，揭示不同空间类型之间的相互转化来源与去向的关联关系，采用点格局分析方法，鉴别国土空间格局分布状态，从数量、结构和布局三个方面深入剖析研究区"三生空间"格局的演变规律。

3. 多尺度"三生空间"格局分异特征及自相关性研究

运用 GIS 空间分析方法，从行政尺度、栅格尺度及景观尺度，剖析不同时期"三生空间"格局的多尺度空间分异特征及变化规律。采用 Moran's I 指数的自相关图分析"三生空间"及其影响因子指标的空间自相关性特征，从空间多尺度视角探析空间要素对"三生空间"格局演变的尺度效应。

4. 国土空间格局多尺度模拟研究

运用统计模型分别构建不同空间尺度的研究区国土空间格局模拟模型，分析国土空间格局与其影响因子之间的相互关系，分析模拟过程中的尺度相关性特征，选择最佳尺度，利用最优模型模拟国土空间格局的分布概率，并绘制研究区国土空间格局分布的经验统计概率图；对比 CLUE-S 模型和 FLUS 模型模拟下的研究区 2015 年国土空间格局情况，选择最优模拟模型，为后续优化配置提供模型基础。

5. 国土空间格局优化配置研究

在 FLUS 模型和 Markov 模型的基础上，引入基于生态安全格局的 MCR 模型，对研究区国土空间格局进行优化配置。综合考虑研究区国土保护与开发主导和生态保护下的国土空间类型需求，并将生态安全格局生态功能分区中各功能分区作为目标函数的约束条件耦合到 FLUS 模型中，得到耦合 MCR-FLUS-Markov 模型的研究区多目标情景方案的"生活-生产-生态空间"用地布局情况，通过 GIS 空间叠加与空间分析技术，将三种方案的空间布局进行叠置分析，形成"生活-生产-生态空间"协调下的研究区国土空间格局优化配置方案。

1.4.2　技术路线

为解决多尺度视角下的滇中城市群国土空间格局时空演化规律及尺度效应，剖析滇中城市群国土空间格局的多尺度空间分异特征及变化规律等相关问题，探寻在"生活-生产-生态空间"协调下的滇中城市群国土空间格局多目标优化方法和路径，设立了具体研究的技术路线。按照分析框架，以多尺度为视角，以"三生空间"为研究范式，建立了"数据处理—多尺度格局识别—多尺度格局演变及动力机制—多尺度格局模拟—格局多目标优化"的研究思路，如图 1-1 所示。

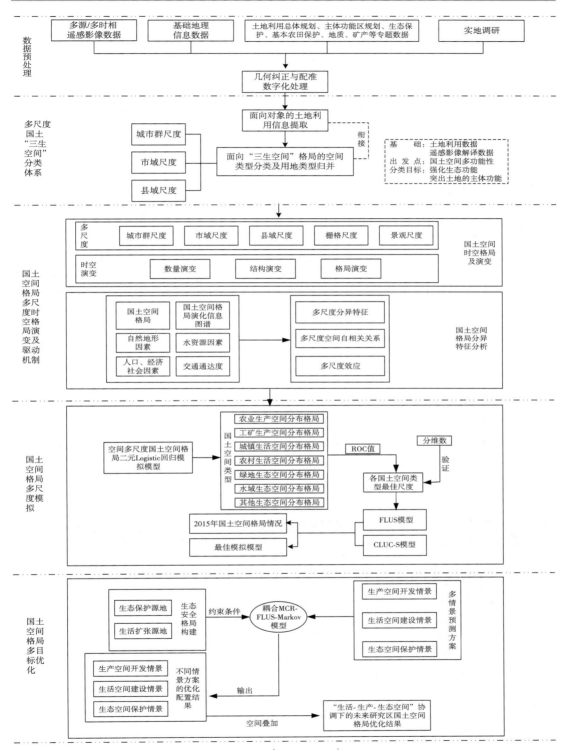

图 1-1 技术路线图

第 2 章　相关概念内涵及理论基础

2.1　尺度的相关概念内涵

尺度作为研究客体或过程的空间维度和时间维度，一般采用分辨率与范围进行描述，其反映的是对研究对象细节了解的水平。科学研究中的"尺度"，是自然科学与社会科学各个学科领域首先必须面对和解决的一个基本问题。尺度是地理空间和地理目标的本质特性，但不同的学科领域，对于"尺度"的定义和概念理解不同。

2.1.1　各学科的尺度内涵

1. 地图学中的尺度内涵

在地图学中，"尺度"即比例尺，是指图面距离与实际距离的比值，其表示方法有数字比例尺、文字比例尺、图解比例尺三种(表 2-1)。在不同比例尺地图上，同一事物的重要程度不一样，比例尺越大，表示的范围越小，对应的空间目标表达也就越精细、越微观；反之，比例尺越小，表示的范围越大，对应的空间目标表达就越概括、越宏观。

表 2-1　　　　　　　　　　　　　　　地图学中的尺度表示方法

表示方法的类型		描　述
数字比例尺		如 1∶10000
文字比例尺		如图上 1cm 等于实地 1km
图解比例尺 (以图形的方式来表示图上距离与实地距离关系的一种比例尺形式)	直线比例尺	即一条直线线段被等分划为若干相等的线段，在各等分划加注数字注记，以表示各分划相应的实地水平长度
	斜分比例尺	又称微分比例尺，是依据相似三角形原理制成的图解比例尺，利用它可量取比例尺基本长度单位的百分之一
	复式比例尺	又称投影比例尺，是一种由主比例尺和局部比例尺组合而成的图解比例尺

2. 地理信息科学中的尺度内涵

在地理信息科学领域，尺度超出传统的比例尺概念，即"距离比率"的意义，更多具有"抽象程度"的含义。在空间认知中，一方面，人们对现实世界的感知范围和认知能力是有限的；另一方面，地理信息系统的表达能力存在一定局限性（李精忠，2009），表达的信息内容必须经过采样、选取、概括等过程，而这一过程需要尺度来控制。所以，从认知科学的观点，尺度体现了人们对空间事物、空间现状认知的深度与广度。

从尺度的内涵来看，一般采用广度、粒度和间隙度进行表达（图 2-1）。其中，广度表征地理实体在空间覆盖、延展、存在的范围、期间和领域；粒度表征地理实体被记录、表达的最小阈值（大小、特征的分辨率）；间隙度表征地理现象采样、选取的频率。当认知能力、认知容量一定时，观察大范围只能获取低分辨率下的大的、突出的、主要的目标；观察小范围则可以获取高分辨率下的小的、不重要的目标（陈国平，2018）。

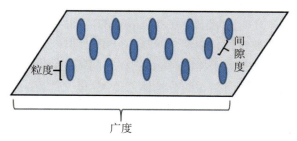

图 2-1　尺度内涵的三要素表达

从尺度的外延来看，研究的数据对象通常具有空间特征、时态特征和语义特征 3 种特征，且这 3 种特征都需要用尺度来度量，由此构成了地理信息科学的尺度的外延，即空间尺度、时间尺度和语义尺度（图 2-2），这 3 种尺度在维度上是相互独立的三轴，但又具有一定的联系。在某些物理、生态、地理现象研究中，空间尺度相对于时间尺度而言，二者

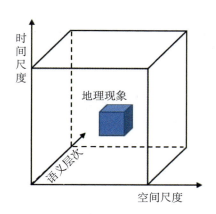

图 2-2　尺度特征的维数关系图

之间的变化属于相对稳定值(特征速率)。也即,时间尺度的特征速率受空间尺度影响,譬如,大范围尺度的变化速率慢,而小范围尺度的变化速率快;对于语义尺度而言,对空间尺度具有依赖性,通常,空间上信息表达得越详细,语义粒度越小,语义分辨率越高。

也可运用笛卡儿乘积的形式将尺度维与尺度要素进行组合,从而进一步分析两者之间的关系。表达式如下:

$$(广度,粒度,频度) \times (空间,时间,语义)$$

$$\begin{array}{c c} & \begin{array}{ccc} 空间 & 时间 & 语义 \end{array} \\ \begin{array}{c} 广度 \\ 粒度 \\ 频度 \end{array} & \begin{pmatrix} a_{11} & a_{12} & a_{13} \\ a_{21} & a_{22} & a_{23} \\ a_{31} & a_{32} & a_{33} \end{pmatrix} \end{array}$$

其中:a_{11},地理实体在空间覆盖的范围,延展的长度(空间广度);

a_{21},地理实体被表达、被记录的最小尺寸(空间粒度);

a_{31},地理现象采样的空间间隔(空间频度);

a_{12},时态现象在时间域上存在或被表达的范围(时间广度);

a_{22},动态现象被表达、被记录的最小分辨时间段(时间粒度);

a_{32},周期性时态现象采样的时间间隔(时间频度);

a_{13},地理实体属性所覆盖的分类体系范围(语义广度);

a_{23},地理实体语义分类达到细分层次(语义粒度);

a_{33},地理现象分类的语义间距(语义频度)。

不同内涵维数的组合,会产生多种形式的表达,空间尺度与尺度三要素(广度 a_{11},粒度 a_{21},频度 a_{31})之间不同的关系如图 2-3 所示。

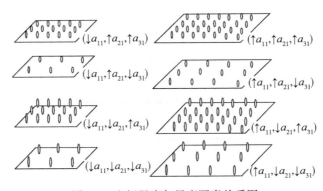

图 2-3 空间尺度与尺度要素关系图

从图 2-3 可以看出,在认知能力、认知容量一定的情况下,观察大范围只能获取低分辨率下的大的、突出的、主要的目标,观察小范围则可以获取高分辨率下的小的、不重要的目标,并且粒度与广度变化呈线性关系,粒度可以定义为广度的 $1/n$。

从尺度的类型来看,现象的存在到认知表达,再到分析应用,可将尺度分为:①本征尺度,是指自然本质存在的,隐匿于自然实体单元、格局和过程中的真实尺度;②观测尺度,是指用一定分辨率、一定范围大小的尺子量测地理实体与地理现象;③分析尺度,是指后加工处理、分析、决策和推理所采用的尺度(陈国平,2018)。需要注意的是,唯有当观测尺度和本征尺度一致时,才能对地理现象进行正确的量测、描述,比如量测海岸线如果用"光年"度量单位,结果为零,若用"纳米"度量,结果为无穷大。

总而言之,尺度的研究在地理信息科学中属于基础性工作,尺度是认知地理空间、进行地理建模和表达的基础和前提,只有充分了解尺度的各种意义和内在关系,才能更好地把握尺度,从而进行空间分析和决策。

3. 景观生态学中的尺度内涵

尺度是景观生态学研究的基础。在景观生态学中,景观、景观单元的属性,如大小、形状、功能等,及其变化是客体;人作为主体,由景观的内在属性决定它的时空范围,即尺度范围。该尺度范围是有意与尺度区别开来,也可称为中尺度,是指在对景观或景观生态系统进行研究时,它不是固定的,而是有一个允许的变动范围。在景观生态学的研究中,尺度包括两个方面的含义:一是粒度(grain size)或空间分辨率(spatial resolution),表示测量的最小单位;二是范围(extent),即研究区域的大小(O'Neill et al.,1986)。这里的尺度并不单纯是一个空间概念,也包含时间概念,空间尺度上通常只数平方千米到数百平方千米,时间尺度上目前仍未形成统一的意见,一般为几年到几百年范围。景观生态学的任何研究都与尺度密切相关,尺度体现着对事物细节了解的详细程度,通常在一定尺度下空间变异的噪声(noise)成分,可在另一个较小尺度下表现为结构性成分(Burrough,1983),在应用遥感数据研究景观生态问题时这个问题表现得十分明显。

尺度在景观生态学中的定义显然不同于地理学或地图学中的比例尺,虽然尺度和比例尺的英文均为 scale。一般而言,大尺度(或粗尺度,coarse scale)常指较大空间范围内的景观特征,往往对应于地理学或地图学中的小比例尺、低分率;而小尺度(或细尺度,fine scale)则是指小空间范围内的景观特征,对应大比例尺、高分辨率(张娜,2006)。

4. 遥感科学中的尺度内涵

尺度问题一直以来都是遥感科学的根本问题。从遥感的角度来看,尺度是指天空测量地球的空间量度范围和时间量度间隔(苏理宏,2001),是一种观测的维数。空间量度范围又可称为空间尺度,采用分辨率来描述测量的精细程度;时间量度间隔即时间尺度,通常是指采集数据的时间间隔,也指遥感成像的瞬间或观测的一段时间范围。

在遥感科学中,遥感的尺度问题包括很多方面,其中最重要的是尺度效应、尺度选择和尺度转换问题。尺度效应是指不同像元尺度的地表参数或过程会表现出不同的特征。引起尺度效应的原因有两方面:一方面是遥感模型非线性,是考虑先将模型参数聚合到某一尺度,再进行模型计算,还是先进行模型计算,再将结果聚合到统一尺度上,两种方式的结果有可能不同,所以说尺度效应对各种遥感处理模型和方法具有非常显著的影响。另一方面是空间异质性,就观测结果而言,假设空间为均质的,那么一个点的观测结果即可代

表一个面，说明该观测结果不存在尺度效应，而现实中，地表现象或事物在空间分布上是不均匀且复杂的，就明显具有尺度效应。遥感尺度选择是指运用一些模型算法选择出使遥感处理达到最优效果的尺度（韩鹏，2008）。目前最常用的最优尺度选择方法有局部方差法（Woodcock et al.，1987）、变异函数法（Atkinson et al.，1987）、离散度法（柏延臣等，2004）。这三种方法的区别在于前两种方法是利用单波段选择最优尺度，而离散度法则是利用多波段选择最优尺度。遥感尺度转换是指将一幅影像在某一尺度上所获得的数据和信息扩展到另一尺度上的过程。当遥感尺度和地理现象不匹配时（如遥感的分辨率与地理尺度不配套），就会产生尺度转换问题。

因此，在尺度转换过程中需要解决的问题主要有：第一，如何有效地进行尺度转换；第二，原始数据信息经尺度转换后，不同尺度的数据所反映的相同地物和现象的差异如何；第三，如何评价尺度转换的效果（彭晓鹃等，2004）。常用尺度转换方法有：基于像元的尺度转换，其原理将遥感图像以 $n \times n$ 窗口为单元合并成为单一、更大窗口的方法（周觅，2010），该方法仅考虑地物的光谱信息；基于对象的尺度转换是一种多尺度分割技术，其原理是以对象为基本单元，利用多尺度分割技术，构建相邻尺度的影像信息层次结构，以实现不同层次间信息在相邻尺度之间的传递（黄慧萍，2003）。

此外，针对遥感尺度问题，需要结合目标地理现象和过程的时空尺度特征来推动，构造地理要素趋势面，搭建一个具有普适性的尺度转换方法框架来逐步解决在遥感观测尺度到用户需求尺度之间的尺度转换问题，直方变差图、傅里叶变换和空间抽样技术等对遥感尺度转换问题也提供了新思路。

5. 土地利用科学中的尺度内涵

尺度在土地利用科学中被认定是现实、观测及研究土地利用及变化的时间或空间单位，可分为观测尺度、现实尺度和组织尺度（功能尺度）等。

观测尺度，也称为研究尺度，是指以一定的时间、空间的单位对该空间单位的土地利用及变化进行研究的范围；现实尺度，也即本征尺度，是自然界固有的，隐匿于土地利用单元、格局和过程中的真实尺度；组织尺度（功能尺度）等同于生态学中的组织层次在自然等级系统中所处的位置和完成的功能（黄慧萍，2003），在土地利用中通常以行政区界线为单位进行划分。在土地利用变化研究中，观测尺度通常与组织尺度保持一致，因为在一个组织尺度内土地利用的变化过程具有较为类似的驱动因素，这有利于土地利用的研究过程（徐军亮等，2009）。同时，在土地利用变化研究过程中，必须认识到过程对尺度的依赖性，才不会导致使用不恰当的尺度去观察、说明或解释问题，这就需要通过对土地利用尺度转换进行研究。对于土地利用而言，尺度转换是以土地为载体，以土地利用方式作为形式在不同空间中进行布局的过程，其转换目的在于实现特定的土地利用功能，也即根据某一尺度的土地利用方式来规划其他空间尺度的土地覆被变化过程（郝仕龙等，2004）。所以，土地利用尺度转换既涉及具体的空间概念，又涉及时间概念。当某一空间尺度的土地利用方法影响其他空间尺度的土地利用方法时，便产生了跨尺度的联系和相互作用（岳天祥等，2003）。然而在土地利用中，关于尺度方面的研究都是在特定的空间尺度下进行的，对土地利用跨尺度的相互作用的分析，或是对不同尺度间土地利用模式转换的研究都十分有限。所以，研究土地利用模式尺度转换问题，对不同尺度空间内有效地实现特定尺度空间的土地利用功能具有积极作用。土地作为国土空间利用的核心资源，在土地利用科学中有关尺度等相关概述也同样适用于国土空间利用研究。

综合各学科中对尺度内涵的定义，本书认为国土空间利用尺度可分为6种：观测尺度、模型尺度、过程尺度、地理范围尺度、决策尺度和制图尺度。为避免概念混淆，将观测尺度称为粒度(包括时间粒度和空间粒度，时间粒度被定义为某一现象或事件发生的频率或时间间隔；空间粒度指景观中最小可辨识单元所代表的特征长度、面积、体积(如样方、像元)，有时与栅格尺度等同)和幅度(即研究对象在时间或空间上的持续范围或长度，同样包括时间幅度和空间幅度。通常，时间幅度由研究对象的发展时期来确定，而空间幅度由研究区的总面积决定)，模型尺度即模型适用的尺度，过程尺度即时间尺度，地理范围尺度称为空间尺度，决策尺度称为分析尺度(即后加工处理、分析、决策、推理所采用的尺度)，制图尺度称为制图比例尺。本书所指的多尺度既包含空间多尺度，也包含多幅度含义。

2.1.2 尺度问题产生的缘由

国土空间利用中的尺度问题产生缘由主要包括国土空间类型分布的异质性、国土空间系统的等级与层次性、国土空间利用响应与反馈的非线性、干扰因素影响、主观认识的局限性五个方面。

1. 国土空间类型的异质性

国土空间类型的异质性是指各国土空间类型在时间和空间分布上的不均匀性和复杂性，而国土空间类型的分异和区域特征则正是由不均匀性和复杂性所导致的。异质性是造成尺度问题存在的重要缘由。任意尺度均存在异质性，同时异质性与尺度又是相关的，即异质性取决于空间尺度大小，如一地理现象在小尺度上是异质的，而在大尺度上则变成均质的。在国土空间格局研究中，深入剖析异质性与尺度的内在联系，正确选择尺度是科学地分析国土空间格局，得出准确、客观结论的保证。

2. 国土空间系统的等级性与层次性

等级性与层次性是尺度问题的普遍性。国土空间是自然地理和经济社会综合的巨系统，具有等级性、层次性特征。我国按地理区域可划分为自然区域、经济区域和行政区域。自然区域根据自然地理界限又可划分为北方地区、南方地区、西北地区、青藏地区；经济区域可分为长江三角洲及沿江经济区、东南沿海经济区、大西南经济区等；行政区域划分为省、市、县、乡、村等若干层次区域单位。此外，还可依据人口经济规模进行划分，如长三角城市群、珠三角城市群等；按分水线进行划分，如长江流域、黄河流域等。以上每一个等级或层次均可作为一个尺度，这便造成了尺度问题的复杂性。

3. 国土空间格局响应与反馈的非线性

国土空间格局的形成是自然界的各种地理要素和人类经济社会活动相互作用的结果，其形成及演变过程受到若干因素的综合作用。这些因素作用方式各不相同，有些因素可以用数学函数进行定量化表示，如植被演替、人口经济等；有些因素则难以定量化描述，如政策性因素，这类因素之间存在非线性关系，从而影响国土空间系统的非线性变化，这种变化也具有尺度依赖性(陈睿山等，2010)。

4. 国土空间格局干扰因素的影响

干扰是自然界常见的现象，它直接影响生态系统和景观的演变过程。生态学干扰是发生在一定地理位置上，对生态系统结构造成直接的、非连续性的物理作用或事件(邬建国，2000)，这些干扰因素一般来源于外界，具有不可预测性。在干扰尺度研究中，干扰的规模对不同的景观异质性、对象及空间尺度的影响有所差异(魏斌等，1996)，某一干扰因素对某一特定对象及空间尺度来说可能存在干扰，但对其他对象和空间尺度就不一定有干扰。作为国土空间这一庞大且复杂的系统而言，其格局形成及演变过程中的干扰只有在更大的尺度上才能分辨出来，这也导致了多尺度分析的必要性(陈睿山等，2010)。

5. 主观认识的局限性

由于人类对自然现象的认知存在主观局限性，同一研究客体，考察者视角的不同、运用的工具不同，导致在操作和分析中产生尺度差异，其结果也截然不同。

2.1.3　尺度研究的关键问题

1. 尺度效应

尺度效应也叫尺度现象，属可塑性面积单元问题(Modifiable Areal Unit Problem，MAUP)，是一种客观存在而用尺度表示的限度效应。是针对生态学实体、事件和过程在不同时间和空间尺度上表现出不同的特征和意义的现象。但是，尺度效应不是生态学特有的，其他学科也涉及这一问题。景观生态学认为，尺度效应表现在"尺度—格局—过程"的相互作用方面，格局影响过程，过程改变格局，尺度不同，格局与过程的关系也将有很大差异(傅伯杰等，2006)。地理学认为，尺度效应是当空间数据经聚合而改变其单元面积的大小、形状和方向时，分析结果也随之变化的现象。任何地理实体在形成信息的过程中都具有尺度依赖特征，只有在特定的空间尺度来描述和提取信息，才具有科学意义和现实意义(邬建国，2000；Jelinski et al.，1996)。遥感学家把尺度效应定义为同一区域、同一时间、同样遥感模型、同类遥感数据、同等成像条件，只是分辨率不同导致的遥感反演地表参量不一致，且这种地表参量属于存在物理真值的可标度量的现象(李小文等，2013)。目前研究尺度效应主要通过三种途径来实现：改变粒度的大小、改变幅度的大小和同时改变粒度与幅度的大小(朱明栋，2007)。由于自然地理空间的形成及演变过程的复杂性，其空间依赖性与异质性也表现出既有结构性又有随机性的特征，致使无法用传统的数学方法来研究尺度效应。空间统计方法，如空间自相关分析，常被用于这一类问题的研究，以此揭示尺度效应的空间统计规律。

尺度效应分析分为空间格局尺度效应和社会经济属性尺度效应。空间格局尺度效应主要通过景观格局指数和空间自相关来表示，而社会经济属性的尺度效应一般用来衡量人口和 GDP 对不同粒度和幅度的反映。

国土空间格局的形成及演变过程是非常复杂的。一方面，是由于影响因子的多样性及各因子之间相互作用的复杂性；另一方面，则是国土空间资源利用的特征、过程以及影响因子具有与空间规模尺度紧密相联的特点，即尺度效应对国土空间开发利用、国土空间类型及变化、驱动因子、政策等方面均有影响。随着时空尺度与范围的变化，国土空间利用过程及变化机理会发生相应的改变。因此，在进行相关研究时须遵循尺度效应原则。

2. 尺度推绎

尺度推绎也称为尺度转换或尺度推演，是指利用某一尺度上的信息和知识来推测其他尺度上相关信息的现象（邬建国，2007），也即跨尺度信息转换，具有一定的尺度依赖性和模型非线性等特点。推绎过程包含：尺度的扩大或缩小，系统要素和结构随尺度变化的重新组合或显现；根据某一尺度上的信息按照一定规律或方法进行推测、研究其他尺度上的问题等 3 个层次的内容（朱明栋，2007）。

按照尺度推绎（图 2-4）的方向不同，可分为尺度上推（scaling up）、尺度下推（scaling down）。尺度上推是指将精微尺度上的观察、试验以及模拟结果外推至较大尺度的过程，是一种信息内容的聚合，信息展示为粗粒化，常用的方法有基于相似性原理的推绎方法和基于动态模型的推绎方法；尺度下推则是将宏观尺度上的观测、模拟结果推绎至精微尺度上的过程，是一种信息内容的分解，信息展示为细粒化。尺度下推最大的任务就是从较粗糙的空间和时间分辨率参数转化为更详细的尺度异质性信息，其目的就是将宏观的观测数据或模拟结果应用到局部区域，以解决当地的实际问题。常用的方法可分为经验型统计学途径和嵌套动态模型途径两大类。此外，按照构建尺度推绎模型的过程不同，尺度推绎可分为显式尺度推绎（explicit scaling）和隐式尺度推绎（implicit scaling）（朱明栋，2007）；按照时空维度不同，又可分为空间尺度推绎（scaling in space）和时间尺度推绎（scaling in time），前者是在空间范围上进行，后者是在时间幅度上开展（朱明栋，2007；赵文武，2010）。分形理论也可用于分析非线性系统内不同等级的分维变化（傅伯杰，2000），可以联系不同空间尺度上的格局特征（Li，2000）。

目前关于尺度推绎的研究主要针对空间尺度的推绎，对于时间尺度、过程尺度的推绎研究较少，过分强调数量关系的推绎，忽略了时间变化及生态规律的推绎。在空间尺度推绎中多侧重尺度上推，尺度下推主要应用于小尺度区域气候的预测研究（赵文武，2010），研究较局限。因此，正确认识研究对象和过程的尺度效应特征和规律，根据其变化的尺度范围和性质来确定尺度推绎的空间幅度与方法，深化尺度推绎的理论基础与区域试验，构建关键模型和方法，为尺度问题的研究与发展提供有利条件（傅伯杰等，2006）。

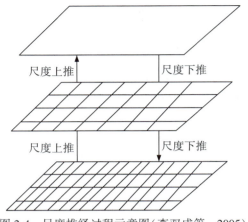

图 2-4　尺度推绎过程示意图(李双成等，2005)

3. 尺度选择

合适的尺度(粒度和幅度)选择是至关重要的，因为它们决定着研究对象。尺度选择受一系列因素的影响和制约，如研究规模、研究对象的性质复杂程度(吕一河等，2001)。由于研究对象性质和复杂程度，造成同一环境下不同的粒度和幅度所呈现的研究结果往往存在较大差异。如果尺度过小，会导致区域空间信息数据量过大而掩盖一些重要的信息；而尺度较大，则又会造成细节信息的缺失。一般而言，对复杂性和异质性较强的研究对象，要求采用较细的尺度进行表示，而对于均匀性和同质性较强的对象，采用较粗的尺度表示。在遥感分类的空间尺度研究中通常采用局部方差和变异函数来确定最优分辨率(Woodcock et al.，1987；Atkinson et al.，2004)。此外，通过典型地物形状综合指数计算典型地物形状的适宜尺度，为表达复杂地物的适宜尺度提供了新的方法，具有一定的实用价值(杨旭艳等，2012)。

在尺度研究中，在选择粒度和幅度时要逐步摒弃或减少尺度选择上的任意性和经验成分，而应以识别的现象尺度(即特征尺度)为重要依据。尺度选择与试验设计和信息收集相关，是研究的起点和基础(吕一河等，2001)。在国土空间格局研究中，尺度选择不同，会导致对格局和演变过程及其相互作用规律把握不同。因此，在选择最适宜尺度时需要逐步摒弃和减少尺度上的任意性和经验成分，以识别的特征尺度作为重要依据(陈国平，2018)，在确定等级结构后，还应考虑尺度的层次性。

4. 多尺度表达

多尺度表达和多重表达同属一个概念，即用不同的空间数据来表达相同的空间场景或空间现象。多尺度作为空间数据的重要特征之一，即数据表达的空间多尺度。不同尺度所表达的信息密度有很大差异(胡最等，2006)，可以说，空间尺度的增大，导致信息密度减少；反之，空间尺度减小，信息密度增多，但这种变化并不是简单的比例变化。多尺度表达从理论和技术方法研究(李霖，2005)，可归纳为变尺度空间数据的存取和多重表示、面向空间数据的多尺度处理的自动综合与自适应可视化、空间数据的多尺度处理模型及层次数据结构、多尺度空间数据的一致性。在土地科学研究中，研究对象和所研究的问题常常在尺度上有所差别，如土地时空格局的数据，其分辨率或栅格单位有不同层级和比例尺，通常是截面数据，而人口、GDP 等社会经济数据则是以行政单元来收集，是面板数据，两者数据尺度不对应，给研究带来困难。为了解决这些问题，就要对尺度表达进行界定，考虑数据的一致性。目前关于实现空间数据多尺度表达的关键技术包括数据模型的建立、数据压缩技术和制图综合技术（牛红光，2006）。此外，随地理区域不同而变化的区域依赖性数据综合规则，增强了从数据库中派生多尺度土地利用数据操作的客观性和可靠性，而在相邻的基础比例尺数据之间插入中间比例尺（关键比例尺）数据的方法来进行空间数据的多尺度表达，可以给用户连续的视觉感受。

总之，多尺度表达研究需要对地理空间的多尺度进行合理的划分与变换，保证其能够对空间对象的尺度行为进行正确的描述，以建立多尺度空间数据之间的逻辑关系，确保更全面地表达空间数据。

5. 模型的尺度问题

土地利用/覆被变化（LUCC）模型一直是土地利用科学研究的重点，但迄今为止针对 LUCC 模型的研究多以国家或区域等单一尺度为主，在多尺度上的研究工作鲜见。国土空间格局优化具有尺度依赖性，不同尺度的管理或利用在关注焦点上存在极大的差异。目前常用的 LUCC 变化研究的综合模型如表 2-2 所示，这些模型各具不同的粒度和幅度，适用范围有限。因此，多视角、多尺度、多层次、个案与综合相结合的研究是 LUCC 模型的必然要求，而发展嵌套式模型又作为目前尺度综合研究的重要内容（陈睿山等，2010）。

表 2-2　　　　　　　　土地利用模型类型（陈睿山等，2010）

模型	尺度层次	案例研究区	格网分辨率
SE（Spatial Econometric Models）	不定	阿姆斯特丹 Creater 区	不定
SD（System Dynamics）	不定	蒙哥马利郡	不定
CA（Cellular Automata）	区域	旧金山湾	30m×30m ~ 100m×100m
ABM（Agent-Based Models）	区域	多特蒙德	
CLUE/CLUE-S	区域—州/区域	若干案例研究	7km×7km ~ 32km×32km，1km×1km
GEONAMICA	区域	若干案例研究	100m×100m ~ 500m×500m
IMAGE（The Integrated Model to Assess the Global Environment）	全球	若干案例研究	50km×50km
ITE^{2}M（Integrated Tool for Ecological and Economic Modeling）	区域	若干案例研究	25m×25m
LANDSHIFT	国家—全球	全球评价	9km×9km

模型	尺度层次	案例研究区	格网分辨率
PLM（Patuxent Landscape Model）	区域	美国 Patuxent 区域	200m×200m～1km×1km
SITE（Simulation of Terrestrial Environments）	区域	印度尼西亚 Salawesi	250m×250m～500m×500m
SYPRIA（Southern Yuncatán Peninsular Region Integrated Assessments）	区域	墨西哥南 Yuncatan	28m×28m
FLUS（Future Land Use Simulation）	全球	中国	30m×30m～1km×1km

2.2　尺度问题研究基础理论

多尺度国土空间格局演变研究的相关理论基础是开展研究分析的思维工具。本书借鉴空间差异与关联理论、地域分异理论、自然等级组织理论等相关理论作为研究的理论基础。

2.2.1　空间差异与关联理论及指导意义

1. 空间差异与关联理论

地球表层自然地理环境的差异性无处不在，不同的空间尺度存在不同程度的空间差异。区域，即一定的地域空间，它具有一定的面积、形状、范围或界线，由自然要素和人文要素等诸多要素方面内聚合形成的具有相对完整的结构和特有的功能，且有序动态地运行着的有机整体（江孝君，2019）。区域具有五大属性：①空间性，区域是地表面客观存在的、具有一定地理位置、可度量的实体，是人类进行生产、生活活动的载体。②系统性，区域是"自然—社会—经济"的复合体系，是自然子系统、经济子系统、社会子系统之间的联系与耦合，各子系统之间耦合关联作用推动区域系统动态发展。③尺度性，从总体上看，全球范围的地理环境是一个整体，根据需要可划分为自然区域、经济区域、行政区域等。同一类型的区域还可以划分出不同尺度或不同级别的区域，如我国行政区域划分为省（自治区、直辖市）、县（自治县、市）、乡（镇）等多个层级尺度，且尺度不同造成各类型区域范围和界线存在差异。④相似性，区域是在一定指标和标准上划分的地理空间单元，每一个区域各子系统构成要素之间具有相似性，但各区域间的各要素又存在差异，也即区域内部具有相似性，区域与区域之间具有差异性。⑤动态性，区域子系统各要素之间及不同区域之间通过物质、信息和能量流通与交换，推动区域有序、动态发展。

2. 空间关联理论

地理学第一定律认为，"地表所有事物和现象在空间上都是关联的，相互之间距离越近，关联程度就越紧密"。空间关联（spatial association）是地理空间现象与空间过程的本质特征，它存在于对地理认知、空间数据组织、地理空间分析和地理空间建模等全过程中（闾国年等，2019）。空间关联规则本质上是地理现象的多个因子之间的相互关系与作用的规律。构成地理现象的各地理因子不是独立存在的，它们之间相互抑制或相互促进。在层级尺度中，区域与区域之间在自然条件、经济特征、社会文化背景等方面都存在一定的关联性，其关联性就是指地缘相近的区域会有关联影响；在空间尺度中，国土空间数据符合地理第一定律，并具有一定的空间关联特性，国土空间格局空间关联表现为国土空间数据在不同空间尺度上的分布特征及其对邻域的影响程度。空间关联分析采用空间自相关计量来表示，其核心是认识与地理位置相关的数据间的空间依赖、空间关联性，通过空间位置来建立数据间的统计关系。目前最常用的模型方法就是全局空间自相关统计量（谢花林等，2006；付金霞等，2017；马燕飞等，2010），如 Moran' I 指数、Geary's C 指数；局部空间自相关统计量（禹文豪等，2016；任平等，2016），如 Local Moran's I 指数和空间关联的局域指标（LISA）。

3. 实践指导意义

研究国土空间时空格局演变，就需要处理好不同尺度间的差异，这里的尺度既包括层级尺度，也包括空间单元尺度。城市群是在特定的区域范围内云集相当数量的不同性质、类型和等级规模的城市，以一个或两个特大城市为中心，依托一定的自然环境和交通条件，城市之间的内在联系不断加强，共同构成一个相对完整的城市"集合体"，在层级划分中，具有承上启下的作用。同时，国土空间数据也受尺度的影响，表现出不同的空间差异及关联特征。空间差异理论作为研究城市群国土空间格局多尺度时空演变的理论基础，空间关联理论为研究城市群国土空间格局多尺度分异特征和关联关系提供了有效的技术方法。

2.2.2　地域分异理论及指导意义

1. 地域分异理论

地域分异是指自然地理环境各组成成分及其构成的自然综合体在空间分布上的变化规律，具体表现为自然环境整体及其要素组成，在空间上的某个确定方向保持特征相对一致性，而在另一个方向则表现出差异性和有规律的变化（刘志强等，2017）。地域分异规律可以揭示自然地理环境及其各要素分布与分异规律（陈贤用，1987），不同尺度上的分布和演化受制于相应尺度上地带性和非地带性分异规律的综合作用。在自然地理系统中，自然地理环境作为一个整体，具有内在联系整体性、结构功能整体性、非平衡有序系统整体性的特点，但整体性是受各级之间的等级从属和制约关系的影响，也即不同的地域分异因素所造成的分异现象在空间范围上有较大差别。因此，地域分异具有不同的规模或尺度，而不同尺度之间的地域分异并不是彼此孤立的，它们之间存在密切的相互联系、相互制约的关系。一般来说，高级分异是低级分异的基础，低级的地域分异是在较高层次分异的背景上发生的，是高级分异规律的进一步分化，并受高级地域分异的制约；反之，将低级的地域分异特性逐渐归并也把高级分异反映出来，从而构成高级分异的基础。

目前对地域分异规律研究的趋势是确定不同规模的地域分异规律和作用范围。苏联学者把地带性规律分为两种规模，一种是延续于所有大陆、数量有限的总的世界地理地带，另一种是在主要世界地理地带以内形成的局部性纬度地带。英国学者提出全球性规模的研究、大陆和区域性规模的研究和地方性规模的研究。中国学者根据地域分异规律，按规模和作用范围把其分为四个等级：①全球性规模的地域分异规律，如全球性的热量带。②大陆和大洋规模的分异规律，如横贯整个大陆的纬度自然地带和海洋上的自然带。③区域性规模的地域分异规律。④地方性的地域分异，又分为两类：一是由地方地形、地面组成物质和地下水埋藏深度的不同所引起的系列性地域分异；二是由地方地形的不同所引起的坡向上的地域分异。

地域分异规律是客观存在的，人类只有正确认识、掌握其客观规律性，并通过一定措施调节地域分异对生产的影响，而不能改变和消除客观存在的地域分异规律。但这并不意味着人类只能消极、被动地适应地域分异规律。相反，在不违背地域分异规律的前提下，充分发挥人的主观能动性，采取适当措施，因地制宜地指导生产、生活布局，促进地域分异向着有利于人类生产和生活的方向演化。

2. 实践指导意义

地域分异规律是地理学的基本规律之一，国土空间是由土地资源、水资源、矿产资源、人口资源、地质与生态环境资源、产业技术等多种要素组成的复杂系统（马海涛，2015）。各种空间要素通过不同组合方式产生相互作用和综合效果，体现着国土空间结构布局配置的多样性和复杂性，所以国土空间时空格局必然遵循这一规律，即这一规律会影响、制约国土空间时空格局演变，在开展国土空间时空格局研究时，需要考虑这一规律的作用程度及方式。城市群国土空间格局多尺度时空演变，即对区域各要素客观存在的地域分异规律的反映，地域分异决定了其时空格局及未来演变趋势。在城市群国土空间格局优化中，需要考虑不同区域的区位特征、资源环境承载能力，以及人口集聚度、经济结构特点、社会经济发展方向及发展潜力等方面的差异性。因此，研究地域分异规律是认识城市群国土空间时空格局分布特征的重要途径，是进行自然区划的基础，对于弄清城市与县区的资源环境背景，合理利用国土空间资源，因地制宜进行生产空间、生产空间及生态空间布局有指导作用。

2.2.3　自然等级组织理论及指导意义

1. 自然等级组织理论

等级理论（Hierarchy Theory）是 20 世纪 60 年代以来逐渐发展形成的关于复杂系统结构、功能和动态的理论，它可用于简化复杂系统，以便对其结构、功能和动态进行理解和预测。近年来，自然等级理论对景观生态学的兴起和发展起了重大作用，最突出的贡献在于大大增强了生态学家的"尺度感"，为深入认识、理解尺度和尺度转换的重要性提供了理论基础，以及对发展多尺度景观研究方法起到显著的促进作用(邬建国，1991)。换言之，等级组织就是尺度科学，这个理论对生态规划和建设中的尺度选择有着重要意义。如，整个生物圈是一个多重等级层次系统的有序整体，等级结构系统的每一层次都有其整体结构和行为特征，并具有自我调节和控制机制。在一定层次上，系统的整体属性既取决于各个子系统的组成和结构关系，也取决于同一层次上各相关系统之间的相互影响，并受控于上一级系统的整体特征。国土空间是由诸多资源要素共同构成的复杂国土空间资源巨系统，从景观角度而言，它是不同生态系统组成的空间镶嵌体，同样具有等级特征，景观的性质依其所属的等级不同而异。

2. 实践指导意义

等级理论与尺度问题密不可分，该理论认为任何系统皆属于一定的等级，并具有一定的时间尺度和空间尺度(陈睿山等，2010)，同时存在于多个尺度或层次上的系统要素是相互关联的。有些学者将景观、系统和生态系统等概念简单混同起来，并且泛化到无穷大或无穷小而完全丧失尺度性，往往造成理论的混乱。现代科学研究的一个关键环节就是尺度选择。在科学大综合时代，由于多元多层次的交叉综合，造成许多传统学科的边界模糊；因此，尺度选择对许多学科的再界定具有重要意义。等级组织是一个尺度科学概念，因此，自然等级组织理论有助于研究自然界的数量思维，对于景观生态学研究的尺度选择和景观生态分类具有重要的意义(MHJSD，2008)。同时，自然等级组织理论也是地理科学尺度问题研究及土地科学中多尺度时空格局及演变的理论基础。

2.3 国土空间的相关概念内涵

2.3.1 国土空间与功能概念

国土空间是自然子系统、经济子系统、社会子系统之间的联系与耦合，而在各子系统下又包括诸多的资源要素，如土地资源、水资源、矿产资源、人口资源、地质与生态环境资源、产业技术等，共同构成了复杂的国土空间资源巨系统，其核心为土地资源。从系统科学理论角度来说，国土空间还是一个远离平衡态的自组织系统，各类功能系统或要素之间相互重叠、耦合与冲突，在不断运动中体现着国土空间系统的动态性和稳定性。此外，国土空间还具有功能性，每个子空间承载着相应的功能，但空间与功能之间形成了复杂的多对多关系，各要素、各类型与各功能之间相互依存、紧密联系，一个空间既有主体功能，又有若干辅助功能；也可以说，单一功能空间在空间单元上不可能被严格分割开，任一国土空间都是多种功能的综合体，不能从空间中单独分离出来，但能体现一种或几种主导和优势功能(徐磊，2017)。

一般而言，从不同的功能和提供产品的类别来划分，国土空间可以分为城镇空间、农业空间、生态空间和其他空间四类，每种类型空间都承载相应的主导功能。城镇空间，是指以提供工业品和服务产品为主体功能的空间，包括城镇建设空间和工矿建设空间。农业空间，是指以提供农产品为主体功能的空间，包括农业生产空间和农村生活空间。生态空间，是指以提供生态产品或生态服务为主体功能的空间。从提供生态产品多寡来划分，生态空间又可以分为绿色生态空间和其他生态空间两类。其他空间，是指纵横于上述三类空间中的交通、能源、通信等基础设施，水利设施及军事、宗教等特殊用地的空间（周颖颖，2013）。但由于国土空间利用的复杂性，空间与功能并不是一一对应的关系。如农业生产空间中的耕地、园地等也兼有生态功能，但其主体功能是提供农产品，所以应该定义为农业空间；林地、草地、水面虽然也兼有农业生产功能，可以提供部分林产品、牧产品和水产品，但其主导功能应为生态，若过于偏重其农业生产功能，就会对生态功能造成损害，因此，林地、草地、水面等应定义为生态空间（周颖颖，2013）。不同功能类型的国土空间在社会经济发展中的地位具有差异性。此外，国土空间利用的重点也因政策倾向影响而有所差异。

2.3.2 "三生空间"与"三生"功能

1. "三生空间"概念及作用

"三生空间"是国土宏观尺度认知的基本范式（时振钦等，2018），即生产空间、生活空间和生态空间的总称，是从国土空间多功能角度进行的空间类型划分（吴艳娟等，2016），基本涵盖了人类物质生产和精神生活中的空间活动范围（江曼琦，2019）。在一定空间尺度范围内，生产空间与产业结构有关，是指用于生产经营活动的场所，为人类生活提供各种产品及服务，以农业生产、工业建设、旅游观光和服务功能为主，主要涉及农业、工业、物流仓储、商业商务服务用地及风景名胜用地等；生活空间与承载和保障人居有关，是指人类居住和日常生活活动发生或进行的场所的总和，包括城市、建制镇和农村居民点；生态空间与自然本底有关，是指具有重要生态功能、以提供生态产品和生态服务为主的区域，主要涉及森林、牧草地、河流、湖泊、湿地、滩涂等国土空间，在保障国家或区域生态安全中发挥着重要作用，是经济可持续发展的基础。在"三生空间"利用中，三者之间相互影响、相互制约、密不可分，其相互关系体现在：生态空间是基础，为生产空间和生活空间提供保障；生产空间作为根本动力，对生活空间和生态空间的存在状态及变化起决定性作用；生活空间是生产空间和生态空间存在的目的（图 2-5）。

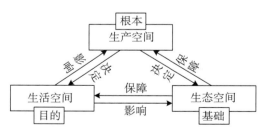

图 2-5　"三生空间"关系示意图（徐磊，2017）

2. "三生"功能概念及作用

"三生"功能是相对于"三生空间"而言的，是"三生空间"内涵的具体表现。由生产空间、生活空间、生态空间构成的"三生空间"落实到土地利用上反映的是土地的利用方式，也反映了物质空间环境之间存在的复合型功能特征，即生产功能、生活功能和生态功能，三者之间的功能分析有助于"三生空间"的协调发展（邓玉婷，2018）。认识"三生"功能需要从国土空间结构演变入手，深入剖析国土空间的功能属性及作用。生产功能、生活功能和生态功能三者之间相互影响、相互制约。生活功能为生产提供生产要素、劳动技术和人力资源等生产资料；生产功能为人类生活提供商品和服务等生活资料；生态功能为生产空间和生活空间提供生态服务；同时，生产功能过程中产生的生产污染损害了生态净化和服务功能，生活功能过程中产生的生活污染及人口过快增长和集聚影响了生态承载和服务功能（图2-6）。不同的类型空间主要发挥其主导功能。从宏观角度来看，国土空间体现的是生产、生活和生态功能的综合特性，三者组成了国土空间复杂巨系统；从微观角度来看，国土空间的功能类别则表现得更具体，即各功能下还包含更低一级的子功能和要素；从土地利用类型的角度来看，功能空间与土地利用类型呈对应关系，如生产空间对应的是农用地、工矿用地等土地利用类型，生活空间对应城镇及村庄，生态空间对应林地、草地、水域及其他土地。在一定区域范围内，各功能空间的组合方式不同，使得国土空间体现出不同的主导功能和辅助功能（徐磊，2017）。国土空间格局优化配置的目的在于"三生"功能系统演变协调有序，实现"三生空间"在空间布局上的协调配置，追求国土空间整体效益的最大化（徐磊，2017）。

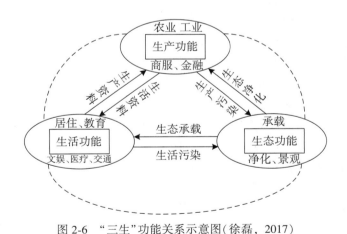

图2-6 "三生"功能关系示意图（徐磊，2017）

2.3.3 "三生空间"分类体系

国土空间是一个复杂的有机地理空间，以自然资源为载体，汇集生态环境和各类经济社会活动于一体的系统关系总和。所有自然资源存在于空间中，而地球空间最基本的形式就是土地。LUCC 则是作为国土空间格局变化和自然环境、人文社会等系统的相互关系的直接反映。迄今为止，我国以土地资源为载体，以土地利用功能为划分依据，形成了多种国土空间分类方式，其中"三生空间"的概念就是着眼于土地利用功能视角提出的（时振钦等，2018）。构建"三生"功能分类体系是进行国土空间功能、结构分析及格局优化的前提和基础（徐磊等，2018）。"三生空间"分类体系是"三生空间"结构内涵的体现，也是生产空间、生活空间和生态空间在国土空间功能上进一步划分，将国土空间在"三生"功能尺度上深入细化，使之与土地利用、土地覆被分类体系相结合，形成适应国土空间相关研究的分类体系，可为下一步国土空间格局多尺度集成表达研究提供数据支撑（林伊琳等，2019）。

1. 分类原则

（1）充分考虑国土空间的多功能性，突出主体功能。任何国土空间都具有各自唯一的生产功能、生活功能和生态功能，同时也都是生产功能、生活功能和生态功能的复合体。在充分考虑国土空间多功能性的前提下，分类既要突出不同类型功能空间的主体功能，又要考虑其具有的次要功能，并将国土空间类型与土地利用类型相衔接，真正做到将各类功能空间落实在土地利用及相关规划中，使其与国土空间规划、专项规划和详细规划完美衔接。

（2）国土空间安全的重要性。国土空间安全主要涉及生态安全、粮食安全、经济社会安全。生态保护红线是维护人类健康和国土生态安全的最低保障线，同时也是国家为建设生态文明提出的一种底线思维，而永久基本农田保护红线是国土空间资源的核心区域，是人类生存的永恒根基。在国土空间分类中，亟须加强对国土空间安全建设的重视。以国土空间安全下的生态安全、粮食安全和经济社会发展安全为出发点，结合生态保护红线和永久基本农田保护红线，使得国土空间类型分类与生态保护红线和永久基本农田保护红线划定成果相衔接，实现促进区域生态底线完整、生态功能与生态景观同步优异，夯实耕地和基本农田红线，保证农业及其他产业生产空间稳定，以达到经济社会发展完美融合。

（3）实用性和单一性。依据"三生"功能进行国土空间分类时，为保证功能与空间之间的相互对应关系，对某一类功能空间只划入唯一的空间类型，以避免在国土空间分类体系中出现空间类型的重复与混淆，对后续运用过程中造成不必要的影响。譬如，一些既具有生产功能又具有生态功能的耕地、林地等空间，耕地的主要功能是生产功能，而林地的主要功能是生态功能，从它们各自的主体功能角度出发，分为农业生产空间和绿地生态空间。遵循单一性原则进行类别划分，可以体现生态保护、生活适度和产业发展等多方面需求，从而降低国土空间开发及管制的难度（徐磊，2017）。

2. 分类方法

目前，主流的"三生空间"格局识别的研究方法大致分为以下两种：

（1）自上而下的量化测算法。通过构建评价指标体系量化识别生产功能、生活功能和生态功能区划，具备指标地域针对性和评价体系综合性强的特点，在"三生"功能评价上独占优势，但难以实现多主体融合和多尺度集成表达。

（2）自下而上的归并分类法。实质是在土地利用数据基础上进行归并分类，能有效地实现与各种用地分类、国土空间管制和开发相衔接，同时在一定程度上弥补了土地利用分类对生态功能考虑欠缺的不足，但对其主体功能的动态性考虑尚有不足（如耕地的主要功能为生产功能，同时也具备一定的生态功能，大片的农作物对周边生态环境也起到调节作用）。

3. "三生空间"分类体系与土地利用类型衔接

本书以上述分类原则为指导，在第二次全国土地利用调查分类和中国 LUCC 遥感监测数据分类体系的基础上，参考相关研究，采用自下而上的归并分类方法，以国土空间安全下的生态安全、粮食安全和经济社会发展安全为出发点，结合滇中城市群生态保护红线和永久基本农田保护红线，对滇中城市群国土"三生空间"分类体系进行划分。其中，国土"三生空间"一级分类以"三生"功能为划分标准，即生产空间（PS）、生活空间（LS）和生态空间（ES），并使其与滇中城市群生态保护红线和永久基本农田保护红线划定成果相衔接，为实现促进区域生态底线完整、生态功能与生态景观同步优异，夯实耕地和基本农田红线，保证农业及其他产业生产空间稳定，以达到经济社会发展完美融合；二级分类是在兼顾国土空间的多功能性和分类的实用性（司慧娟，2018）方面，对一级分类在功能上进行更细致的划分，即生产空间进一步划分为农业生产空间（PS1）和工矿生产空间（PS2），生活空间进一步划分为城镇生活空间（LS1）和农村生活空间（LS2），生态空间进一步划分为绿地生态空间（ES1）、水域生态空间（ES2）和其他生态空间（ES3）；三级分类是以土地利用/土地覆被类型相对应，且各类型之间没有重叠的情况，符合国土空间分区的要求，便于后续对各功能空间面积的提取与汇总。滇中城市群国土"三生空间"类型与土地利用类型的衔接和融合关系见表 2-3。

表 2-3　　　　　**滇中城市群国土"三生空间"分类与土地利用类型衔接表**

国土"三生空间"一级分类	国土"三生空间"二级分类	第二次全国土地调查分类	中国 LUCC 遥感监测数据分类
生产空间（PS）	农业生产空间（PS1）	011 水田、012 水浇地、013 旱地、021 果园、022 茶园、023 其他园地、123 田坎	11 水田、12 旱地
	工矿生产空间（PS2）	101 铁路用地、102 公路用地、104 农村道路、105 机场用地、122 设施农用地、106 港口码头用地、107 管道运输用地、118 水工建筑用地与水利设施用地、204 采矿用地、205 风景名胜及特殊用地	53 其他建设用地
生活空间（LS）	城镇生活空间（LS1）	201 城市、202 建制镇	51 城镇用地
	农村生活空间（LS2）	203 村庄、121 空闲地	52 农村居民点

国土"三生空间"一级分类	国土"三生空间"二级分类	第二次全国土地调查分类	中国 LUCC 遥感监测数据分类
生态空间（ES）	绿地生态空间（ES1）	031 有林地、032 灌木林地、033 其他林地、041 天然牧草地、042 人工牧草地、043 其他草地	21 有林地、22 灌木林地、23 疏林地、24 其他林地、31 高覆盖度草地、32 中覆盖度草地、33 低覆盖度草地
	水域生态空间（ES2）	111 河流水面、112 湖泊水面、113 水库水面、114 坑塘水面、115 沿海滩涂、116 内陆滩涂、117 沟渠、119 冰川及永久积雪、125 沼泽地	41 河渠、42 湖泊、43 水库坑塘、44 永久性冰川雪地、45 滩涂、46 滩地、64 沼泽地
	其他生态空间（ES3）	124 盐碱地、126 沙地、127 裸地	61 沙地、62 戈壁、63 盐碱地、65 裸土地、66 裸岩石质地、67 其他未利用地

2.4　国土空间格局优化研究基础理论

国土空间格局优化理论提出针对国土空间各类自然资源，尤其是土地资源的稀缺性和土地资源利用中产生的负面效应，可以采用科学的技术手段对其进行优化配置来缓解（彭云飞，2018）。"配置"是一种过程和手段，目的在于把国土空间利用方式与国土空间的适宜性、经济性进行适当分配，形成合理的国土空间利用结构与布局，以最大限度地提高国土空间利用的综合效益；"优化"则是一种相对不合理的国土空间利用问题而存在的人类期望和目标（陈梅英等，2009）。国土空间优化配置是一个复杂、综合的过程，其最终目标就是通过协调不同利益主体的用地规模，调整空间要素结构，规范空间开发秩序，高效、合理地利用国土空间资源，以实现区域社会、经济、生态协调与可持续发展。其理论体系主要包括以下几个方面。

2.4.1　空间均衡理论及指导意义

1. 空间均衡理论

空间均衡是一种人口经济与资源环境之间相对平衡、动态发展的状态。这种均衡不仅仅体现在数量结构上的均衡，即区域内各城市在经济、社会和生态空间的数量大致均等，还体现在空间状态上的均衡，空间功能子系统之间相互联系、相互作用，但各子系统又具备改变对方的能力，区域各功能子系统能稳定实现自身发展和功能维持。在国土空间开发利用中，由于各地区存在资源本底条件的差异、劳动能力和技术条件等要素的不同，导致在空间开发水平上也有所差异，因此即便空间主体是均质分布的，但各区域的发展情况是存在明显异质性的。区域空间均衡与失衡状态可以通过区域空间开发利用强度与资源环境承载力相结合来体现(程钰等,2017),若区域开发利用的强度高于其资源环境所能承载的水平,会出现资源耗竭、环境污染、生态失衡、居住空间适宜性下降等问题;若区域开发利用强度低于资源环境承载水平,能够承载较高区域开发强度的地区因受各种条件限制没有得到应有的开发,地未尽其用,处于空间开发利用不足的失衡状态。只有当空间开发利用强度与资源环境承载力相协调时,可以理解为国土空间处于均衡状态。

在国土空间发展中,空间均衡强调的是一种空间上的"帕累托效率"最优状态。这里的最优状态并不是单一目标效益最优化,也不是单纯的各项目标均达到效益最优化,而是三者之间相互约束、协同发展所形成的综合效益最优状态。与空间类型功能相结合来说,它意味着生产空间、生活空间和生态空间的功能实现效益最优,集中了空间上人与人、人与地及人与自然之间的各种关系。总体上,空间均衡的存在就是按照特定的规划目标,采用一定的技术手段,对区域国土空间利用结构、方向,在时空尺度上系统、科学地进行安排、设计、组合和布局,调整空间要素结构、规范空间开发秩序,实现各种生产要素在不同功能空间的分工协调和配置,推动空间要素供给与需求平衡。在国土空间开发利用格局中,将空间开发成本低、效率高及发展需求强烈的地区作为生产空间开发的主要区域;将生态价值高、空间开发难度较大的区域作为生态空间保护区域;将地势条件上适宜人类居住,空间开发难度较小且开发相对集中的区域作为生活空间扩张区域,这样就能够解决区域空间利用的外部性问题。简言之,空间均衡发展与利用并不否认区域之间所存在的差异性,而是利用差异进行合理的资源要素分配与安排,促进区域各国土空间类型之间的协调发展。

2. 实践指导意义

空间均衡实质是一种优化分析理论和方法。在国土空间优化中,空间均衡是作为指导区域发展空间合理组织的理论基石。空间要素分布不均匀导致区域空间利用不均衡,其根本原因在于各区域资源禀赋与要素优势的不同。从城市群国土空间利用来说,不能以减小地区之间开发水平而达到绝对均衡,应根据国土空间主导和优势功能进行有序开发,依据城市与县区的自身条件、特色进行因地制宜的利用。在城市群国土空间格局优化中,按照特定的规划目标,采用一定的技术手段,对区域国土空间利用结构、方向,在时空尺度上系统、科学地进行安排、设计、组合和布局;此外,不同区域的国土空间开发利用要素不同,如何利用它们的差异以最大限度地对现有资源进行高效合理的开发利用,是实现区域社会、经济、生态协调与可持续发展的关键所在,也是确定城市群国土空间开发模式面临的重要问题。

2.4.2 生态学方面的理论及指导意义

1. 景观生态学理论

景观生态学是1939年由德国地理学家C.特洛尔提出的。它以景观为对象,通过物质流、能量流、信息流与价值流在地球表面进行传输和交换,通过生物与非生物以及与人类之间的相互作用、转化，运用生态系统原理和系统方法研究景观结构和功能、景观动态变化以及相互作用机理、研究景观的美化格局、优化结构、合理利用和保护的学科（肖笃宁，2010）。其核心是强调空间格局、生态学过程之间的相互作用（俞孔坚，1999）。①结构、功能与动态：景观结构是指景观组成要素的类型、大小、形状、数目及其在空间上的分布与配置状况。景观功能是指景观要素间相互作用，而景观动态则是景观镶嵌结构与功能随时间的变化。三者之间相互依赖、相互作用，结构决定功能，而结构的形成和发展又受到功能的影响。景观结构和功能必然会随时间发展变化，而景观动态则反映了多种自然和人为的、生物与非生物的因素及其作用的综合影响。②格局和过程：空间格局是生态系统或系统属性空间变异程度的具体表现。格局与过程往往是相互联系的，空间格局决定资源地理环境的分布形成和组分，制约着各种生态过程（肖笃宁，2010），对空间格局与生态过程相互关系的研究，是揭示生态学过程成因机制的根本途径。③空间异质性，即生态过程和格局在空间分布上的不均匀性及复杂性（邬建国，2000）。空间异质性可分为空间局域异质性和空间分异性。前者是指该点属性值与周围不同，例如热点或冷点；后者是指多个类型之间互相不同或者多个区域之间互相不同，例如土地利用分类和生态分区。空间局域异质性可用 LISA、Gi 和 SatScan 来检验；空间分异性可用地理探测器 q-statistic 来检验。④景观稳定性，其特征包括两方面：一方面是景观本身内部机制的稳定；另一方面是由各内部机制构成的镶嵌状组合的稳定。干扰可能破坏景观，但适度干扰也可能维持、促进景观的平衡与发展（李智国等，2007）。所以，景观生态的稳定性由生物多样性的空间结构与组成、对外界干扰的抵抗和恢复能力等因素共同决定。⑤景观多样性，即指不同类型的景观在空间结构、功能机制和时间动态方面的多样化和变异性。它揭示了景观的复杂性，是对景观水平上生物组成多样性程度的表征。在内容上分为斑块多样性、类型多样性和格局多样性。斑块多样性侧重的是景观中斑块的数目；类型多样性侧重的是景观中不同景观类型的面积及占比；格局多样性则是强调不同类型的空间分布，同一类型间的连接度和连通性，以及相邻斑块间的关联性，通过景观空间格局对生态过程的影响研究，探寻合理的景观配置，在景观设计和物种多样性保护方面具有重要意义（傅伯杰等，2008）。

2. 生态位理论

生态位理论作为生态学的重要理论最早是由 J. Grinnel 于 1917 年提出的，是指一个种群在生态系统中，在时间空间上所占据的位置及其与相关种群之间的功能关系与作用。生态位包括"态"和"势"两个基本属性。生态位的"态"是指生物单元的状态，是生物生产发育、社会经济发展及其环境之间相互作用的结果（朱春全等，1997）；生态位的"势"是指生物单元对环境的现实影响能力或支配能力（王春蕊等，2007）。根据生态位态势理论，在土地利用类型研究中，可利用区域某一土地利用类型的态势与该区域中所研究的各土地利用类型态势综合的比值来表述该土地利用类型的相对地位和作用，也就是土地利用生态位（黄晓霞等，2008）。将生态位引入国土空间变化分析中，主要作用是表示不同空间类型占用新生境的能力，反映出各国土空间类型在国土空间系统中占有的空间、所处的地位及其所具有的功能。在国土空间开发利用过程中，通过对比不同空间类型的生态位，调整国土空间利用结构优化国土空间布局，从而提升国土利用的经济效益，即国土开发利用从低生态位向高生态位转变。

3. 实践指导意义

从景观生态学的内涵和发展方向来看，景观生态学与国土空间格局联系紧密，国土空间格局变化的过程也是生态景观格局演变的过程，将景观生态学理论引入国土空间格局优化中具有重要的实际意义。具体包括以下几个方面：第一，从时空角度来看，景观生态学的结构、功能与动态等理论有助于进一步理解国土空间格局开发和结构布局优化的内涵；第二，国土空间格局中各国土空间类型之间异质性特征较为明显，相互依存和制约，应用景观生态学空间异质性理论可以更具体地判定各国土空间类型之间的相关关系，制定适宜区域国土空间生态完整性的空间异质性目标；第三，国土空间格局变化受自然、人类生活、生产和社会经济活动的影响，人类在认识物种多样性的过程中借助景观生态学的稳定性理论，能够有效强化生态系统的稳定性，利用景观多样性原理探寻在生态系统中合理的景观配置，进而实现国土空间生态系统的可持续发展。一般来说，区域内景观多样性越丰富，代表该区域越稳定，不易受到干扰。从生态位内涵及发展方向来看，生态位理论将国土空间类型表述为不同的生态位，继而调整国土空间布局。生态学的理论观点在国土空间格局优化过程中主要为建模提供决策依据，譬如最小累积阻力模型就是建立生态安全格局和优化生态空间的重要基础（赵筱青等，2009），将其与其他模型耦合再采用 GIS 空间分析技术进行国土空间格局优化调整是实现区域绿色发展的有效途径。

2.4.3 可持续性理论及指导意义

1. 可持续发展理论

可持续发展理论是人类面对资源耗竭、人口增长过快、环境污染和生态破坏等问题所提出的一种新的发展思想，其核心内容是如何面对及处理人与自然之间的相互关系，如何保证在正常发展前提下实现对资源环境的可持续利用。关于可持续发展的定义，最早于20 世纪 70 年代在斯德哥尔摩举行的联合国人类环境研讨会上正式讨论。这次研讨会云集了全球的工业化和发展中国家的代表，共同界定人类在缔造一个健康和富有生机的环境上所享有的权利。自此以后，各国致力界定可持续发展的含义，截至目前还未形成统一的共识。但普遍认可的是世界环境与发展委员会 20 世纪 80 年代在《我们共同的未来》报告中对可持续发展概念的阐述：满足现代人需求的前提下，对后代人的需求能力不造成损害。区域可持续发展包括三个方面：经济的发展、社会的发展、环境的发展，所追求的目标是持续，它要求一定区域内的资源存量与现有经济发展方式与速度之间不存在导致发展停滞的矛盾，要有足够的动力和活动支撑区域经济和社会的长期发展，即区域的可持续发展应该建立在区域资源条件和环境容量允许范围内，需坚持目前利益与长远利益相结合。

可持续发展的内涵主要包括三个方面。第一，生态可持续发展方面，以保护自然为基础，与资源和环境的承载能力相适应。发展的同时必须保护环境，包括控制和防治环境污染与生态破坏，提高环境质量，保护生物多样性和地球生态系统的完整性，保证以持续的方式使用可再生资源，使人类的发展保持在地球承载能力之内。第二，经济可持续发展方面，经济增长是国家实力和社会财富的体现，要鼓励经济增长。数量和质量齐增，节能与效益并重，减少废物产生量，改变传统的生产方式，实施清洁生产，转变不合理的消费模式，倡导文明消费。第三，社会可持续发展方面，以提高人们生活质量为目的，改善生存所需的基础设施条件，加强生态文明发展，推进生态文明建设，与社会进步相适应。换言之，可持续发展的实质并不否认发展，而是强调在当代发展过程中侧重以人为中心，考虑后代人发展的机会，不只是经济建设的持续，还要兼顾社会和生态的多元化发展模式(徐磊，2017)。

2. 实践指导意义

可持续发展作为一种新的理念，强调在人口、资源和环境约束条件下整个社会系统稳定、有序地发展，进而实现三者之间的相互协调。国土空间是区域可持续发展和建设的重要载体。国土空间可持续利用是区域可持续发展战略的重要组成部分，由于城市群内各区域在资源禀赋、资源配置能力、城镇建设、产业结构和发展方向等方面均存在较大差异。因此，可持续发展是城市群国土空间格局优化中遵循的重要理念，即在格局优化过程中，需要因地制宜地安排和定位各区域国土空间的主导功能及辅助功能。在追求城市群各国土空间类型效益最大化时，以可持续发展作为指导，以国土空间可持续利用为目标，以生产空间、生活空间和生态空间各自可持续利用为手段，把国土空间利用与生态、经济、社会可持续相结合，加快转变国土开发利用方式，实现城市群国土空间、人与资源环境的协调发展。

第3章 国土空间格局多尺度时空演变与优化配置的研究方法

3.1 国土空间多尺度时空格局演变的研究方法

3.1.1 国土空间数量结构演变分析方法

1. 国土空间动态度指数

国土空间动态度可定量描述区域国土空间面积变化的数量和速率，在比较国土空间类型变化的区域差异和预测未来国土空间变化趋势方面具有积极作用。该指数模型一般分为单一动态度指数和综合动态度指数。

单一国土空间动态度指数表达的是一定时段内国土空间类型的数量变化特征。表达式如下：

$$K = \frac{U_b - U_a}{U_a} \times \frac{1}{T} \times 100\% \tag{3-1}$$

式中，K 代表研究时段内研究区某一国土空间类型动态度；U_a 和 U_b 分别代表研究初期与末期某一国土空间类型的面积；T 为研究时段，当 T 的时段设为年时，K 值就代表对应国土空间类型的年变化率。

国土空间综合动态度指数综合考虑了研究时段内区域国土空间类型间的转移情况，着眼于国土空间类型变化过程而非变化结果。其意义在于不仅能刻画区域国土空间类型演变程度，还较好地识别和比较区域国土空间类型格局变化的总体程度及活跃情况。表达式为：

$$S = \frac{\sum_{i=1}^{n} (\mathrm{LA}_{(i,\,t1)} - \mathrm{ULA}_i)}{\sum_{i=1}^{n} \mathrm{LA}_{(i,\,t1)}} \times \frac{1}{T_2 - T_1} \times 100\% \tag{3-2}$$

式中，S 为国土空间综合动态度；$\sum_{i=1}^{n} (\mathrm{LA}_{(i,\,t1)} - \mathrm{ULA}_i)$ 为研究时段内各国土空间类型转移部分面积之和；$\mathrm{LA}_{(i,\,t1)}$ 为研究初期第 i 种国土空间类型的面积；ULA_i 为研究时段内第 i 种国土空间类型未变化部分的面积；T_1 和 T_2 分别为研究时段的起、止时间。

2. 国土空间类型转移矩阵

转移矩阵是分析国土空间类型变化的出发点，它可定量描述区域内不同国土空间类型之间的转移方向、具体数量及它们之间的比例关系，还可以揭示不同国土空间类型的转移速率。如表 3-1 所示，未转移量位于对象线处，表示该类型保持不变的面积比例；而转移量则位于非对角线处，表示该类型发生转变的面积比例。

表 3-1　　　　　　　2 个不同时点国土空间空间类型转移矩阵（Pontius et al.，2004）

国土空间类型		时间 2			时间 1 总量	总转出量
		类型 1	类型 2	类型 3		
时间 1	类型 1	Y_{11}	Y_{12}	Y_{13}	Y_{1+}	$Y_{1+}-Y_{11}$
	类型 2	Y_{21}	Y_{22}	Y_{23}	Y_{2+}	$Y_{2+}-Y_{22}$
	类型 3	Y_{31}	Y_{32}	Y_{33}	Y_{3+}	$Y_{3+}-Y_{33}$
	时间 2 总量	Y_{+1}	Y_{+2}	Y_{+3}	1	—
	总转入量	$Y_{+1}-Y_{11}$	$Y_{+2}-Y_{22}$	$Y_{+3}-Y_{33}$	—	—

注：Y_{ij} 表示国土空间类型 i 向国土空间类型 j 转变的量；Y_{jj} 表示国土空间类型 j 保持不变的量；Y_{i+} 表示时间 1 类型 i 的总量；Y_{+j} 表示时间 2 类型 j 的总量。

通过表 3-1 可归纳出每一种国土空间类型的转变量，包括"总转入量"和"总转出量"；还可以归纳各国土空间类型的"净变化量"和"交换量"。其中，总量 = "总转入量" + "总转出量"，"净变化量" = "总转入量" – "总转出量"，"交换量" = "总量" – "净变化量"。

3. 国土空间利用程度

测算国土空间利用程度能够揭示国土空间利用的广度和深度，反映人为、环境因素等产生的综合效应（许艺萍，2009）。本书在刘纪远等（1992）提出土地利用类别及分级指数的基础上，结合研究区国土"三生空间"分类与土地利用类型衔接表（表 2-3），进行国土空间类型分级指数赋值（表 3-2）。

表 3-2　　　　　土地利用类别及分级指数与国土空间类型分级指数对应表

土地利用类别级	对应国土空间利用类别级	土地利用类别	土地利用类型分级指数	对应国土空间类型分级指数
未利用地级	生态空间	未利用地或难利用地	1	3
林、草、水用地级		林地、草地、水域	2	
农业用地级	生产空间	耕地、园地、人工牧草地、其他农用地	3	1
城镇聚落用地级	生活空间	城镇、村庄、工矿用地、交通水利设施用地	4	2

国土空间利用程度表达式为：

$$L = 100 \times \sum_{i=1}^{n} nA_i \times C_i \tag{3-3}$$

式中，L 为国土空间利用程度指数；A_i 为第 i 种国土空间类型对应的分级指数；C_i 为第 i 种国土空间类型分级面积占比情况；n 为国土空间利用程度分级数。

4. 信息熵

信息熵是一个数学上颇为抽象的概念，可以理解为某种特定信息的出现概率（即离散随机事件的出现概率）。在地理学中，信息熵也可以说是系统有序化程度的一个度量，它为研究系统的有序性和结构的复杂性提供了一条新途径，为国土空间景观格局研究提供了新的思路（张珂等，2013）。熵值越大，国土空间利用的有序性越低，国土空间结构性不高；反之，熵值越小，国土空间利用的有序性越高，国土空间结构稳定性越强。公式为：

$$H = - \sum_{i=1}^{n} \left(\frac{S_i}{S} \ln \frac{S_i}{S} \right) \quad (i = 1, 2, 3, \cdots, n) \tag{3-4}$$

式中，H 为信息熵；S 为研究区总面积；S_i 为第 i 种国土空间类型的面积；n 为国土空间类型总数。当各国土空间类型面积相等时，信息熵最大，即 $H_{max} = \ln n$。

5. 多样化指数

根据吉布斯-马丁（Gibbs-Martin）多样化指数法，结合研究实际，对研究区内各国土空间类型的齐全程度或多样化状况进行测度分析。模型表达式为：

$$G = 1 - \frac{\sum_{i=1}^{n} x_i^2}{\left(\sum x_i \right)^2} \tag{3-5}$$

式中，G 为多样化指数；n 为国土空间类型数目；x_i 为第 i 种国土空间类型面积占比情况。若 $n = 1$，表明区域仅一种国土空间类型，则 $G = 0$，G 越小，说明区域的国土空间类型越少，齐全程度也就越低。若 $n > 2$ 及以上，表明区域土地类别多样，则 G 值越趋近 1，齐全和均衡程度就越大。但 G 值受 n 的影响，假设有 n 种国土空间类型时，其 $Max_{理论} = (n-1)/n$。

6. 分维数

Batty 等（2013）最初借助分维数探讨城市边界，提出城市形态边界的分维数概念，后来被广泛应用于研究土地利用空间结构，主要用于分析斑块形状的复杂程度（王新生等，2005）。借助分维数模型，用面积-周长关系来定量研究国土空间格局演变中景观结构的复杂度。公式为：

$$\ln A = \frac{2}{D} \ln P + \ln K \tag{3-6}$$

式中，A 为图斑面积；P 为图斑周长；K 为常数；D 为分维数，介于 $[1, 2]$ 之间。D 越大，表示空间上的镶嵌结构越复杂，即图斑边界越不规则、越复杂；当 $D = 1.50$ 时，表示处于一种类似布朗运动的随机状态，即空间结构最不稳定状态。由此定义稳定性指数 SK，SK 值越大，表示结构越不稳定，SK 越小，结构越稳定。

$$SK = |1.5 - D| \qquad\qquad (3\text{-}7)$$

3.1.2　国土空间格局演变分析方法

1. 国土空间地学信息图谱

地学信息图谱是用"图"和"谱"来反映与揭示地表事物和现象空间结构特征、时空动态变化规律的空间图形表现形式和方法。在土地利用领域中，地学信息图谱方法在研究土地利用时空演变分析中被广泛应用，土地利用信息图谱能够有效揭示土地利用从空间到属性再到过程的变化情况（陆汝成等，2009）。将土地利用信息图谱引入国土空间格局类型转换关系的研究分析中，有助于深入了解国土空间格局演变的时空过程和内在机制。

在 GIS 技术支持下，以某一区域相同栅格单元的两期国土空间数据为基础，并保证前后两期国土空间分类与图谱单元代码相对应，对该区域国土空间前后两期数据进行地图代数叠加运算以实现转移图谱代码的融合（鲍文东等，2007），形成不同时序的各国土空间类型的动态转移图谱。其原理是将表征前一期国土空间类型的图谱单元代码作为十位数或百位数，表征后一期图谱单元代码作为个位数或十位数，二者融合形成一个新的代码，该代码则记录了国土空间类型图谱单元的演化过程（戴声佩等，2012）。合成公式为：

当国土空间类型<10 时，C = 10×A+B；当国土空间类型>10 时，C = 100×A+B

式中，C 为研究时段国土空间类型演化特征的图谱单元代码；A 为前一期国土空间类型的图谱单元代码；B 为后一期国土空间类型的图谱单元代码。

将该理论方法引入国土空间格局演变分析中，可以进行空间定位化、定量化的表示和分析其空间演变的发展方向和规律，从而预判未来国土空间利用趋势，指导国土空间利用。此外，利用地学信息图谱的谱系化、可视化等直观的特点，可以对各尺度谱系间的尺度特征规律及关系进行探析。

2. 国土空间景观格局指数

景观格局分析属于景观生态学范畴，是用来研究景观结构组成特征和空间配置关系、生态学过程、动态格局变化，探究景观"格局—过程—尺度"之间相互作用关系的分析方法。景观格局，即景观的空间结构特征，是景观异质性的具体表现，同时也是包括干扰在内的各种生态过程在不同尺度上的作用结果；受多种驱动力的综合作用影响而形成，反映了人类活动对景观作用的范围、强度和频率，同时也影响着生态系统的格局和过程（Redman，1999）。在不同空间尺度下，同一研究对象所表现出的格局会有所差异，即空间格局的尺度相关性。在景观生态学中，研究尺度问题不仅有助于对揭示景观格局规律性的最佳测量尺度进行选择（Wu，2002；刘茂松等，2004），还有助于探讨景观空间异质性的成因（李团胜，1998），从而揭示景观变化模式及动力学机制（陈国平等，2016）。滇中城市群国土空间也是由景观斑块组成，借助土地利用景观与国土空间之间的对应关系，利用景观格局指数来反映其国土空间结构的时空演变特征，深入探讨景观格局与国土空间结构之间的变化规律及内在机理，与其他分析方法得到的结论对比，相互验证（Wu，2002）。

景观格局指数主要包括两部分，即景观单元特征指数和景观异质性指数。其中景观单元特征指数是指用于描述斑块数目、斑块面积和周长、斑块密度等特征的指标，景观异质性指数是指景观要素的类型数、各景观要素占的比例，用于描述景观的组成和结构性。应用景观指数定量地描述景观格局，可以对不同景观进行比较，研究它们的结构、功能和过程的异同。一般从斑块尺度（patch metrics）、斑块类型尺度（class metrics）和景观尺度（landscape metrics）三个不同层次进行景观格局特征分析，较常用的是后两种尺度中所含的相关指数。景观指数种类繁多，各指数之间又具有高度的相关性，不同之处在于侧重点不同。因此选取指数时，应该在厘清每个指数代表的生态意义及其所反映的景观结构侧重面的前提下，依据研究目标和精度选择合适的指标与尺度。参考借鉴已有的相关研究成果（Lin et al.，2019；孟超等，2018；杨清可等，2018），针对研究区国土空间景观格局动态演变特征，重点考察各指数之间的冗余性、表征景观结构变化的准确性等，在斑块类型尺度和景观尺度两个层次上，选取 11 个景观格局指数进行分析（表 3-3）。

表 3-3　　　　　　　　　　各类景观指数的计算公式及内涵描述

尺度	景观格局指标	公　式	内涵
斑块类型尺度	斑块个数（Number of Patches，NP）	$NP = N_i$	反映某斑块类型的斑块总数目，表征景观的空间格局，其值大小与景观的破碎度呈正相关性
	斑块密度（Patch Density，PD）	$PD = \dfrac{N_i}{A}(10000)(100)$	反映某斑块类型单位面积内的斑块数目，表征斑块类型的破碎化水平，有利于不同斑块类型间的比较
	斑块面积比（Percentage of Landscape，PLAND）	$PLAND = \dfrac{\sum\limits_{j=1}^{a} a_{ij}}{A} \times 100$	反映某斑块类型的总面积占整个景观面积的百分比，表征某斑块类型的优势度
	平均斑块面积（Mean Patch Area，AREA_MN）	$AREA\_MN = \dfrac{A_i}{N_i \times 10000}$	反映某斑块类型占所有斑块类型的面积比例，表征斑块类型的分离水平
	周长-面积分维数（Perimeter-Area Fractal Dimension，PAFRAC）	$PAFRAC = \dfrac{\left[N_i \sum\limits_{j=1}^{n}(\ln P_{ij} - \ln a_{ij})\right]^2 - \left[\left(\sum\limits_{j=1}^{n}\ln P_{ij}\right)\left(\sum\limits_{j=1}^{n}\ln P_{ij}\right)\right]}{\left(n_i \sum\limits_{j=1}^{n}\ln P_{ij}^2\right) - \left(\sum\limits_{j=1}^{n}\ln P_{ij}\right)^2}$	反映某斑块类型周长与面积关系的指数，表征斑块类型形状的复杂性

续表

尺度	景观格局指标	公　式	内涵
景观尺度	形状指数 （Landscape Shape Index, LSI）	（1）以正方形为参照物：$LSI = \dfrac{0.25E}{\sqrt{A}}$ （2）以圆形为参照物：$LSI = \dfrac{E}{2\sqrt{\pi A}}$	反映景观内某斑块类型形状与相同面积的圆或正方形之间的偏离程度，表征该斑块类型形状复杂程度
	蔓延度 （CONTAG）	$$CONTAG = \left[1+\dfrac{\displaystyle\sum_{i=1}^{m}\sum_{j=1}^{m}\left[(P_i)\left(\dfrac{g_{ij}}{\sum\limits_{j=1}^{m}g_{ij}}\right)\right]\left[\ln(P_i)\left(\dfrac{g_{ij}}{\sum\limits_{j=1}^{m}g_{ij}}\right)\right]}{2\ln(m)}\right](100)$$	反映景观内不同斑块类型的团聚程度或延展趋势，以及相互之间的连接性及破碎程度
	聚合度 （Aggregation Index, AI）	$AI = \left[\displaystyle\sum_{i=1}^{m}\left(\dfrac{g_{ij}}{\max - g_{ij}}\right)\times P_i\right]\times 100$	反映景观内不同斑块类型之间的分布情况，表征景观斑块类型的聚合程度
	散布与并列指数 （Interspersion Juxtaposition Index, IJI）	$IJI = \dfrac{-\displaystyle\sum_{i=1}^{m}\sum_{k=i+1}^{m}\left[\left(\dfrac{e_{ik}}{E}\right)\right]\ln\left(\dfrac{e_{ik}}{E}\right)}{\ln[0.5\times(m-1)]}\times 100$	反映景观内各斑块类型的总体散布与并列状况
	香农均匀度 （Shannon's Eveness Index, SHEI）	$SHEI = \dfrac{-\displaystyle\sum_{i=1}^{m}(P_i\ln P_i)}{\ln(m)}$	反映景观内的各斑块类型的均匀分布水平，表征景观多样性
	香农多样性指数 （Shannon's Diversity, SHDI）	$SHDI = -\displaystyle\sum_{i=1}^{m}(P_i)\times\log(P_i)$	反映景观内各斑块类型的均衡分布状况，表征景观异质性

　　注：i 为斑块类型；N_i 为景观 i 类型的斑块数；n 为斑块 i 的斑块面积；A 为景观总面积；a_{ij} 是 i 类 j 个斑块的面积；A_i 为 i 类斑块的总面积；P_{ij} 为 i 类第 j 个斑块的周长；E 为景观所有斑块边界的总长度；P_i 为 i 类型斑块所占的面积百分比；g_{ij} 为 i 类型斑块和 j 类型斑块毗邻的数目；m 为景观中的斑块类型总数目；$\max$ 为相应景观类型斑块所毗邻的最大斑块数量；e_{ik} 为 i 类斑块与 k 类斑块之间的总边缘周长。

3. 国土空间重心迁移模型

　　重心的概念源于物理学，表示物体各部分所受重力之合力的作用点（杜改芳等，2014）。国土空间重心迁移是国土空间时空演变的一个总体特征，可以揭示人类利用或改造国土空间中土地资源在空间上的轨迹，有助于分析国土空间时空演变的内在机理。即用重心坐标的变化来反映国土空间类型在空间上的集中分布情况。表达式为：

$$X_t = \frac{\sum\limits_{i=1}^{n}(C_{ti}\times X_i)}{\sum\limits_{i=1}^{n}C_{ti}}, \quad Y_t = \frac{\sum\limits_{i=1}^{n}(C_{ti}\times Y_i)}{\sum\limits_{i=1}^{n}C_{ti}} \tag{3-8}$$

式中，X_t、Y_t 为第 t 年某国土空间类型分布的重心坐标；C_{ti} 为第 i 个子区在第 t 年的该国土空间类型的面积(本书选取滇中城市群所辖市域作为子区);X_i、Y_i为第i个子区的几何中心坐标。

4. 国土空间方向分布模型

标准差椭圆法(Standard Deviational Ellipse)是分析空间分布方向性特征的经典方法之一。该方法最早是由美国南加州大学社会学教授韦尔蒂·利菲弗(D. Welty Lefever)在1926年提出。创建标准差椭圆或椭圆体来汇总地理要素的空间特征:中心趋势、离散和方向趋势,通过椭圆之间的差异性鉴别空间格局的各种状态(文广等,2017)。通常被用于度量一组数据的方向和分布,椭圆的大小反映空间格局总体要素的集中程度,转角(长半轴)反映格局的主导方向。采用该方法能够描述各国土空间类型在各个方向的主导分布方向和离散状况,从而指导国土空间格局布局优化。表达式为:

$$\delta_x = \sqrt{\frac{\sum_{i=1}^{n}(w_i x_i'\cos\theta - w_i y_i'\sin\theta)^2}{\sum_{i=1}^{n}w_i^2}}, \delta_y = \sqrt{\frac{\sum_{i=1}^{n}(w_i x_i'\sin\theta - w_i y_i'\cos\theta)^2}{\sum_{i=1}^{n}w_i^2}} \tag{3-9}$$

式中,n为分析单元数目,即研究区县域数目;w_i为i对应分析单元的属性值,即第i种国土空间类型的斑块面积;x_i'、y_i'为各国土空间类型斑块面转点后距离平均中心的相对坐标;θ为从正北方向沿顺时针旋转至椭圆长轴形成的夹角;δ_x、δ_y为沿x轴和y轴的标准差。

标准差椭圆的形状指数(Shape Index),即沿短轴标准差除以沿长轴标准差的无量纲数值。它反映椭圆方向的明确性和向心力程度,用其来衡量各国土空间类型的总体分布格局,值越大,形状越接近圆,随机性分布明显,极化特征越不突出;反之,越接近线性,方向性分布明显,极化特征越突出。

5. 核密度估计方法

核密度估计(Kernel Density Estimation,KDE)是一种用于估计未知的密度函数的非参数检验方法,通过输入的要素数据集对整个区域的数据聚集状况进行计算,从而形成一个连续的密度表面(胡文艺,2012)。其工作原理是借助一个移动的单元格来估计某一地理要素在其周围搜索半径中的密度,采用复杂的距离衰减函数,即随中心单元辐射距离的增大逐渐变小,测度该地理要素局部密度的变化情况,分析结果表现出距离越近的事物相关性越大的特征(任平等,2016)。在国土空间格局分布研究中,核密度估计根据输入的各国土空间类型数据来测算整个研究区对应国土空间类型的集聚分布情况,通常KDE值越高,输入的国土空间类型要素数据集的空间分布密度越大。表达式为:

$$f_h(x) = \frac{1}{nh}\sum_{i=1}^{n}K\left(\frac{s-c_i}{h}\right) \tag{3-10}$$

式中,$f_h(x)$为某一国土空间类型斑块分布核密度估计值;n为该国土空间类型的斑块数量;$K()$为核函数;$s-c_i$为计算国土空间类型斑块s到样本国土空间类型斑块c_i处的距离;

h 为带宽，表示距离衰减阈值。

3.1.3　空间自相关分析

空间自相关分析是根据空间变量要素位置和要素值来度量空间自相关的一种空间统计方法，其目的是检验某一空间变量属性值与相邻空间变量属性值是否相关，及相关程度如何。空间自相关系数常用来定量地描述事物在空间上的分布特征及其对邻域的影响程度。空间正相关表明某一变量属性值随着测定距离的缩小而趋近相似，具有一定集聚性；空间负相关则相反。若变量的属性值不表现出任何空间依赖关系，则说明该变量表现出空间不相关性，在空间上呈随机分布。空间自相关分析可以分为全局空间自相关和局部空间自相关。

1. 全局空间自相关

全局空间自相关是由澳大利亚统计学者 Patrick Alfred Pierce Moran 于 1950 年提出的，它概括了在一个总的空间范围内空间依赖的程度。计算公式如下：

$$\text{Moran's } I = \frac{n \sum\limits_{i=1}^{n} \sum\limits_{j=1}^{n} w_{ij(x_i-\bar{x})(x_j-\bar{x})}}{\left(\sum\limits_{i=1}^{n} \sum\limits_{j=1}^{n} w_{ij}\right) \sum\limits_{i=1}^{n} (x_i-\bar{x})^2} \tag{3-11}$$

式中，n 为要素总数；x_i、x_j 分别代表要素 i 和 j 的属性值；$\bar{x}$ 为其平均值；w_{ij} 为空间权重矩阵。Moran's I 指数的取值介于 $[-1, 1]$ 之间，指数<0 表示负相关，指数 =0 表示不相关，指数>0 表示正相关。

对于 Moran 指数结果可以用标准化统计量 Z 来检验 n 个区域是否存在空间自相关关系，其计算公式为：

$$Z = \frac{\text{Moran's } I - E(I)}{\sqrt{\text{VAR}(I)}} \tag{3-12}$$

式中，$E(I)$、$\text{VAR}(I)$ 分别代表 Moran 指数的期望值和方差。当 Z 值为正或为负且显著时，表明空间单元在空间上存在显著的正或负空间自相关性；当 Z 值为零时，表明期望值呈独立随机分布。

全局空间自相关最常用的关联指标是全局 Moran's I 指数（Global Moran's I），在构成的 Moran 散点图中，可以划分为四个象限，对应四种不同的区域空间差异类型：高-高（区域自身和周边地区的属性水平均较高，二者空间差异程度较小）、高-低（区域自身属性水平高，周边地区属性水平低，二者空间差异程度较大）、低-低、低-高；能够根据高-高、低-低类型是否占最多，判断某一地区存在显著的空间自相关性，即具有明显的空间集聚特征。

2. 局部空间自相关

全局空间自相关强调的是对整个研究范围内空间单元分布的空间依赖程度的一个总体

描述，仅仅对同质的空间过程有效，但在研究范围内不同的空间单元与邻域在空间自相关水平上存在一定差异，即存在空间异质性，而全局空间自相关并不能对其进行有效的表达(任平等，2016)。局部空间自相关，描述一个空间单元与其邻域的相似程度，能够表示每个局部单元服从全局总趋势的程度(包括方向和量级)，并提示空间异质，说明空间依赖是如何随位置变化的。本书所运用到的局部空间自相关关联指标有空间联系的局部指标(Local Indicators of Spatial Association，LISA)、局部 Getis-Ord 指数 G 和 Moran 散点图。

1)空间联系的局部指标

空间联系的局部指标(LISA)可以用于衡量观测单元属性值与邻域单元属性值的相近(正相关)或差异(负相关)程度，并提示空间异质，说明空间依赖是如何随位置变化的(付金霞等，2017)。表达式为：

$$I_i = \frac{n^2}{\sum\limits_i \sum\limits_j w_{ij}} \times \frac{(x_i - \bar{x}) \sum\limits_j w_{ij}(x_j - \bar{x})}{\sum\limits_{ij} (x_j - \bar{x})^2} \tag{3-13}$$

式中，x_i、x_j 分别代表观测量在空间单元 i 和 j 上的标准化观测值。

2)局部 Getis-Ord 指数 G

局部 Getis-Ord 指数 G 是 1992 年 Getis 和 Ord 提出的，也称热点分析(Getis-Ord G^*)，用于识别区域样本的观测值在局部水平上的空间聚集程度，也即识别"热点"(hot spot)与"冷点"(cold spot)区域。其表达式如下：

$$G_i = \frac{\sum\limits_i w_{ij} x_j}{\sum\limits_j x_j} \tag{3-14}$$

局部 Getis-Ord 指数 G 统计量的检验与局部 Moran's I 指数相似，其检验值为：

$$Z(G_i) = \frac{G_i - E(G_i)}{\sqrt{\text{VAR}(G_i)}} = \frac{\sum\limits_{j=1}^{n} w_{ij}(d)(x_j - \bar{x}_i)}{S_i \sqrt{\dfrac{w_i(n - 1 - w_i)}{n - 2}}} \quad (j \neq i) \tag{3-15}$$

当 Getis-Ord 指数 G 的值大于数学期望，并通过假设检验时，表示存在"热点区"；反之，当 Getis-Ord 指数 G 的值小于数学期望，并通过假设检验时，表示存在"冷点区"。

3)局部 Moran 散点图

局部 Moran 散点图和全局 Moran 散点图的表现形式一致，采用四个象限的坐标形式展现(冯利静，2014)，横坐标代表各区域单元的属性值，纵坐标代表由空间连接矩阵确定的相邻单元的属性值的平均值。局部 Moran 散点图经常用来研究局部空间不稳定性，其四个象限分别对应区域单元与其邻居之间四种类型的局部空间联系形式：第一象限，高-高关联或聚集，代表高观测值的区域单元被同是高值的区域包围的空间联系形式；第二象限，低-高关联(也称为低-高异常)，代表低观测值的区域单元被高值的区域包围的空间联系形式；第三象限，低-低关联，代表低观测值的区域单元被同是低值的区域包围的空间联系形式；第四象限，高-低关联(也称高-低异常)，代表高观测值的区域单元被低值的区域包围的空间联系形式。其中高-高关联、低-低关联，属于正的空间关联；低-高异常、高-低异常，属于负的空间关联。

3.2　国土空间格局时空演变驱动机制选取原则与分析方法

驱动力是指导致国土空间利用方式和目的发生变化的主要生物物理因素和社会经济因素，也是国土空间格局形成及演变的动力因素（摆万奇等，2001）。生物物理因素包括自然地理环境的特征和过程，如地形地貌、气候、水文、土壤类型及其形成的过程、自然资源的有效性等，已有研究表明自然地理环境因素在短期内影响并不显著，从长期来看，它制约着国土空间格局演变；社会经济因素包括人口、经济、技术、制度等（邵景安等，2007）。截至目前，对驱动区域国土空间格局变化的主要动力因子尚未形成统一的认识，但人类所有需求的满足都依赖于国土空间，任何时候都发生在生物物理和社会经济系统框架内（表 3-4）。需求强度支配国土空间开发利用行为与决策，同时区域国土空间开发利用行为与决策通过开创新的或摒弃旧的选择而影响国土空间格局。纵观国内外国土空间格局变化驱动机制方面的研究，多以土地利用与土地覆被变化的驱动机制研究为主，通过大量的案例与比较，探讨土地利用与土地覆被变化的动力学机制（郭斌等，2008）。一般情况下，生物物理因素主要引起土地覆被变化，对土地利用变化无直接影响，故也可将其定义为导致区域国土空间变化的内生驱动因素，该因素相对稳定，发挥累积性效应；社会经济因素则是通过影响人们在国土空间利用上的决策而对区域国土空间格局变化产生直接影响，这类因素相对活跃，可将其视为目前和未来短时空尺度内塑造区域国土空间格局变化的主要外生驱动因素（崔峰，2013）。由此可见，国土空间格局的形成受资源本底、地理环境、人口变化、经济发展、政策环境等因素的影响，这些因素通过路径依赖、集聚与知识移除、外部性、政策和制度等机制共同作用于国土空间格局（肖金成等，2013）。

表 3-4　　　　　　　　　区域国土空间格局演变的主要驱动力

驱动因素	驱动因子	主要因子	因子特点	主要驱动区域
生物物理因素	自然资源	土地资源、农业资源、森林资源、矿产资源、水资源等	具有有限性、可用性、变化性、空间分布不均匀性等特点，需要人类对自然资源的利用范围和利用途径进一步拓展或对自然资源的利用率不断提高	生态脆弱区、经济欠发达且人口增长过快，以及由于经济发展诱导的地表覆盖急剧变化区
	地理环境	地表自然作用和人为引起的气候变化、地形演化、土壤过程、排水格局变化等	受其他驱动因子作用结果效应的累积作用，数据可获得性强，易于定量和模拟	

续表

驱动因素	驱动因子	主要因子	因子特点	主要驱动区域
社会经济因素	人口	人口分布情况，如总人口、人口密度、城镇人口、农业人口等	受自然环境、交通、经济发展驱动，数据可获得性强，易于定量和模拟	无分区，人口是人类社会经济发展和活动中最主要的因素，也是最具有活力的国土空间结构变化的驱动力
	经济	供给、需求、投入、产出、区域经济发展水平和消费方式等，如人均GDP、人均可支配收入	受价格信号和政策信号的驱动，易于定量和模拟	经济快速发展地区、欠发达地区的城镇周围及城乡过渡区
	交通	交通通达性，如路网，至最近公路、铁路的距离等	受自然环境、人口分布、经济发展驱动，数据可获得性强，易于定量和模拟	经济发展快速和人口高密度地区
	技术	短期内可能会改变国土空间开发利用的方式，如新材料、生物遗传、作物及有害物管理、食品加工及酿造等	受经济剩余和利润最大化等强信号驱动，难以量化和模拟	经济发展快速和人口高密度地区及经济落后地区初期的驱动力
	制度	产业结构变化、政策法规，乃至个人和社会群体的意愿、偏好等	受生态环境、粮食安全等国土安全强信号的驱动，难以量化和模拟	生态脆弱区、发达地区，以及欠发达地区的城镇周围和城乡过渡区

此外，国土空间格局及演变具有高度的时空异质性。时空尺度不同，驱动国土空间格局及演变的因子类型及其作用方式、强度也各异。如在局地尺度，城镇化发展不可避免地占用城镇周围优质耕地、园地和林地，产生了负面效应；而在大的区域背景下，城镇化发展又因有利于区域经济发展和人口集聚，体现了正面效应（邵景安等，2007）。邓祥征等（2004）利用 Logistic 回归模型对耕地扩张驱动力与空间尺度关系作定量分析，结果表明土壤微度、轻度和中度侵蚀对我国北方农牧交错带耕地扩张的影响作用随空间尺度的增大呈明显下降趋势。综上所述，国土空间格局及演变驱动力机制的多样性及其作用的时空尺度性、区域性和综合性，使得国土空间格局及其演变驱动力作用机理十分复杂。不存在同时适用于分析不同尺度的国土空间格局及演变的驱动因子，换言之，不同尺度的国土空间利用驱动因子作用的对象及所服务的目的是不同的。在划分不同尺度区域的基础上，探讨国土空间格局及演变驱动力机制显得尤为重要，只有在一定区域范围内，才有可能具体探讨各种自然环境与社会经济因素变化及其对国土空间格局的影响。

鉴于此，本书从空间多尺度视角出发，结合生物物理因素和社会经济因素数据的特点，并考虑数据的可获取性，采用相关理论方法对研究区国土空间格局及演变驱动机制分别展开研究：一方面有效避免以往仅针对单方面国土空间格局变化驱动力研究的片面性；另一方面探讨国土空间变化及其驱动力尺度效应，选取影响研究区国土空间格局变化的有效驱动因子，为后续研究区国土空间格局模拟及优化提供可靠、科学的依据。

3.2.1　国土空间格局驱动机制选取原则

1. 选取原则

生物物理因素是国土空间格局变化的物质基础和环境条件，而社会经济因素实质上是指导致国土空间开发利用方式和目的发生变化的主要人文和社会经济因素，在国土空间格局及演变中起主导作用。由于两者驱动机制的相对复杂性，如果孤立地分析单个驱动力，难以揭示两者与国土空间格局变化之间的复杂关系。因此，需要把它们看作一个完整的体系。在驱动因子的选取上，除了遵循"因地制宜"原则，即结合研究区域的特点及研究目的进行多因素的综合考虑外，还遵循以下原则（林晓丹，2017）：

（1）数据资料的可获取性及可靠性。驱动因子指标选择的前提和基础在于数据资料的可获取性，且与指标相对应的数据应是相关权威部门已掌握的可靠数据。数据资料易于获取、便于操作且保证其真实可靠性。

（2）数据的时空一致性。所有研究数据要保证在时间和空间上的一致性。数据的时间一致性是指所获取的因子指标应在同一时期；数据的空间一致性是指因子指标的栅格数据要保持空间范围、地理坐标、像元大小及行列数的一致。

（3）因子数据的代表性。影响国土空间格局及演变的因素种类繁多且复杂，无法将这些因素都纳入模型中考察。因此，指标因子要尽可能选取能说明对国土空间格局变化具有影响力的因子，要能全面地、客观地反映研究区域国土空间格局演变的整体趋势。

（4）因子数据的可量化性。只有对选取的指标因子进行量化才能纳入模型进行分析，从定量角度科学地、准确地反映国土空间格局演变的实质。而针对相关土地政策法规、市场经济导向等因素虽在国土空间格局变化中有着重要影响作用，但难以量化，故不进行选取，而是将其作为约束条件反映到国土空间格局变化的模拟及优化结果中。

（5）因子数据的相关性。选取的指标因子对于研究区的国土空间格局变化研究应具有较强的相关性。在选取因子时要在了解研究区国土空间类型变化特征的基础上，先期排除部分相关性不强的因子，而保留下来的因子则可作为影响国土空间格局变化的核心因素，再运用数理统计方法加以验证，这样大大减小了分析问题的复杂程度，同时保证了因子数据的适用性和科学性。

（6）综合性分析原则。国土空间格局是自然过程和社会经济过程的统一，受自然地理环境、经济社会发展和交通通达性等多种综合因素的影响。在指标因子选择上，应尽可能从多角度、多方面考虑，保证所选取的因子数据能够客观地、全面地反映国土空间格局及演变。

2. 因子数据获取与预处理

（1）因子数据的获取。本书涉及的因子数据包括因变量因子数据和自变量因子数据。

其中，因变量因子数据即国土空间类型数据，该类数据的获取基于研究区"三生空间"分类与土地利用类型衔接关系(表2-3)，利用 GIS 技术对研究期内土地利用数据进行归并，分别建立农业生产空间、工矿生产空间、城镇生活空间、农村生活空间、绿地生态空间、水域生态空间和其他生态空间共 7 种国土空间类型对应的属性字段并进行分别赋值，形成 7 个二分类属性的国土空间类型数据图层。二分类属性即图层数据中仅有"0"和"1"两种值，"0"代表"否"，"1"代表"是"，以此对每一种国土空间类型进行标识。自变量因子数据主要包括有地形因子数据(坡度、坡向)，通过 GIS 空间分析功能得到；交通通达性因子及水系因子空间格网化是根据收集得到的研究区公路、铁路、农村道路、河流水系、城镇居民点和农村居民点，采用 EucDistance 计算研究区内每个像元中心距公路、铁路、农村道路、河流水系、城镇居民点和农村居民点的最近距离，得到 5 个距离变量因子格网图；社会经济因子及降水量因子空间格网化是以县域为单位，收集相关因子的数据，并采用 Kriging 插值法插值为格网数据。

(2)因子数据的预处理。首先，基于上述所得到的二分类属性的国土空间类型图层及各驱动因子图层，在保证图层之间地理坐标、空间范围、像元大小及行列数一致的前提下，分别将其制作成栅格图；然后，运用 GIS 软件中的栅格到 ASCII 工具，将栅格图层转为 ASCII 文件；最后，将国土空间类型数据图层生成的 ASCII 文件与各驱动因子图层生成的 ASCII 文件进行对应关联。

3.2.2　国土空间格局驱动机制分析方法

针对国土空间格局变化驱动机制分析方法，本书采用定量分析方法，也即驱动力模型法，是指通过对国土空间格局变化的驱动因子与变化过程之间的简化、拟合及验证等，进而对驱动因子筛选、驱动过程模拟及对未来过程预测，是深入了解国土空间变化过程及对其驱动力机制等的科学解释，预测未来一段时间内国土空间格局变化趋势的重要手段。

1. 二元 Logistic 回归模型

二元 Logistic 回归模型，也称 Binary Logistic 模型，是国土空间格局演变驱动力研究中常用的建模方法。它属于非线性模型，能有效地解决结果是二分类变量的问题(林晓丹，2017)。利用 Logistic 逐步回归分析因变量与自变量的关系，依据回归方程生成的回归系数和各驱动因子与国土空间类型的相关性，建立每个栅格内可能出现某种国土空间类型的概率。表达式如下：

$$\log\left(\frac{P_i}{1-P_i}\right) = \beta_0 + \beta_1 X_{1,i} + \beta_2 X_{2,i} + \cdots + \beta_n X_{n,i} \tag{3-16}$$

式中，P_i 为每个栅格出现国土空间类型 i 的概率；$X_{n,i}$ 为与国土空间类型 i 相关的第 n 个驱动因子；β_0 为常量，β_n 为 Logistic 回归方程的关系系数，β_n 值越大，表示驱动因子与国土空间类型的相关性越大。

2. 空间分布概率模型

根据式(3-16)推导得式(3-17)，用于计算模拟国土空间类型的空间分布概率。

$$P_i = \frac{\exp(\beta_0 + \beta_1 X_{1,\,i} + \beta_2 X_{2,\,i} + \cdots + \beta_n X_{n,\,i})}{1 + \exp(\beta_0 + \beta_1 X_{1,\,i} + \beta_2 X_{2,\,i} + \cdots + \beta_n X_{n,\,i})} \tag{3-17}$$

式中，P_i 的含义与式(3-16)相同。$\exp(\beta)$ 表示事件的发生比率(Odds Ratio，OR)，是 β 系数的以 e 为底的自然幂指数，是衡量自变量对因变量影响程度的重要指标。本节中，OR 表示因变量(驱动因子)每增加一个单位，自变量(国土空间类型)发生比率的变化情况，具体为 $\exp(\beta) < 1$，OR 减少；$\exp(\beta) = 1$，OR 保持不变；$\exp(\beta) > 1$，OR 增加。

3. 模型的拟合优度评价

Pontius(2004)提出的 ROC(Receiver Operating Characteristics)值是验证 Logistic 回归方程拟合度的有效精度指标。利用 ROC 值可以计算出栅格中国土空间类型在空间分布上的概率与真实空间格局之间的相关性(林晓丹，2017)。ROC 值域为[0.5，1]，当 ROC = 0.5 代表回归方程的解释能力最差，与随机判别效果相当；当 ROC = 1 代表回归方程的解释能力最好，可以准备判别国土空间类型的空间分布情况。一般认为，当 ROC > 0.7 时，代表回归方程具有一定的解释能力(骆方，2011)。

3.3　国土空间格局优化配置方法与技术实现

3.3.1　最小累积阻力模型

与社会经济因素的不确定性相比，生态环境因素对国土空间格局变化的约束是相对稳定的，所以从生态约束的角度建立国土空间格局优化配置模型是可行的。最小累积阻力模型(Minimum Cumulative Resistance，MCR)是研究事物从源地跨越异质性的景观单元并不断克服环境本身的阻力到达目的地所需耗费的代价，反映目标源到最近源的累积费用距离，代表一种加权距离的形式，累积阻力越小，事物发展和传播越容易。该模型最早由荷兰生态学家 Knaapen 等于 1992 年提出，经俞孔坚(1999)引入国内并对其进行修改，后来被学者广泛应用到旅游地规划(张序强等，2003)、土地利用等领域(姜晓丽等，2019；江倩倩等，2016)。为了反映"生态源"和国土空间资源运行的空间态势，借助 GIS 技术，构建 MCR 模型以表达国土空间资源的空间跨越特点。在模型运用中，需要考虑源(目标源、生态源)、距离和地表阻力等因子特征。表达式如下：

$$\mathrm{MCR} = f_{\min} \sum_{j=n}^{i=m} (D_{ij} \times R_i) \tag{3-18}$$

式中，$f(x)$ 反映空间中任一像元中心的最小阻力与其到所有源地的距离关系函数；D_{ij} 为物种从源地 j 穿过景观 i 到空间某像元的距离；R_i 为物种穿越景观表面 i 的阻力值。

3.3.2　累积耗费距离模型

累积耗费距离模型的计算原理是以图论为基础，通过方程计算每个空间单元到源地运动过程中的最小累积耗费距离，耗费距离量测是基于节点-链接像元的表示法(宋跃光，

2011）。本书采用格网图解法分析国土空间类型格局的性质，用节点-链接的像元表示法来表示某一代价表面，图 3-1 节点-链接的耗费距离像元表示法中，像元的中心称为目标节点，每个目标节点被多条链连接，每条链表示一定大小的阻力，该阻力与该代价表面上的各个像元所代表的耗费值和运动方向有关。其计算法则如下：

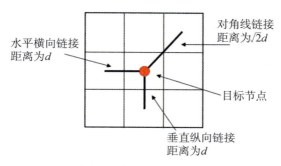

图 3-1　节点-链接的耗费距离像元表示法

计算公式如下：

$$D_{k1} = \frac{1}{2} \sum_{i=1}^{n} (C_i + C_{i+1}) ; \quad D_{k2} = \frac{\sqrt{2}}{2} \sum_{i=1}^{n} (C_i + C_{i+1}) \tag{3-19}$$

式中，C_i 表示第 i 个像元的耗费值；C_{i+1} 表示沿运动方向上 $i+1$ 像元的耗费值；n 表示像元总数；D_{k1} 表示通过某一代价表面沿像元的水平方向或垂直方向运动到源地的累积耗费距离；D_{k2} 表示通过某一代价表面沿像元的对角线方向运动到源地的累积耗费距离。

3.3.3　FLUS 模型

未来土地利用模拟模型（Future Land Use Simulation Model，FLUS）是由刘小平等（2017）研究开发，主要用于模拟大尺度乃至全球尺度的未来各种土地利用类型在不同的土地需求情景下的空间分布情况。

与传统土地利用演化模拟模型相比，FLUS 模型能够同时模拟多种土地利用变化类型的相互作用及空间动态变化。从单期土地利用数据的分布进行采样，计算用地类型的分布概率；提出的"自适应惯性竞争机制"能有效地克服在土地利用类型间复杂且不确定的竞争和转换关系，从而完成各土地类型的空间配置。该模型主要由"基于神经网络的适宜性概率计算"和"基于自适应惯性竞争机制"的元胞自动机模块构成。前者主要通过对影响土地利用变化的驱动因子在空间上的分布进行样本采样和训练，从而得到各用地类型在各栅格上的适宜性概率分布图；后者则基于适宜性概率分布计算出各栅格在规定时间上转化成某种用地类型的总概率，并且在 CA 迭代时间内将适宜性概率高的用地类型分配到栅格中。

"基于神经网络的适宜性概率计算"模块是一种多层前馈的神经网络，包含一个输入层神经元、一个或多个隐藏层神经元和一个输出层神经元，表达式为：

$$\mathrm{ap}(p,\,k,\,t) = \sum_j w_{j,\,k} \times \mathrm{sigmoid}(\mathrm{net}_j(p,\,t)) = \sum_j w_{j,\,k} \times \frac{1}{1 + \mathrm{e}^{-\mathrm{net}_j(p,\,t)}} \qquad (3\text{-}20)$$

式中，$\mathrm{ap}(p,\,k,\,t)$ 为第 k 种用地类型在栅格 p、时间 t 上的适宜性概率；$w_{j,\,k}$ 为隐藏层与输出层的权重；sigmoid 为隐藏层到输出层的激励函数；$\mathrm{net}_j(p,\,t)$ 为第 j 个隐藏层栅格 p 在时间 t 上接收到的信号。针对 ANN 输出的适宜性概率 $\mathrm{ap}(p,\,k,\,t)$，在迭代时间 t，栅格 p 上，各类用地类型的适宜性概率的和恒等于 1，即 $\sum_k \mathrm{ap}(p,\,k,\,t) = 1$。

对于自适应惯性竞争机制，其核心因素是自适应惯性系数，各用地类型的惯性系数是由当前实有的土地数量与需求的差距来决定，并在迭代计算中自适应调整，致使各用地类型的数量向着目标数量逼近，表达式为：

$$\mathrm{Intertia}_k^t \begin{cases} \mathrm{Intertia}_k^{t-1} & (\,|D_k^{t-1}| \leqslant |D_k^{t-2}|\,) \\[2mm] \mathrm{Intertia}_k^{t-1} \times \dfrac{D_k^{t-2}}{D_k^{t-1}} & (D_k^{t-1} < D_k^{t-2} < 0) \\[2mm] \mathrm{Intertia}_k^{t-1} \times \dfrac{D_k^{t-1}}{D_k^{t-2}} & (0 < D_k^{t-2} < D_k^{t-1}) \end{cases} \qquad (3\text{-}21)$$

式中，$\mathrm{Intertia}_k^t$ 为用地类型 k 在时间 t 上的惯性系数；D_k^{t-1}、D_k^{t-2} 分别为在 $t-1$、$t-2$ 时刻用地类型 k 的栅格数与需求数之差。

综合以上步骤，可计算出栅格 p 在时间 t 上转化成第 k 种用地类型的总概率 $TP_{p,\,k}^t$，并且在 CA 迭代时间内将适宜性概率高的用地类型分配到栅格中。在分配过程中，FLUS 模型采用"轮盘赌选择"这一随机特点来反映实际土地利用的交换变化和土地利用变化的不确定性，更好地考虑了土地类型之间的竞争，以实现土地利用类型之间的转换。其表达式为：

$$TP_{p,\,k}^t = ap(p,\,k,\,t) \times \Omega_{p,\,k}^t \times \mathrm{Intertia}_k^t \times (1 \times (\mathrm{sc}_{c \to k})) \qquad (3\text{-}22)$$

式中，$\mathrm{sc}_{c \to k}$ 表示用地类型 c 转为类型 k 的成本；$(1 \times (\mathrm{sc}_{c \to k}))$ 表示发生转化的难易程度。邻域采用 Moore 邻域或扩展的 Moore 邻域作为邻域范围。其邻域效应 $\Omega_{p,\,k}^t$ 可表示为：

$$\Omega_{p,\,k}^t = \frac{\sum_{N \times N} \mathrm{con}(c_p^{t-1} = k)}{N \times N - 1} \times w_k \qquad (3\text{-}23)$$

式中，$\sum_{N \times N} \mathrm{con}(c_p^{t-1} = k)$ 表示在 $N \times N$ 的窗口上，迭代时间 $t-1$ 结束后第 k 种用地类型的栅格个数；w_k 表示各用地类型的邻域作用权重。

3.3.4　Markov 模型

Markov 模型主要用于预测国土空间类型在数量上的变化情况，具有无后效性和平稳性特征（崔健等，2006）。在国土空间格局变化研究中，将国土空间类型变化过程视为 Markov 过程，将某一时刻的国土空间类型对应于 Markov 过程中的可能状态，它只与前一时刻的国土空间类型相关，国土空间类型之间相互转换的面积数量或比例即为状态转移概率。表达式为：

$$S_{(t+1)} = P_{ij}S_t \qquad (3\text{-}24)$$

式中，$S_{(t)}$、$S_{(t+1)}$ 分别代表 t、$t+1$ 时刻的国土空间类型状态；P_{ij} 为状态转移概率矩阵。状态转移概率矩阵是研究的关键，其数学公式的一般表示为：

$$P = \begin{pmatrix} P_{11} & P_{12} & \cdots & P_{1n} \\ P_{21} & P_{22} & \cdots & P_{2n} \\ \vdots & \vdots & & \vdots \\ P_{n1} & P_{n2} & \cdots & P_{nn} \end{pmatrix} \qquad (3\text{-}25)$$

式中，P_{ij} 代表国土空间类型 i 转变成国土空间类型 j 的概率；$\sum_{j=1}^{n} P_{ij}$，$P_{ij} \geq 0$。

3.3.5 耦合 MCR-FLUS-Markov 模型的多目标优化配置模型原理

本书运用 MCR-FLUS-Markov 耦合模型进行研究区国土空间格局多目标优化配置，提出一种基于生态安全格局的国土空间格局优化配置方法。考虑到模型优化模拟过程中数据的一致性，以研究区全域作为研究整体。其原理如下：MCR 模型是建立生态安全格局和生态保护机制的有力工具；FLUS 模型具备处理空间计算、模拟的能力，但仅局限于处理元胞之间的相互作用；Markov 模型能够用于预测多目标情景模式下的国土空间类型的数量变化，但不能处理空间格局变化。基于 MCR-FLUS-Markov 模型耦合的优势在于集合了 MCR 模型可以通过生态过程对国土空间景观单元进行优化调整，FLUS 模型处理国土空间复杂系统在空间上变化的能力和 Mrakov 在预测未来国土空间类型数量上的特点。通过三个模型的耦合，一方面是在空间和数量上实现对国土空间动态演变信息的充分挖掘；另一方面是在国土空间格局优化中，使其具有最高生态安全格局特征。耦合 MCR-FLUS-Markov 模型的多目标优化配置模型的空间分配结构图见图 3-2。

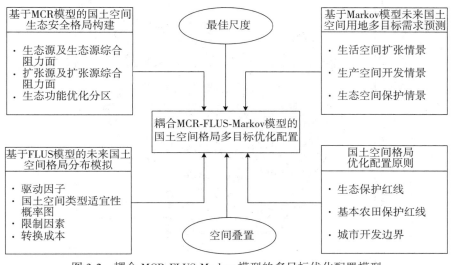

图 3-2 耦合 MCR-FLUS-Markov 模型的多目标优化配置模型

第4章 滇中城市群概况及数据来源

4.1 研究区概况

4.1.1 研究区域范围

滇中城市群地处中国西南部、云南省的中部，为典型的高原山区城市；位于东经100°43′—104°49′，北纬24°58′—25°09′之间，西临大理白族自治州和丽江市，北接攀枝花市、昭通市，东临文山壮族苗族自治州和黔西南布依族自治州，南接普洱市和红河县、元阳县、屏边苗族自治县；由昆明市、曲靖市、玉溪市、楚雄彝族自治州（以下简称楚雄州）及红河哈尼族彝族自治州（以下简称红河州）北部7县市，共49个县（市、区）组成（图4-1），面积为111402.00km²，占云南省土地总面积的29.00%，其中平地面积为13192.59km²（占整个城市群的11.84%，占云南省的3.43%），山区面积为98209.41km²（占整个城市群的88.16%）。

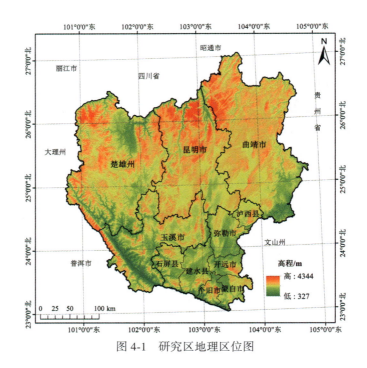

图4-1 研究区地理区位图

滇中城市群是西部大开发的重点地带，是我国依托长江建设中国经济新支撑带的重要增长极，也是云南省交通设施密集、开发强度最高、发展基础最牢、发展水平最高、继续开发前景最好的区域，是带动全省经济社会发展的龙头和云南省参与国内外区域协作、竞争的主体。

4.1.2 自然条件和自然资源

1. 自然条件

1）地质与地貌

滇中城市群，地处欧亚板块内扬子古板块的西南端，地壳运动活跃，形成了小江断裂带、普渡河-滇池断裂带、汤郎-易门断裂带组成的川滇经向构造的断裂体系。出露的地层和岩石其类型和分布多样，主要有元古宇昆阳群、震旦系砂岩、下古生界的碳酸盐岩和中生界的陆相红层等，此外，也零星分布中生代后期及新生代的河湖相沉积。区域地势北高南低，最高海拔4344.10m，最低海拔327m，相对高差达4017.10m。地形错综复杂，湖盆、坝子、丘陵、中山、高山、河谷交错分布，具有比较典型的丘原、高原湖盆、中山山原等地貌结构特点，其中盆地分布于山岭之间，起伏不大，有安宁、富民、昆明、曲靖、陆良、通海等大小不一的盆地，其中以昆明构造断陷湖积大型盆地为主，呈南北向展布，海拔为1890～2000m。区域内除南东方向的梁王山一带海拔为2400～2820m，其余均为中山和丘陵，相对高度较小。此外，滇中城市群褶皱紧密的地层、广布发育的断层和岩溶地貌、较破碎的岩石、漏水严重的石灰岩及广泛分布的中山和丘陵，使得区域内生态地质条件较差，易诱发环境问题。

2）气候与土壤

滇中城市群地处低纬度高海拔地区，地势起伏较大，呈现多样的低纬高原季风气候类型和典型的立体气候特点。自元江河谷最低点到拱王山雪岭最高点可分为北热带、南亚热带、中亚热带、北亚热带、南温带、中温带、北温带等，基本囊括了从中国海南岛到黑龙江的各种热量带。立体气候明显，表现为冬无严寒，夏无酷暑，干湿季分明，春季升温快、秋季降温早的气候特征。年平均气温约14℃，平均降水量为961.10mm，低于云南省的平均值1274mm。受季风环流和地形影响，降水分布不平衡，总体呈现西部和南部降水多，东部和北部降水少，山区降水面积大而河谷地区降水面积少的格局。除了空间上的分布不均以外，滇中城市群降水还存在时间上的不均匀性和年际间的不稳定性的特点，夏秋降水集中会出现洪涝灾害，以及高强度的降水导致水土流失，冬春季节干旱少雨，面临严重的缺水问题。

在季风气候和高原地形的影响下，发育了全区范围内的燥红土、赤红壤、红壤、黄壤、黄棕壤、棕壤、暗棕壤、棕色针叶林土、亚高山草甸土、紫色土、石灰土、水稻土等土类。其中红壤为分布面积最大的一类地带性土壤。

3）河流水系

滇中城市群地处金沙江、澜沧江、珠江西江南盘江、珠江西江红河四大流域的分水岭地带。金沙江流域面积最大，为 $3.93×10^4km^2$，占滇中城市群面积的 41.4%，主要支流有达旦河、漾弓江、普渡河、龙川江、小江、以礼河和牛栏江等，湖泊有滇池。南盘江流域，面积为 $2.73×10^4km^2$，占滇中城市群面积的 28.8%，主要支流有曲江、黄泥河、泸江等，湖泊有抚仙湖、阳宗海、杞麓湖和星云湖等。红河流域面积最小，为 $1.84×10^4km^2$，占滇中城市群面积的 19.4%，主要支流有绿汁江等。

2. 自然资源

1）土地资源

土地资源是国家重要的自然资源，也是人类生存和发展的物质基础，还是社会生产、农业生产的基本劳动生产资料。滇中城市群土地资源较丰富，但由于自然地理环境、地域组合等差异，以及人类对土地资源的需求和影响不同，导致区域内土地资源的结构非常复杂。从地貌类型划分来看，滇中城市群的土地资源包含有山、原、谷、盆，形成"山中有坝，原中有谷，组合各异，分布较散"的特点。根据地方习惯，将研究区土地资源分为坝区、半山区、山区和高寒区四类。坝区地形条件最好，地势平坦，一般建为城镇或者是农业发达地区。根据云南省第二次全国土地调查坝区核定结果，全省面积≥1km²、平均海拔<2500m 的坝区数有 1594 个，而滇中城市群集中了云南省面积最大的 8 个坝区，坝区面积均在 400km² 以上，耕地资源相对丰裕。半山区是种植业、养殖业和经济林木的主要分布区；山区以发展林业和畜牧业为主；高寒山区（海拔大于 2500m），地势较高，常年气温低、霜期长，主要种植耐寒性较强的农作物，如马铃薯、燕麦、青稞及部分药材。

2）水资源

水资源包括地表水和地下水两个方面。由于研究区地处山区，河谷深切，地下水已基本补给河川径流，实际上河川径流已成为地表水和地下水的总和，地下水则是河川径流的重要部分。滇中城市群大部分属于金沙江、珠江西江南盘江，还有一小部分属于红河水系，这些河流径流量大。此外，受构造运动影响，区域内形成大量断陷湖泊，主要有滇池、抚仙湖、阳宗海、星云湖、杞麓湖等高原湖泊，以及长湖等喀斯特湖泊，水资源总量大，淡水资源十分丰富。

3）矿产资源

滇中城市群复杂的地质构造为各种矿产资源的形成提供了有利的条件。由于多旋回构造运动和复杂多样的地质作用，形成了研究区内多层次、多类型、多成因的含矿构造，矿产资源储量大，经济价值高，集中了云南省绝大多数磷、铜、铁、铅、煤、盐、锰、石灰石等矿产，其中又以磷、盐、煤、铜、钛矿最丰富。有色金属矿产及稀有金属元素在国内外享有盛名，有色金属是滇中城市群最大的优势矿产，具有储量丰富、矿种较齐全的突出特点，在省内外乃至国外市场中占有举足轻重的地位。此外，非金属矿产中的磷矿储量也很丰富，其中昆明市的磷矿保有储量就达 15.89 亿吨，超过全省的一半，昆阳磷矿是全国三大磷矿之一。滇中城市群的能源矿产以煤矿为主，区域内煤矿品种全、品质好，仅曲靖的煤炭储量就占云南省的一半。此外，金属矿产中钛和铜矿的开发潜力较大。再生战略能源太阳能和地热能等也较丰富。

4）生物资源和生态资源

滇中城市群内生物资源种类繁多，是云南省粮食、烤烟、蔬菜、花卉、畜牧等主要农牧作物的主产区。其中，植物资源以亚热带植被为主，植被组成复杂，林园花卉种类多样；动物资源多达1673余种，包括长臂猿、懒猴、云豹、绿孔雀、马来熊、黑冠长臂猿、金钱豹、黑颈鹤等多种国家重点保护的珍稀动物；主要经济林有板栗、核桃、银杏、花椒、红椿、漆树、油桐等；粮食作物以水稻、玉米、马铃薯、小麦、荞、豆类等为主；经济作物以烤烟、油菜、蚕桑等为主。滇中城市群内共有64个自然保护区，包括5个国家级自然保护区，10个省级自然保护区，21个市级自然保护区，28个县级自然保护区，总面积达27251.64km^2。滇中城市群内生态资源优越，生态保护区较密集，生态系统服务功能较强，这些自然保护区在保护滇中城市群自然资源、保障生态安全、助推生态文明建设中发挥出独特且显著的功效。

4.1.3 经济社会情况

1. 经济发展概况

滇中城市群经过改革开放40多年的快速发展，城镇区域不断扩展，城镇集聚正在显现，正在从城市经济圈萌芽阶段向快速发展阶段过渡。到2015年，滇中城市群国民生产总值为8619.47亿元，占全省GDP总量的62.83%，人均生产总值41264.20元，高出全省平均水平12249.20元，但城市群内各州市、县经济发展水平和产业结构差距大，主导产业趋同；财政收入892.50亿元，占全省财政收入的49.36%；规模以上工业增加值7360.91亿元，占全省的72.48%；固定资产投资为7609.88亿元和社会消费品零售总额为3394.25亿元，分别占全省的58.23%和66.47%。区域内交通、通信、供电等设施较好，已基本建成门类齐全的产业体系，在烟草、冶金、化工、机械、装备制造、电子信息、休闲旅游、商贸物流和生物资源开发创新等产业方面具有较强的市场竞争优势，有全国最大的烟草基地、磷化工基地和国家生物产业基地。滇中城市群自身实力的增强，不仅为滇中城市群吸引外资和承接产业梯度转移赢得了契机，也为滇中城市群内部的合作共建创造了良好的基础条件。滇中城市群内部经济发展差异见表4-1。

表4-1　　　　　　　　**滇中城市群各州市、县经济社会状况表**

行政区	GDP/亿元	产业结构/%
昆明市	3968.01	第一产业，4.74；第二产业，39.98；第三产业，55.28
曲靖市	1630.26	第一产业，19.45；第二产业，39.39；第三产业，41.16
玉溪市	1244.52	第一产业，10.18；第二产业，54.95；第三产业，34.87
楚雄州	762.97	第一产业，20.03；第二产业，38.25；第三产业，41.72
红河州7县市	1025.6	第一产业，14.27；第二产业，48.26；第三产业，37.47
蒙自市	143.93	第一产业，15.28；第二产业，45.78；第三产业，38.94

续表

行政区	GDP/亿元	产业结构/%
个旧市	205.16	第一产业，6.19；第二产业，53.86；第三产业，39.95
建水县	124.59	第一产业，22.56；第二产业，37.32；第三产业，40.12
开远市	154.09	第一产业，10.99；第二产业，35.97；第三产业，53.04
弥勒市	265.77	第一产业，10.18；第二产业，65.71；第三产业，24.11
泸西县	76.00	第一产业，23.36；第二产业，36.01；第三产业，40.63
石屏县	56.06	第一产业，38.94；第二产业，26.10；第三产业，34.96

　　注：红河州由 13 个县市域组成，蒙自市、个旧市、建水县、开远市、弥勒市、泸西县、石屏县包含在 13 个县市域中。为了便于研究对比分析，本书将这 7 个县(市)视为一个整体，称其为红河州 7 县市。

2. 社会发展概况

　　2015 年滇中城市群总人口数为 2088.25 万人，城镇人口 1071.18 万人，城镇化率达52.14%。从总人口规模看(图 4-2)，滇中城市群总人口增长平稳，人口分布主要集中在城市群内的中部地区和东部地区，但各地区人口增长差异较大。以市域角度，昆明市人口规模最大，达 667.70 万人，其次是曲靖市 604.37 万人，红河 7 县市 307.28 万人，楚雄州 273.30万人，玉溪市 236.20 万人；以县域角度，五华区、西山区、盘龙区、官渡区、麒麟区、宣威市、富源县、会泽县等县域人口规模最大，均在 70.00 万人以上，而以东川区、寻甸县、沾益区、新平县等 32 个县域人口规模较小，均在 20.00 万人以下。从城镇人口规模及城镇

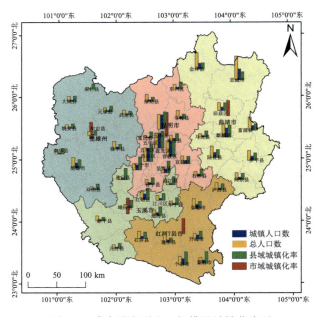

图 4-2　滇中城市群人口规模及城镇化水平

化率看，滇中城市群城镇化快速推进，但整体水平不高，地区差异显著。以市域角度，昆明市城镇化水平较高，城镇化率达70.05%，其他市域城镇化率均在45%左右；以县域角度，以昆明市四主城区(五华区、盘龙区、西山区、官渡区)城镇化水平最高，城镇化率均高达97.00%，呈贡区、安宁市、麒麟区、红塔区、易门县、个旧市、开远市等县域城镇化水平较高，城镇化率均在60%以上，禄劝县、寻甸县、新平县、元江县、姚安县、武定县、禄丰县、建水县、泸西县等县域城镇化水平偏低，城镇化率均在30%以下。总体而言，总人口和城镇人口分布主要集中在城市群中部和东部地区，侧面反映出这些地区人口密度较大，尤其以中部地区为主的昆明市四主城区与周边县域相邻，凸显了昆明市四主城区人口的集聚效应。城镇化水平高的区域主要分布在城市群内中部地区、东部及南部部分地区，这些地区经济发展较好，政策倾斜度也较大，基础设施配备较为完善，使得人口居住及产业发展集聚力较强；城市群北部、西部地区总人口及城镇人口、城镇化率均较低，由于受区位和交通基础设施等限制，导致政策支持及中心城市辐射作用较小，城镇化水平有待进一步提升。

3. 交通运输条件

滇中城市群位于云南省的地理中心，是云南省人流、物流、资金流和信息流等汇集的中心，是云南省进一步扩大对内、对外开放的最优区域。近年来，随着云南省不断推进公路、铁路、航空等交通网络建设，畅通产业转移的渠道，使得城市群与外部区域的交通条件不断改善。以昆明为核心呈放射状的五大通道，通过铁路、公路网沟通内陆，连接东南亚、南亚。其中，滇东北通道，以昆明经曲靖至上海的沪昆铁路和沪昆高速公路为基础，连川、渝、黔，直接与成渝经济带相接；滇西北通道，以昆明至成都的成昆铁路和昆永高速公路为基础，面向川、藏和金沙江上游，与关中城市群呼应；滇西南国际通道，以昆明经楚雄至大理并延伸至瑞丽，以及缅甸；滇南国际通道，以昆明经玉溪至河口、磨憨的泛亚铁路东、中线和昆河、昆曼高速公路为基础，并延伸至越南河内、海防和泰国曼谷；滇东南通道，以昆明至南宁的云桂铁路、昆衡高速公路为基础，经过泛亚铁路可直达越南、泰国、缅甸等东盟国家。区域内航线随着昆明长水国际机场的投入使用，已开通国内外航线348条，成为我国重要的区域航空中心和门户枢纽机场。

4.1.4 土地利用情况

根据2002年全国土地分类标准(过渡期间适用)将城市群土地利用类型分为7类：其中，耕地面积为28978.98km²(占城市群总面积的26.01%)，园地面积为2271.99km²(占城市群总面积的2.04%)，是城市群内粮食、蔬菜、水果等作物主产区；林地面积为60864.43km²(占城市群总面积的54.64%)，牧草地面积为123.98km²(占城市群总面积的0.11%)，水域面积为1131.40km²(占城市群总面积的1.02%)，城市群内生态承载功能较强；建设用地面积为4796.56km²，占城市群总面积的4.31%，是城市群城镇化和工业化发展的重要承载；未利用地面积为13234.37km²，占城市群总面积的11.88%，城市群内土地后备资源相对充足。

滇中城市群土地利用类型多样，以高原山区为主导的地形特征影响了城市群土地利用类型分布。从图4-4可以看出，城市群土地利用类型主要为耕地和林地，占城市群总面积的 80.65%。特殊的地形造就了区域内平坝面积少、山区面积多的地势现状。耕地主要分布在城市群中部和东部的坝区及平缓坡地带；林地主要分布在山区地带；水域主要为滇池流域、抚仙湖、杞麓湖和异龙湖；建设用地和耕地分布位置大致相同，在空间上呈组团状分布，集聚效应相对明显。

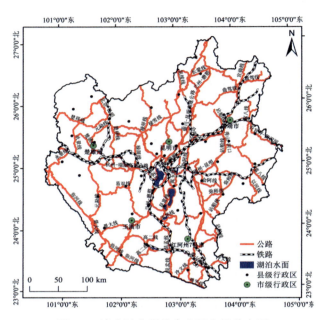

图 4-3　滇中城市群综合交通空间分布图

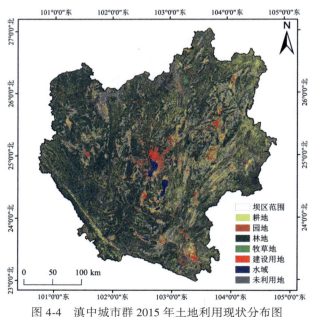

图 4-4　滇中城市群 2015 年土地利用现状分布图

4.2 数据来源及预处理

4.2.1 数据来源

本书研究涉及的基础数据主要包括：①2000 年、2005 年、2009 年、2015 年土地利用数据（矢量、栅格），其中 2000 年土地利用栅格数据来源于国家地球系统科学数据共享平台（http：//www.geodata.cn/index.html），2005 年土地利用栅格数据来源于资源环境数据云平台（http：//www.resdc.cn/），2009 年、2015 年土地利用现状矢量数据来源于土地利用现状年度更新数据库；②数字高程数据（DEM）来源于地理空间数据云平台（http：//www.gscloud.cn/sources），分辨率为 30m；③交通（道路和铁路）、水系、居民点等空间矢量数据来源于全国地理信息资源目录服务系统（http：//www.webmap.cn/main.do?method=index），比例尺为 1∶100 万；④土壤类型栅格数据来源于资源环境数据云平台；⑤人口、城镇化率、气象数据、经济收入、社会生活服务等经济社会统计数据来源于《云南省统计年鉴 2010》《云南省统计年鉴 2016》《昆明市统计年鉴 2010》《昆明市统计年鉴 2016》《曲靖市统计年鉴 2010》《曲靖市统计年鉴 2016》《玉溪市统计年鉴 2010》《玉溪市统计年鉴 2016》《楚雄州统计年鉴 2010》《楚雄州统计年鉴 2016》《红河州统计年鉴 2010》《红河州统计年鉴 2016》，以及城市群各市、县、区的 2010 年和 2016 年国民经济和社会发展统计公报。在经济社会统计数据收集过程中，为确保数据的完整性和科学性，对个别统计数据采用空间插值方法进行补全。

4.2.2 数据预处理

1. 基本栅格尺度确定及尺度转换方法选择

借鉴最优样方尺寸计算方法（王远飞等，2007），结合研究区实际面积，参考关于面积和尺度选择上的比例关系的相关研究，且顾及计算机处理能力，以 2015 年国土空间类型数据为基础，将研究区划分为 500m×500m 栅格单元，并以此作为本书研究的基本栅格尺度，借助 GIS 软件把各期国土空间类型数据统一到该栅格尺寸下。

根据研究需要，在基本栅格尺度 500m×500m 基础上通过尺度转换得到其他不同栅格尺度数据。针对栅格像元尺度转换主要采用重采样，常用的方法有：最近邻分配法（NEAREST）、双线性插值法（BILINEAR）、三次卷积法（CUBIC）、众数算法（MAJORITY）、总和聚合法（SUM）、最大值聚合法（MAXIMUM）、最小值聚合法（MINIMUM）、平均值聚合法（MEAN）和中值聚合法 MEDIAN）。由于双线性插值法、三次卷积法、总和聚合法、平均值聚合法和中值聚合法只适用于连续数据，无国土空间分类意义，不予以分析阐述。栅格像元尺度转换具体步骤如下：

（1）在基本栅格尺度 500m×500m 基础上，分别采用最近邻分配法、众数算法、最大值聚合法和最小值聚合法四种重采样方法转换得栅格尺度为 1000m×1000m 的各国土空间

69

类型的栅格像元数，与其 1000m 尺度理论值进行对比，选取误差相对较小的算法。结果发现最大值、最小值重采样方法误差均过大（表 4-2），不予采用。

（2）在栅格尺度 1000m×1000m 基础上，分别采用最近邻分配法和众数算法转换得到栅格尺度 2000m×2000m 的各国土空间类型的栅格像元数，再与其 2000m 尺度理论值进行对比，选取最适合的重采样方法。发现最近邻分配法的误差明显小于众数算法（图 4-3）。

根据实验结果，最终选取最近邻分配法作为研究中的尺度转换方法，其他栅格尺度（3000m×3000m、5000m×5000m、7000m×7000m……）均采用该方法转换得到。

表 4-2　　　　　　　　　　栅格尺度 1000m×1000m 重采样方法及结果对比

基本栅格尺度	1000m尺度理论值	重采样方法											
		最近邻分配法			众数算法			最大值法			最小值法		
国土空间类型	像元数目	像元数目	差值	%	像元数目	差值	%	像元数目	差值	%	像元数目	差值	%
农业生产空间	123519	30905	30987	-82	-0.27	26241	4664	15.09	5542	-25363	-82.07	64409	-33504	-108.41
工矿生产空间	4877	1142	1214	-72	-6.30	334	808	70.75	683	-459	-40.19	1408	-266	-23.29
城镇生活空间	4454	1069	1117	-48	-4.49	973	96	8.98	1114	45	4.21	739	330	30.87
农村生活空间	8291	2080	2055	25	1.20	36	2044	98.27	2448	368	17.69	1262	818	39.33
绿地生态空间	285283	71412	71265	147	0.21	84019	-12607	-17.65	89447	18035	25.25	43421	27991	39.20
水域生态空间	7468	1878	1838	40	2.13	918	960	51.12	4558	2680	142.71	674	1204	64.11
其他生态空间	11800	2970	2960	10	0.34	1025	1945	65.49	8343	5373	180.91	222	2748	92.53
合计	445692	111456	111436	-20	-0.02	113546	2090	1.88	112135	5373	0.61	112135	679	0.61

表 4-3　　　栅格尺度 **2000m×2000m** 重采样方法及结果对比

基本栅格尺度		2000m 尺度理论值	重采样方法					
			最近邻分配法			众数算法		
国土空间类型	像元数目	像元数目	像元数目	差值	%	像元数目	差值	%
农业生产空间	123519	7660	7693	33	0.43	5995	-1665	-21.74
工矿生产空间	4877	288	322	-34	11.81	51	-237	-82.29
城镇生活空间	4454	271	267	-4	-1.48	180	-91	-33.58
农村生活空间	8291	524	541	17	3.24	2	-522	-99.62
绿地生态空间	285283	17856	17798	-58	-0.32	22717	4861	27.22
水域生态空间	7468	455	461	6	1.32	219	-236	-51.87
其他生态空间	11800	789	763	-26	-3.30	135	-654	-82.89
合计	445692	27843	27845	2	0.01	29299	1456	5.23

2. 数据空间格网化及格式统一

本书中涉及地形数据，如坡度、坡向，是在 ASTER GDEM 30m 数据基础上借助 ArcGIS 软件中的相关分析功能转换得到；交通、水系、居民点等距离数据是采用 ArcGIS 软件中的距离分析功能计算得到；经济社会统计数据是采用 ArcGIS 软件中的克里金插值法进行空间格网化处理；归一化植被指数（NDVI）是以土壤类型数据为基础借助 ENVI 软件相关功能进行提取。

由于涉及基础数据较多且数据来源广泛，而这些数据在类型格式、尺度（分辨率）及坐标系统上均存在差异，为保证数据格式的一致性，研究成果的科学性和有效性，将所有数据经格式转换和投影转换统一到 GCS_Xian_1980 坐标系下。需要说明的是，目前自然资源部已全面启用 2000 国家大地坐标系，但本书旨在初探构建国土空间多尺度时空格局演变与多目标优化的理论体系与技术方法，故仍沿用 GCS_Xian_1980 坐标系。在今后研究工作中，将把数据坐标系与现势相统一，以适应实际生产需要。

4.3　多尺度界定

不同的学科领域，对于"尺度"的界定不同。根据研究需要，把多尺度定义为行政区尺度、栅格尺度和景观尺度。

行政区是国家为了便于管理，兼顾地理条件、民族分布、历史传统、风俗习惯、地区差异、人口密度、经济联系等客观因素，将国家领土划分为若干层次大小不同的行政区域的制度。我国现行的是"省、市、县、乡、村"五级行政区划管理体制，并采用从上向下的垂直管理模式。随着经济社会的快速发展，我国区域空间治理模式发生了重大转变，由原来的行政区分级管理转向类型区空间治理。城市群作为典型的类型区划分，是中国新型城镇化战略的重要载体，也是国家参与全球竞争和国际劳动分工的新型地域单元（黄金川等，2015）。本书将行政区多尺度界定为：城市群、州市、县域三级尺度，城市群尺度即研究区——滇中城市群全域范围，州市尺度即研究区所辖各州市范围（昆明市、曲靖市、玉溪市、楚雄州、红河州），县域尺度即州市下的各县级行政单元（整个研究区共49个县级行政单元）。

空间尺度（分辨率）不同标志着对研究对象细节的了解程度不同、研究侧重点不同，且导致不同的研究成果。国土空间利用在不同规模尺度上会产生不同的影响因素、演变机理和过程。本书研究中涉及的栅格尺度包括500m×500m、1000m×1000m、2000m×2000m、3000m×3000m和其他栅格尺度。

景观尺度效应研究是景观格局分析的重要内容之一，对景观格局分析结果具有一定影响，且尺度不同导致景观异质性程度的差异。本书研究的景观尺度包括斑块类型尺度和景观类型尺度。

4.4　不同行政尺度国土空间格局现状情况

4.4.1　城市群尺度国土空间格局现状特征

研究区2015年生产空间面积为31224.05km²，占城市群总面积的28.03%；农业生产空间面积为30088.15km²，占城市群总面积的27.01%；工矿生产空间面积为1135.90km²，占比为1.02%。生活空间面积为2959.87km²，占比为2.66%：城镇生活面积1116.15km²，占比为1.00%；农村生活面积1843.72km²，占比1.66%。生态空间面积为77218.09km²，占比为69.31%：绿地生态空间面积62995.75km²，占城市群总面积的56.55%；水域生态空间面积1728.51km²，占比为1.55%；其他生态空间面积12493.83km²，占比为11.22%（表4-4）。从国土空间一级分类来看，生态空间为绝对主体，生产空间次之；从国土空间二级分类来看，绿地生态空间占城市群总面积的比例最大，农业生产空间次之。由于受地形因素影响，研究区国土空间格局形成"中部以生活-生产空间为主，中部以西以生态空间为主，中部以东以生产空间为主"的整体特征（图4-5）。

表4-4　　　　　　　滇中城市群2015年国土空间格局现状面积汇总表

国土空间类型		面积/km²		比例	
一级分类	二级分类	一级分类	二级分类	一级分类	二级分类
生产空间	农业生产空间	31224.05	30088.15	28.03%	27.01%
	工矿生生空间		1135.90		1.02%
生活空间	城镇生活空间	2959.87	1116.15	2.66%	1.00%
	农村生活空间		1843.72		1.66%

国土空间类型		面积/km²		比例	
一级分类	二级分类	一级分类	二级分类	一级分类	二级分类
生态空间	绿地生态空间	77218.09	62995.75	69.31%	56.55%
	水域生态空间		1728.51		1.55%
	其他生态空间		12493.83		11.22%
合计		111402.00		100.00%	

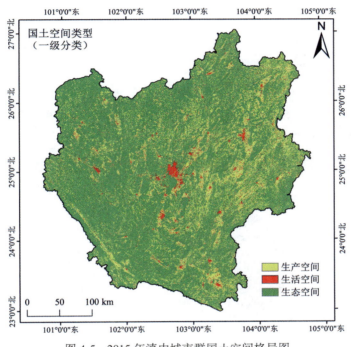

图 4-5　2015 年滇中城市群国土空间格局图

4.4.2　市域尺度国土空间格局现状特征

1. 昆明市国土空间格局现状

昆明市 2015 年国土空间总面积为 21075.51km²。其中生产空间面积为 6319.04km²，占城市群总面积的 29.98%；农业生产空间面积为 5880.20km²，占城市群总面积的 27.90%，工矿生产空间面积为 438.84km²，占比为 2.08%。生活空间面积为 993.14km²，占比为 4.71%；城镇生活面积 566.33km²，占比为 2.69%；农村生活面积 426.81km²，占比为 2.02%。生态空间面积为 13763.33km²，占比为 65.30%；绿地生态空间面积 10706.28km²，占比为 50.80%；水域生态空间面积 568.07km²，占比为 2.70%；其他生态空间面积2488.98km²，占比为11.81%（表4-5、图4-6）。从国土空间一级分类来看，生态空间为绝对主体，生产空间次之；从国土空间二级分类来看，绿地生态空间占城市群总面积的比例最大，农业生产空间次之。昆明市国土空间格局形成"西南部以生活空间为主，东南部及东部以生产空间为主，北部以生态空间为主"的整体特征。

表4-5　　　　　　　　　　昆明市2015年国土空间格局现状面积汇总表

国土空间类型		面积/km²		比例	
一级分类	二级分类	一级分类	二级分类	一级分类	二级分类
生产空间	农业生产空间	6319.04	5880.20	29.98%	27.90%
	工矿生生空间		438.84		2.08%
生活空间	城镇生活空间	993.14	566.33	4.71%	2.69%
	农村生活空间		426.81		2.02%
生态空间	绿地生态空间	13763.33	10706.28	65.31%	50.80%
	水域生态空间		568.07		2.70%
	其他生态空间		2488.98		11.81%
合计		21075.51		100.00%	

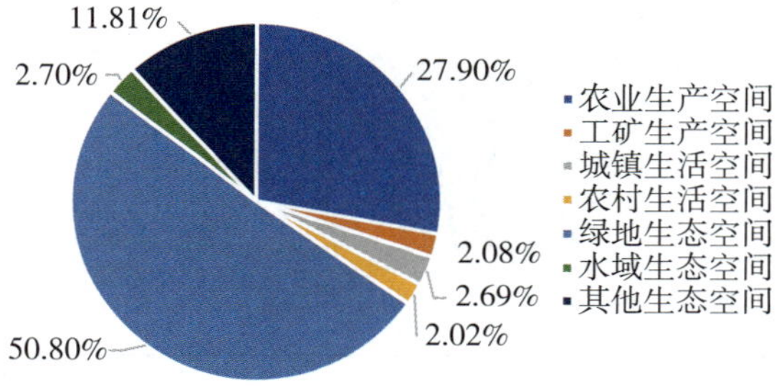

图4-6　昆明市2015年国土空间格局结构比例

2. 曲靖市国土空间格局现状

曲靖市2015年国土空间总面积为28891.31km²。其中，生产空间面积为10651.13km²，占城市群总面积的36.87%；农业生产空间面积为10403.41km²，占城市群总面积的36.01%；工矿生产空间面积为247.72km²，占比为0.85%。生活空间面积为763.76km²，占比为2.64%；城镇生活面积194.09km²，占比为0.67%；农村生活面积569.67km²，占比为1.97%。生态空间面积为17476.41km²，占比为60.49%；绿地生态空间面积13811.89km²，占比为47.81%；水域生态空间面积260.57km²，占比为0.90%；其他生态空间面积3403.96km²，占比为11.78%（表4-6、图4-7）。从国土空间一级分类来看，生态空间为绝对主体，生产空间次之；从国土空间二级分类来看，绿地生态空间占城市群总面积的比例最大，农业生产空间次之。曲靖市国土空间格局形成"中部、西南部和东北部以生产空间为主，西北部、北部及东南部以生态空间为主，生活空间分布较分散，仅中部地区分布相对集中"的整体特征。

表 4-6　　　　　　　　　曲靖市 2015 年国土空间格局现状面积汇总表

国土空间类型		面积/km²		比例	
一级分类	二级分类	一级分类	二级分类	一级分类	二级分类
生产空间	农业生产空间	10651.13	10403.41	36.87%	36.01%
	工矿生生空间		247.72		0.86%
生活空间	城镇生活空间	763.76	194.09	2.64%	0.67%
	农村生活空间		569.67		1.97%
生态空间	绿地生态空间	17476.42	13811.89	60.49%	47.81%
	水域生态空间		260.57		0.90%
	其他生态空间		3403.96		11.78%
合计		28891.31		100.00%	

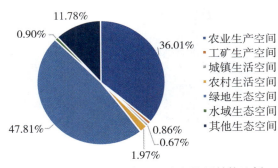

图 4-7　曲靖市 2015 年国土空间格局结构比例

3. 玉溪市国土空间格局现状

玉溪市 2015 年国土空间总面积为 14954.57km²。其中，生产空间面积为 3631.47km²，占城市群总面积的 24.28%：农业生产空间面积为 3489.93km²，占城市群总面积的 23.33%；工矿生产空间面积为 142.54km²，占比为 0.95%。生活空间面积为 309.44km²，占比为 2.07%：城镇生活面积为 105.67km²，占比为 0.71%；农村生活面积为 203.77km²，占比为 1.36%。生态空间面积为 11013.66km²，占比为 73.65%：绿地生态空间面积为 9432.73km²，占比为 63.08%；水域生态空间面积为 424.63km²，占比为 2.84%；其他生态空间面积为 1156.30km²，占比为 7.73%（表 4-7、图 4-8）。从国土空间一级分类来看，生态空间仍为绝对主体，生产空间次之；从国土空间二级分类来看，绿地生态空间占城市群总面积的比例最大，农业生产空间次之。玉溪市国土空间格局形成"东部和西部地区生产空间分布较集中，中部、北部以生态空间为主，生活空间呈小面积聚集分布在东部地区"的整体特征。

表 4-7　　　　　　　　　　玉溪市 2015 年国土空间格局现状面积汇总表

国土空间类型		面积/km²		比例	
一级分类	二级分类	一级分类	二级分类	一级分类	二级分类
生产空间	农业生产空间	3631.47	3488.93	24.28%	23.33%
	工矿生生空间		142.54		0.95%
生活空间	城镇生活空间	309.44	105.67	2.07%	0.71%
	农村生活空间		203.77		1.36%
生态空间	绿地生态空间	11013.66	9432.73	73.65%	63.08%
	水域生态空间		424.63		2.84%
	其他生态空间		1156.30		7.73%
合计		14954.57		100.00%	

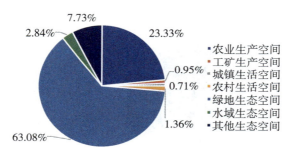

图 4-8　玉溪市 2015 年国土空间格局结构比例

4. 楚雄州国土空间格局现状

楚雄州 2015 年国土空间总面积为 28437.20km²。其中，生产空间面积为 4982.25km²，占城市群总面积的 17.52%：农业生产空间面积为 4880.25km²，占城市群总面积的 17.16%；工矿生产空间面积为 102.00km²，占比为 0.36%。生活空间面积为 463.63km²，占比为 1.63%：城镇生活面积为 99.40km²，占比为 0.35%；农村生活面积为 364.23km²，占比为 1.25%。生态空间面积为 22991.32km²，占比为 80.85%：绿地生态空间面积为 19724.86km²，占比为 69.36%；水域生态空间面积 276.61km²，占比为 0.97%；其他生态空间面积 2989.85km²，占比为 10.52%（表 4-8、图 4-9）。从国土空间一级分类来看，生态空间为绝对主体，生产空间次之；从国土空间二级分类来看，绿地生态空间占城市群总面积的比例最大，农业生产空间次之。楚雄州国土空间格局形成"中部、北部、东部及西南部地区生产空间呈不同程度聚集分布，生活空间分布较为分散，仅中部地区相对集中，但面积较小，西部、西北部和南部以生态空间为主"的整体特征。

表 4-8   **楚雄州 2015 年国土空间格局现状面积汇总表**

国土空间类型		面积/km²		比例	
一级分类	二级分类	一级分类	二级分类	一级分类	二级分类
生产空间	农业生产空间	4982.25	4880.25	17.52%	17.16%
	工矿生生空间		102.00		0.36%
生活空间	城镇生活空间	463.63	99.40	1.63%	0.35%
	农村生活空间		364.23		1.28%
生态空间	绿地生态空间	22991.32	19724.86	80.85%	69.36%
	水域生态空间		276.61		0.97%
	其他生态空间		2989.85		10.52%
合计		28437.20		100.00%	

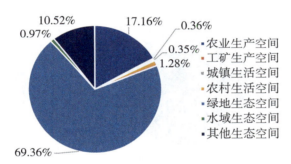

图 4-9 楚雄州 2015 年国土空间格局结构比例

5. 红河州 7 个县市国土空间格局现状

红河州 7 个县市组成的国土空间格局 2015 年总面积为 18043.41km²。其中，生产空间面积为 5640.16km²，占城市群总面积的 31.26%；农业生产空间面积为 5435.36km²，占城市群总面积的 30.12%；工矿生产空间面积为 204.80km²，占比为 1.14%。生活空间面积为 429.90km²，占比为 2.38%：城镇生活面积为 150.66km²，占比为 0.83%；农村生活面积为 279.24km²，占比为 1.55%。生态空间面积为 11973.35km²，占比为 66.36%：绿地生态空间面积为 9319.99km²，占比为 51.65%；水域生态空间面积为 198.63km²，占比为 1.10%；其他生态空间面积为 2454.73km²，占比为 13.60%（表 4-9、图 4-10）。从国土空间一级分类来看，生态空间仍为绝对主体，生产空间次之；从国土空间二级分类来看，绿地生态空间占城市群总面积的比例最大，农业生产空间次之。红河州 7 个县市组成的国土空间格局形成"中部、南部和东北部以生产空间为主，生活空间分布位置与生产空间大致相同，呈组团式分布，西部、北部和东部以生态空间为主"的整体特征。

表 4-9　　　　　　　　　红河州 7 个县市 2015 年国土空间格局现状面积汇总表

国土空间类型		面积/km²		比例	
一级分类	二级分类	一级分类	二级分类	一级分类	二级分类
生产空间	农业生产空间	5640.16	5435.36	31.26%	30.12%
	工矿生生空间		204.80		1.14%
生活空间	城镇生活空间	429.90	150.66	2.38%	0.83%
	农村生活空间		279.24		1.55%
生态空间	绿地生态空间	11973.35	9319.99	66.36%	54.65%
	水域生态空间		198.63		1.10%
	其他生态空间		2454.73		13.60%
合计		18043.41		100.00%	

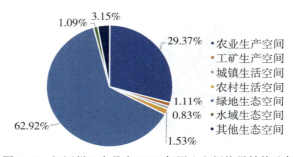

图 4-10　红河州 7 个县市 2015 年国土空间格局结构比例

4.4.3　县域尺度国土空间格局分布特征

滇中城市群共由 49 个县级行政单元组成，考虑篇幅限制，本节结合 2015 年滇中城市群各县域国土空间格局现状面积汇总表（表 4-10），对县域尺度的国土空间格局分布特征进行总体分析，不一一阐述每个县域特征。

综合表 4-10 和图 4-11 可以看出，国土空间类型一级分类下的 2015 年滇中城市群 49 个县域的国土空间格局呈现与城市群尺度、市域尺度相一致的水平空间特征，即以生态空间为绝对主体，生产空间次之，生活空间较少。从国土空间类型面积占比的县域个数来看，49 个县域生态空间面积占县域自身面积的比例均在 40.00% 以上，其中生态空间面积占县域自身面积比例在 80.00% 以上的县域有 6 个，占比排序从多到少依次为双柏县（85.90%）、永仁县（84.34%）、大姚县（83.89%）、峨山县（82.86%）、楚雄市（82.37%）、姚安县（80.23%）；生态空间面积占县域自身面积比例在 70.00%~80.00% 之间的县域有石屏县（79.51%）、禄丰县（77.76%）、武定县（75.62%）、安宁市（70.67%）等 15 个；生态空间面积占县域自身面积比例在 60.00%~70.00% 之间的县域有晋宁县（69.51%）、澄江县（65.77%）、个旧市（61.54%）等 14 个；生态空间面积占县域自身面积比例在 50.00%～60.00% 之间的县域有寻甸县（59.77%）、嵩明县（58.75%）、华宁县（55.93%）和富源县（52.82%）等 9 个；生态空间面积占县域自身面积比例在 40.00%～50.00% 的县域有 5 个，分别是麒麟区（48.33%）、泸西县（47.71%）、陆良县（46.84%）、官渡区（45.85%）和呈贡区（44.50%）。生产空间面积占县域自身面积比例介于 10.00%～50.00%，其中生产空间面积占比在 40.00%～50.00% 之间的县域有 8 个，分别为陆良县（49.58%）、泸西县（48.86%）、富源县（45.07%）、麒麟区（44.62%）、石林县（44.43%）、蒙自市（42.14%）、宣威市（41.96%）和华宁县（41.91%）；生产空间面积占比在 30.00%～40.00% 之间的县域有宜良县（39.00%）、寻甸县（37.56%）、马龙县（36.07%）、个旧市（35.43%）和澄江县（31.00%）等 15 个；生产空间面积占比在 20.00%～30.00% 之间的县域有开远市（28.54%）、元江县（24.03%）和易门县（21.82%）等 15 个；生产空间面积占比在 10.00%～20.00% 之间的县域有新平县（19.46%）、西山区（15.47%）和双柏县（13.22%）等 11 个。生活空间面积占县域自身面积比例介于 0.00%～20.23%，其中占比在 15.00%～20.00% 之间的县域有 4 个，以呈贡区生活空间面积占比最多，占比为 20.16%，其次是官渡区（19.55%）、盘龙区（19.09%）、五华区（16.22%）；占比在 10.00%～15.00% 之间的县域有 1 个，西山区（10.69%）；占比在 5.00%～10.00% 之间的县域有 4 个，分别是红塔区 7.85%）、麒麟区（7.04%）、嵩明县（6.08%）和安宁市（5.79%）；生活空间面积占县域自身面积比例在 5.00% 以下的县域有晋宁县（4.27%）、石林县（2.56%）、南华县（2.00%）和双柏县（0.88%）等 40 个。

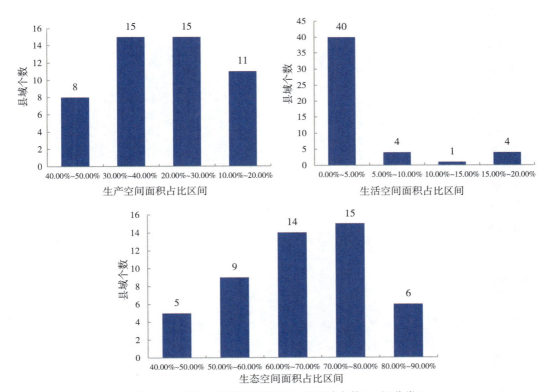

图 4-11　国土空间类型面积占比的县域个数（一级分类）

表 4-10　2015 年滇中城市群 49 个县市国土空间格局现状面积汇总表

县市名称	国土空间类型 一级分类/二级分类	合计	生产空间	农业生产空间	工矿生产空间	生活空间	城镇生活空间	农村生活空间	生态空间	绿地生态空间	水域生态空间	其他生态空间
五华区	面积/km²	383.35	96.56	77.20	19.35	62.17	55.51	6.67	224.62	191.07	3.15	30.39
	比例/%	100.00	25.19	20.14	5.05	16.22	14.48	1.74	58.59	49.84	0.82	7.93
西山区	面积/km²	885.32	139.32	93.79	45.53	94.65	73.45	21.19	651.36	472.60	119.21	59.55
	比例/%	100.00	15.74	10.59	5.14	10.69	8.30	2.39	73.57	53.38	13.46	6.7
盘龙区	面积/km²	345.29	55.30	47.21	8.09	65.93	59.39	6.54	224.07	188.9	7.76	27.36
	比例/%	100.00	16.01	13.67	2.34	19.09	17.20	1.89	64.89	54.72	2.25	7.92
官渡区	面积/km²	635.87	219.96	138.63	81.33	124.34	88.90	35.44	291.57	234.60	38.89	18.08
	比例/%	100.00	34.59	21.80	12.79	19.55	13.98	5.57	45.85	36.89	6.12	2.84
东川区	面积/km²	1859.93	434.01	420.09	13.92	40.92	9.38	31.54	1385.00	626.03	29.84	729.14
	比例/%	100.00	23.33	22.59	0.75	2.20	0.50	1.70	74.47	33.66	1.60	39.20

续表

县市名称	国土空间类型	合计	生产空间	农业生产空间	工矿生产空间	生活空间	城镇生活空间	农村生活空间	生态空间	绿地生态空间	水域生态空间	其他生态空间
呈贡区	面积/km²	512.59	181.13	137.01	44.13	103.35	91.31	12.05	228.10	130.42	71.94	25.74
	比例/%	100.00	35.34	26.73	8.61	20.16	17.81	2.35	44.50	25.44	14.03	5.02
晋宁县	面积/km²	1342.75	352.05	315.81	36.24	57.38	25.02	32.36	933.32	656.76	115.65	160.91
	比例/%	100.00	26.22	23.52	2.70	4.27	1.86	2.41	69.51	48.91	8.61	11.98
富民县	面积/km²	998.27	325.66	311.48	14.18	25.29	10.49	14.80	647.32	549.34	4.43	93.55
	比例/%	100.00	32.62	31.20	1.42	2.53	1.05	1.48	64.84	55.03	0.44	9.37
宜良县	面积/km²	1922.00	749.54	724.18	25.36	58.03	23.71	34.32	1114.42	997.39	44.63	72.40
	比例/%	100.00	39.00	37.68	1.32	3.02	1.23	1.79	57.98	51.89	2.32	3.77
石林县	面积/km²	1688.44	750.23	730.70	19.53	43.28	14.55	28.73	894.94	756.89	19.98	118.07
	比例/%	100.00	44.43	43.28	1.16	1.70	0.86	1.70	53.00	44.83	1.18	6.99

续表

县市名称	国土空间类型	合计	生产空间			生活空间			生态空间			
	(一级分类/二级分类)		(小计)	农业生产空间	工矿生产空间	(小计)	城镇生活空间	农村生活空间	(小计)	绿地生态空间	水域生态空间	其他生态空间
嵩明县	面积/km²	1356.05	476.91	446.41	30.49	82.49	37.72	44.78	796.64	651.15	28.34	117.16
	比例/%	100.00	35.17	32.92	2.25	6.08	2.78	3.30	58.75	48.02	2.09	8.64
禄劝县	面积/km²	4232.44	876.17	861.13	15.05	63.66	8.50	55.16	3292.61	2559.85	41.26	691.50
	比例/%	100.00	20.70	20.35	0.36	1.50	0.20	1.30	77.79	60.48	0.97	16.34
寻甸县	面积/km²	3605.54	1354.39	1329.17	25.22	95.97	16.83	79.15	2155.18	1827.54	26.51	301.13
	比例/%	100.00	37.56	36.86	0.70	2.66	0.47	2.20	59.77	50.69	0.74	8.35
安宁市	面积/km²	1307.67	307.81	247.37	60.44	75.67	51.57	24.10	924.19	863.70	16.50	44.00
	比例/%	100.00	23.54	18.92	4.62	5.79	3.94	1.84	70.67	66.05	1.26	3.36
麒麟区	面积/km²	1551.85	692.47	658.79	33.67	109.31	65.91	43.40	750.07	651.02	33.73	65.32
	比例/%	100.00	44.62	42.45	2.17	7.04	4.25	2.80	48.33	41.95	2.17	4.21

续表

县市名称	国土空间类型 二级分类	合计	生产空间	农业生产空间	工矿生产空间	生活空间	城镇生活空间	农村生活空间	生态空间	绿地生态空间	水域生态空间	其他生态空间
沾益区	面积/km²	2829.83	1008.06	973.57	34.49	63.90	15.90	48.01	1757.87	1619.42	41.00	97.46
	比例/%	100.00	35.62	34.40	1.22	2.26	0.56	1.70	62.12	57.23	1.45	3.44
马龙县	面积/km²	1606.44	579.46	548.53	30.93	34.93	10.76	24.17	992.05	849.18	15.18	127.69
	比例/%	100.00	36.07	34.15	1.93	2.17	0.67	1.50	61.75	52.86	0.95	7.95
陆良县	面积/km²	1999.80	991.53	959.12	32.41	71.58	16.39	55.19	936.69	796.27	30.01	110.41
	比例/%	100.00	49.58	47.96	1.62	3.58	0.82	2.76	46.84	39.82	1.50	5.52
师宗县	面积/km²	2774.64	992.73	971.57	21.16	54.28	8.32	45.97	1727.63	1486.39	20.74	220.50
	比例/%	100.00	35.78	35.02	0.76	1.96	0.30	1.66	62.27	53.57	0.75	7.95
罗平县	面积/km²	3013.70	918.26	903.71	14.55	93.51	17.38	76.13	2001.93	1147.28	836.87	17.78
	比例/%	100.00	30.47	29.99	0.48	3.10	0.58	2.53	66.43	38.07	27.77	0.59

续表

县市名称	国土空间类型 一级分类／二级分类	合计	生产空间	农业生产空间	工矿生产空间	生活空间	城镇生活空间	农村生活空间	生态空间	绿地生态空间	水域生态空间	其他生态空间
富源县	面积/km²	3211.41	1447.38	1428.07	19.31	67.73	13.76	53.97	1696.30	1380.47	16.40	299.44
	比例/%	100.00	45.07	44.47	0.60	2.11	0.43	1.68	52.82	42.99	0.51	9.32
会泽县	面积/km²	5868.32	1488.93	1466.21	22.71	118.00	16.18	101.82	4261.40	3082.63	57.23	1121.53
	比例/%	100.00	25.37	24.99	0.39	2.01	0.28	1.74	72.62	52.53	0.98	19.11
宣威市	面积/km²	6035.31	2532.32	2493.84	38.48	150.52	29.51	121.01	3352.47	2799.24	28.49	524.73
	比例/%	100.00	41.96	41.32	0.64	2.49	0.49	2.01	55.55	46.38	0.47	8.69
红塔区	面积/km²	952.01	246.60	210.98	35.62	74.71	43.96	30.75	630.69	609.79	9.87	11.03
	比例/%	100.00	25.90	22.16	3.74	7.85	4.62	3.23	66.25	64.05	1.04	1.16
江川区	面积/km²	811.37	268.88	254.85	14.02	27.69	6.59	21.10	514.80	365.38	115.61	33.82
	比例/%	100.00	33.14	31.41	1.73	3.41	0.81	2.60	63.45	45.03	14.25	4.17

续表

县市名称	国土空间类型 一级分类	二级分类	合计	生产空间	农业生产空间	工矿生产空间	生活空间	城镇生活空间	农村生活空间	生态空间	绿地生态空间	水域生态空间	其他生态空间
澄江县		面积/km²	759.49	235.41	221.82	13.59	24.55	9.32	15.22	499.54	274.04	144.96	80.54
		比例/%	100.00	31.00	29.21	1.79	3.23	1.23	2.00	65.77	36.08	19.09	10.60
通海县		面积/km²	742.94	233.59	220.35	13.24	27.66	9.15	18.51	481.69	427.14	41.66	12.89
		比例/%	100.00	31.44	29.66	1.78	3.72	1.23	2.49	64.84	57.49	5.61	1.73
华宁县		面积/km²	1253.93	525.47	517.04	8.43	27.18	8.12	19.06	701.28	536.39	28.94	135.94
		比例/%	100.00	41.91	41.23	0.67	2.17	0.65	1.52	55.93	42.78	2.31	10.84
易门县		面积/km²	1533.39	334.60	322.76	11.84	28.71	6.58	22.13	1170.07	986.11	12.76	171.21
		比例/%	100.00	21.82	21.05	0.77	1.87	0.43	1.44	76.31	64.31	0.83	11.17
峨山县		面积/km²	1940.71	308.91	293.54	15.38	23.76	4.91	18.85	1608.04	1519.65	12.26	76.13
		比例/%	100.00	15.92	15.13	0.79	1.22	0.25	0.97	82.86	78.30	0.63	3.92

续表

县市名称	国土空间类型 一级分类 二级分类	合计	生产空间	农业生产空间	工矿生产空间	生活空间	城镇生活空间	农村生活空间	生态空间	绿地生态空间	水域生态空间	其他生态空间
新平县	面积/km²	4259.02	828.77	812.29	16.48	48.37	10.12	38.25	3381.88	3050.56	37.72	293.61
	比例/%	100.00	19.46	19.07	0.39	1.14	0.24	0.90	79.41	71.63	0.89	6.89
元江县	面积/km²	2701.72	649.23	635.30	13.94	26.82	6.91	19.91	2025.67	1663.67	20.85	341.15
	比例/%	100.00	24.03	23.51	0.52	0.99	0.26	0.74	74.98	61.58	0.77	12.63
楚雄市	面积/km²	4445.26	674.37	659.20	15.17	109.46	46.95	62.51	3661.43	3413.17	47.45	200.81
	比例/%	100.00	15.17	14.83	0.34	2.46	1.06	1.41	82.37	76.78	1.07	4.52
南华县	面积/km²	2247.11	450.61	440.04	10.57	45.04	7.61	37.43	1751.46	1591.33	17.42	142.70
	比例/%	100.00	20.05	19.58	0.47	2.00	0.34	1.67	77.94	70.82	0.78	6.35
牟定县	面积/km²	1456.11	338.69	333.54	5.15	32.19	3.46	28.72	1085.23	982.41	15.47	87.36
	比例/%	100.00	23.26	22.91	0.35	2.21	0.24	1.97	74.53	67.47	1.06	6.00

县市名称	国土空间类型 一级分类 二级分类	合计	生产空间	农业生产空间	工矿生产空间	生活空间	城镇生活空间	农村生活空间	生态空间	绿地生态空间	水域生态空间	其他生态空间
双柏县	面积/km²	3901.70	515.63	512.70	2.94	34.31	3.01	31.30	3351.75	2735.16	40.73	575.86
	比例/%	100.00	13.22	13.14	0.08	0.88	0.08	0.80	85.90	70.10	1.04	14.76
姚安县	面积/km²	1695.07	307.48	303.69	3.79	27.63	3.73	23.90	1359.95	1242.83	13.09	104.03
	比例/%	100.00	18.14	17.92	0.22	1.63	0.22	1.41	80.23	73.32	0.77	6.14
大姚县	面积/km²	4019.67	604.56	596.99	7.57	42.88	5.45	37.43	3372.23	3016.24	19.10	336.88
	比例/%	100.00	15.04	14.85	0.19	1.07	0.14	0.93	83.89	75.04	0.48	8.38
永仁县	面积/km²	2124.69	311.08	306.05	5.04	21.57	4.67	16.90	1792.04	1512.56	28.38	251.10
	比例/%	100.00	14.64	14.40	0.24	1.02	0.22	0.80	84.34	71.19	1.34	11.82
元谋县	面积/km²	2027.43	385.75	374.23	11.52	31.34	6.85	24.49	1610.33	871.83	36.27	702.23
	比例/%	100.00	19.03	18.46	0.57	1.55	0.34	1.21	79.43	43.00	1.79	34.64

续表

县市名称	国土空间类型 一级分类	二级分类	合计	农业生产空间	工矿生产空间	生产空间	城镇生活空间	农村生活空间	生活空间	绿地生态空间	水域生态空间	生态空间	其他生态空间
武定县	面积/km²		2954.10	655.68	13.36	669.04	4.77	46.53	51.30	1847.70	17.65	2233.76	368.42
	比例/%		100.00	22.20	0.45	22.65	0.16	1.57	1.74	62.55	0.60	75.62	12.47
禄丰县	面积/km²		3566.07	698.14	26.89	725.03	12.88	55.03	67.91	2511.63	41.04	2773.14	220.46
	比例/%		100.00	19.58	0.75	20.33	0.36	1.54	1.90	70.43	1.15	77.76	6.18
蒙自市	面积/km²		2146.00	883.96	20.32	904.27	35.29	40.05	75.33	823.15	30.84	1166.40	312.40
	比例/%		100.00	41.19	0.95	42.14	1.64	1.87	3.51	38.36	1.44	54.35	14.56
个旧市	面积/km²		1552.03	478.71	71.20	549.91	20.43	26.61	47.04	692.29	16.32	955.08	246.48
	比例/%		100.00	30.84	4.59	35.43	1.32	1.71	3.03	44.61	1.05	61.54	15.88
建水县	面积/km²		3794.03	984.29	22.89	1007.18	19.52	48.90	68.42	2097.35	32.11	2718.43	588.97
	比例/%		100.00	25.94	0.60	26.55	0.51	1.29	1.80	55.28	0.85	71.65	15.52

续表

县市名称	二级分类	合计	生产空间	农业生产空间	工矿生产空间	生活空间	城镇生活空间	农村生活空间	生态空间	绿地生态空间	水域生态空间	其他生态空间
开远市	面积/km²	1934.69	552.07	512.91	39.16	48.29	18.93	29.37	1334.33	992.06	15.95	326.33
	比例/%	100.00	28.54	26.51	2.02	2.50	0.98	1.52	68.97	51.28	0.82	16.87
弥勒市	面积/km²	3920.12	1242.29	1211.16	31.13	92.02	28.56	63.46	2585.81	2058.12	29.99	497.69
	比例/%	100.00	31.69	30.90	0.79	2.35	0.73	1.62	65.96	52.50	0.77	12.70
泸西县	面积/km²	1649.67	806.03	794.94	11.10	56.58	16.67	39.91	787.06	647.60	21.24	118.22
	比例/%	100.00	48.86	48.19	0.67	3.43	1.01	2.42	47.71	39.26	1.29	7.17
石屏县	面积/km²	3046.86	581.65	572.46	9.19	42.70	11.48	31.22	2422.51	2007.73	79.51	364.68
	比例/%	100.00	19.09	18.79	0.30	1.40	0.38	1.02	79.51	65.90	1.64	11.97

　　国土空间类型二级分类下的 2015 年滇中城市群 49 个县域的国土空间格局呈现的水平空间特征与城市群、市域尺度相一致，即绿地生态空间占各县域总面积的比例最大，农业生产空间次之。对国土空间类型二级分类面积占比从多到少排序并绘制直方图（图 4-12）得知，滇中城市群 49 个县域的农业生产空间面积占县域自身面积的比例介于 10.18% ~ 47.99%，其中泸西县、陆良县、富源县等 8 个县域的农业生产空间面积占县域自身面积的比例均在 40.00% 以上，这 8 个县域中又以泸西县的农业生产空间面积占比最大，占比达 48.19%，其次为陆良县的 47.96%；宜良县、寻甸县、师宗县等 27 个县域的农业生产空间面积占县域自身面积的比例介于 20.00% ~ 40.00%；南华县、安宁市、峨山县、西山区等 14 个县域的农业生产空间面积占县域自身面积的比例均小于 20.00%，以西山区最少，占比仅为 10.59%。49 个县域的工矿生产空间面积占县域自身面积的比例介于 0.08% ~ 12.79%，其中面积占比在 5.00% 以上的县域共 4 个，以官渡区、呈贡区的工矿生产空间面积占县域自身面积比例最多，占比分别为 12.79% 和 8.61%，其次为西山区 5.14%、五华区 5.05%；面积占比在 2.00% ~ 5.00% 之间的县域共 8 个；面积占比在 1.00% ~ 2.00% 之间的县域共 9 个，分别有马龙县、澄江县、通海县、石林县等县域；面积占比小于 1.00% 的县域共 28 个，以大姚县、双柏县的工矿生产空间面积占比最少，仅占其县域总面积的 0.19%、0.08%。49 个县域的城镇生活空间面积占县域自身面积比例介于 0.08% ~ 17.81%，其中以呈贡区、盘龙区、五华区、官渡区 4 个县域的面积占比较多，占比分别为 17.81%、17.20%、14.48%、13.97%；城镇生活空间面积占比介于 1.00% ~ 5.00% 的共有 13 个县域；面积占比小于 1.00% 的共有 31 个县域，以武定县、大姚县、双柏县最少，占比分别仅有 0.16%、0.14%、0.08%。49 个县域的农村生活空间面积占县域自身面积比例介于 0.74% ~ 5.57%，其中以官渡区的面积占比较多，占比为 5.57%；面积占比介于 1.00% ~ 2.00% 的有牟定县、盘龙区、五华区等 28 个县域；面积占比介于 2.00% ~ 4.00% 的有嵩明县、红塔区、麒麟区等 14 个县域；面积占比小于 1.00% 的共 6 个县域，分别是峨山县、大姚县、新平县、双柏县、永仁县和元江县。绿地生态空间作为 49 个县域的主要国土空间类型，面积占比介于 25.44% ~ 78.30%，其中以峨山县、楚雄市、大姚县等 6 个县域的绿地生态面积占县域自身面积的比例最大，占比均在 70.00% 以上；以牟定县、安宁市、石屏县等 8 个县域的绿地生态面积占比次之，占比在 60.00% 以上；以通海县、沾益区、建水县等 8 个县域的绿地生态面积占比再次之，占比在 50.00% 以上；之后为绿地生态面积占比在 40.00% 以上的有五华区、晋宁县、嵩明县等 11 个县域；面积占比小于 40.00% 的有 8 个县域，以呈贡区的绿地生态面积占比最小，占比为 25.44%。49 个县域水域生态空间面积占比介于 0.44% ~ 19.09%，以澄江县、江川区、呈贡区、西山区的水域生态面积占比最大，占比均在 10.00% 以上，以晋宁县、官渡区的水域生态面积占比次之，占比分别为 8.61%、6.12%，原因是澄江县分布抚仙湖大部分水域，江川区分布抚仙湖部分水域和星云湖，滇池流域主要分布在西山区、呈贡区、晋宁县和官渡区内，这些湖泊构成了滇中城市群内的主要水体；通海县水域生态面积占比为 5.61%，县域内分布杞麓湖；水域生态面积占比介于 1.00% ~ 3.00% 的有宜良县、华宁县、个旧市、牟定县等 21 个县域；以会泽县、禄劝县、马龙县等 21 个县域的水域生态面积占比较小，占比均在 1.00% 以下。49 个县域的其他生态空间面积占比介于 1.16% ~ 39.20%，其中以东川区、元谋县、罗平县的面积占比最大，占比均在 20.00% 以上，土地后备资源较充裕；其他生态空间面积占比介于 10.00% ~ 20.00% 的有会泽县、开远市、禄劝县等 16 个县域；以富民县、富源县、江川区、通海县、红塔区等 30 个县域的其他生态空间面积占比均小于 10.00%，其中红塔区和通海县的其他生态空间占比最小，仅占县域自身面积的 1.16%、1.73%，可供国土开发利用的土地资源十分有限。

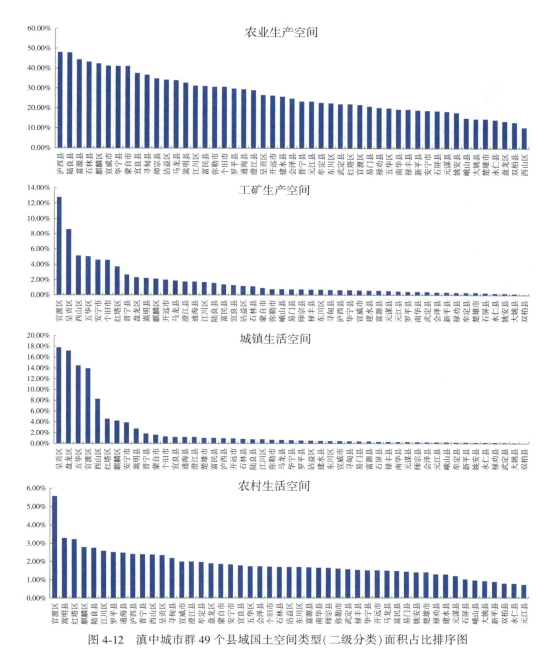

图 4-12 滇中城市群 49 个县域国土空间类型（二级分类）面积占比排序图

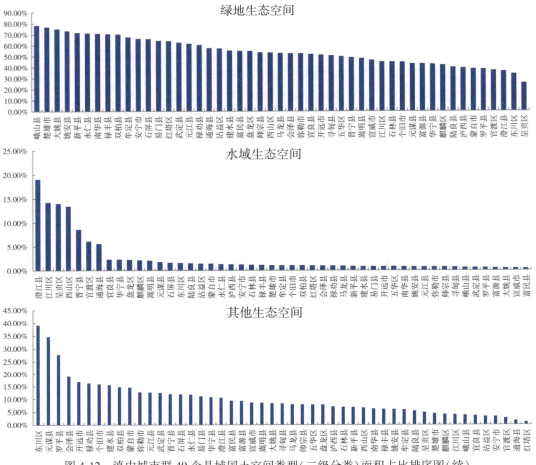

图 4-12　滇中城市群 49 个县域国土空间类型(二级分类)面积占比排序图(续)

第5章 滇中城市群国土空间多尺度时空格局演变分析

5.1 研究区国土空间多尺度时空格局演变分析框架

本章首先以 2000 年、2005 年、2009 年和 2015 年土地利用数据(矢量、栅格)为基础数据源,按照前文构建的国土"三生空间"分类与土地利用类型的衔接关系,对土地利用数据进行提取和重分类,完成国土空间基础数据的准备工作;然后基于多尺度(行政区尺度、栅格尺度、景观尺度)视角,重点从国土空间时空格局演变、国土空间格局空间分异特征两个部分入手,以生产空间、生活空间和生态空间作为切入点,系统、深入地分析研究区国土空间数量结构及格局时空变化规律及演变机制,探究国土空间格局空间分异规律。分析框架如图 5-1 所示。

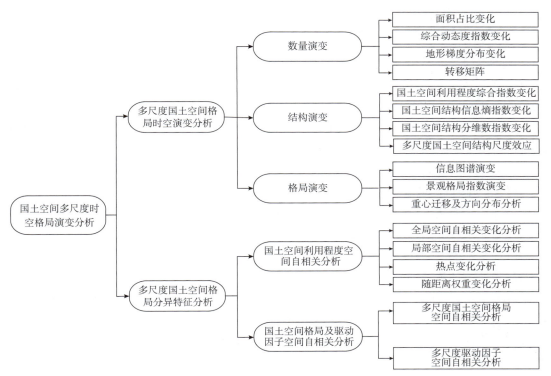

图 5-1 国土空间多尺度时空格局演变分析框架图

第一部分以国土空间数量结构及格局变化为出发点,参考借鉴土地利用数量结构及格局变化的研究范式,对研究区国土空间的数量变化、转移特征、格局分布特征及扩张形态特征等进行分析。本研究主要采用面积占比、转移矩阵、单一动态度、综合动态度、信息图谱、景观格局指数、重心迁移及标准差椭圆等模型进行定量分析,各种方法模型相互印证、互为补充。针对国土空间结构变化的分析,从行政区尺度(城市群尺度、市域尺度、县域尺度)、栅格尺度(500m×500m、1000m×1000m、2000m×2000m等多个栅格尺度)及景观尺度(景观层次尺度、类型层次尺度)视角,以国土空间利用程度指数、信息熵、分维数、景观多样性指数作为观测变量,对研究区国土空间结构演变特征进行分析,探讨尺度效应及变化情况。

第二部分以国土空间格局时空分异特征为出发点,首先以国土空间利用程度指数作为观测变量,运用空间自相关方法,选取全局空间自相关 Moran's I 指数、局部空间自相关 Moran's I 指数和局部 G 统计量等多个空间自相关指标来分析研究区国土空间利用程度的时空演变过程,并探究其尺度规律;然后借助 GIS 空间分析和空间自相关方法研究分析研究区国土空间类型及驱动因子随距离权重变化的尺度效应。

5.2　国土空间数量结构与格局演变分析

5.2.1　研究区国土空间数量演变分析

1. 国土空间面积数量演变分析

国土空间格局是一种动态演变的过程,具有特定的时间和空间属性,其形态和状态在时空尺度上呈现不同的数量变化特征。依据滇中城市群国土"三生空间"类型与土地利用类型的衔接和融合关系(表 2-3),运用 ArcGIS 软件中 Reclassify 工具,对研究区 2000 年、2005 年、2009 年和 2015 年土地利用数据进行重分类,得到 4 个年份的国土空间格局分布图(图 5-2),对各国土空间类型面积及占比统计(表 5-1)后制作各国土空间类型面积变化图(图 5-3)。

研究区 2000—2015 年"三生空间"数量变化具体表现为生产空间持续增加,生活空间逐渐增加,生态空间持续减少(表 5-1)。从国土空间二级类的面积及占比来看,不同研究时点,农业生产空间与绿地生态空间为研究区主要的空间类型,也是国土空间的基础类型,两种空间类型的面积占比之和超过区域总面积的 80%。

1)生产空间数量演变

农业生产空间呈先增加后减少趋势,2000—2009 年共增加了 9400.33km²,其中 2000—2005 年增加了 802.65km²,面积增加相对较少,2005—2009 年增加了 8597.69km²,面积增加较大,其原因可能是研究区农业生产空间确实有大面积的增加,再者由于 2005 年数据来源于国家地球系统科学数据共享平台,2009 年数据来源于二调数据,受统计口径、数据来源、数据分类标准及制图综合误差等影响,导致面积增加;2009—2015 年间

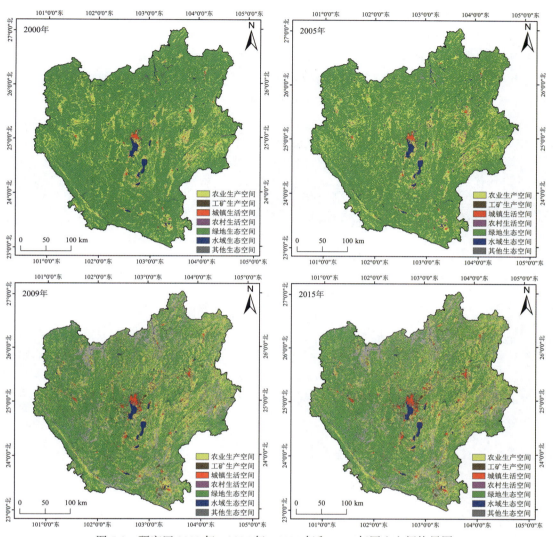

图 5-2 研究区 2000 年、2005 年、2009 年和 2015 年国土空间格局图

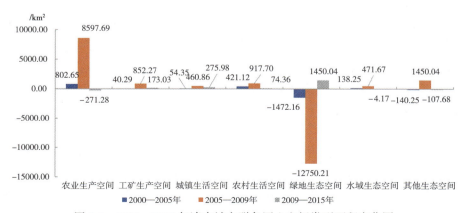

图 5-3 2000—2015 年滇中城市群各国土空间类型面积变化图

农业生产空间面积有小幅减少，减少了 271.28km²，说明农业生产空间转为其他国土空间类型，耕地保护形势依然严峻。工矿生产空间作为经济发展和工业建设的载体，研究期间其面积呈增加趋势，15 年共增加了 1065.59km²，说明了自西部大开发战略实施以来，滇中城市群作为重点开发地带，政府相继出台的基础设施建设、产业结构调整与投资、劳动力流动等方面的支持政策，带动了滇中城市群工业化和产业化的快速发展。

表 5-1　　　　　　　　　　　滇中城市群 15 年间国土空间类型面积占比情况

国土空间类型 一级分类 二级分类	2000 年		2005 年		2009 年		2015 年	
	面积/km²	比例/%	面积/km²	比例/%	面积/km²	比例/%	面积/km²	比例/%
生产空间	21029.40	18.87	21872.34	19.63	31322.30	28.11	31224.05	28.03
农业生产空间	20959.09	18.81	21761.74	19.53	30359.43	27.25	30088.15	27.01
工矿生产空间	70.31	0.06	110.60	0.10	962.87	0.86	1135.90	1.02
生活空间	755.49	0.68	1230.96	1.1	2609.53	2.34	2959.87	2.66
城镇生活空间	324.96	0.29	379.31	0.34	840.17	0.75	1116.15	1.00
农村生活空间	430.53	0.39	851.65	0.76	1769.36	1.59	1843.72	1.66
生态空间	89617.10	80.44	88298.69	79.26	77470.19	69.54	77218.09	69.32
绿地生态空间	77358.37	69.44	75886.21	68.12	63136.00	56.67	62995.75	56.55
水域生态空间	1122.76	1.01	1261.01	1.13	1732.68	1.56	1728.51	1.55
其他生态空间	11135.97	10.00	11151.47	10.01	12601.51	11.31	12493.83	11.22

2）生活空间数量演变

城镇生活空间面积呈增加态势，15 年间共增加了 791.18km²，其中 2000—2005 年增加了 54.35km²，2005—2009 年增加 460.86km²，2009—2015 年增加 275.98km²，后两期面积增加数量是前一期增加数量的 5~8 倍，这与云南省采取"建设用地上山"土地政策有关，同时还反映出研究区城镇化水平明显提升。农村生活空间面积变化与城镇生活空间一致，研究期间面积均呈增加态势，但相比之下，农村生活空间增长略快，15 年间共增加了 1413.19km²，说明研究区"农转城"仍任重道远。综合来看，15 年间生活空间共增加了 2204.37km²，涨幅为 291.78%，在未来依然存在较大的增长趋势，也是研究区新型城镇化建设对空间的必然需求。

3）生态空间数量演变

至 2015 年研究区生态空间面积为 77218.09km²，占研究区总面积的 69.32%，说明研究区生态功能极为显著。研究期间，绿地生态空间面积虽呈下降趋势，但其面积与其他国土空间类型相比仍具有较大优势，比例均在 56% 以上；受数据来源及统计口径等影响，又或是其他国土空间类型对绿地生态空间的挤压和占用，导致 2005—2009 年绿地生态面积减少显著，减少了 12750.21km²；2009—2015 年面积减少了 140.25km²，退耕还林、还草成果丧失。其他生态空间面积呈先增加后减少趋势，2000—2009 年间共增加了 1465.54km²，其中 2000—2005 年增加了 15.50km²，面积增加量极少，2005—2009 年增加了 1450.04km²，面积增加较大，其原因可能是其他生态空间确实有大面积的增加，再者受统计口径、数据来源、数据分类标准及制图综合误差等影响，导致面积大幅度增加；2009—2015 年其他生态面积减少了 107.68km²，说明因相关土地政策因素影响，其他生态空间转为其他国土空间类型所用。水域生态空间面积基本保持稳定状态，略微波动但变化不大。

2. 国土空间转移特征演变分析

采用转移矩阵有助于分析国土空间格局演化的数量特征与各国土空间类型的演变方向，是明晰国土空间利用类型之间相互转化的有效方法。以"三生空间"作为切入点，以 2000 年、2005 年、2009 年和 2015 年作为时间节点，运用 ArcGIS 10.2.2 软件对研究区国土空间类型的转移情况进行统计与分析，分别得到 2000—2005 年、2005—2009 年、2009—2015 年研究区各功能空间利用类型转移矩阵，据此分析各时段下的国土空间类型转移特征。

2000—2005 年研究区国土空间类型转移结果见表 5-2、图 5-4。整体来看，该时段下研究区内除绿地生态空间转入面积大于转出面积外，其余国土空间类型面积转换均呈"入不敷出"态势。从转出视角来看，农业生产空间面积减少了 10770.27km²，主要转出方向为绿地生态空间，转出面积占总转出面积的 95.35%，这一时段农业生产空间的调整幅度最显著，耕地面积急剧减少，其原因可能是受退耕还林政策影响，导致研究区大面积耕地转为林地，再者 2000 年数据来源于国家地球系统科学数据共享平台，而 2005 年数据来源于资源环境数据云平台，受数据来源、统计口径等影响而产生数据误差；工矿生产空间面积减少了 92.36km²，其他生态空间面积减少了 96.02km²，较之其他空间类型转出面积情况，这两类空间类型转出面积相对较少，其原因是工矿生产空间多为采矿用地和交通水利用地，部分转移为农业生产空间和绿地生态空间，转为其他类型空间难度较大，而其他生态空间多为沙地或裸土地，这些土地因受土壤质地和地形坡度影响，开垦、开发利用程度受限；城镇生活空间和农村生活空间面积分别减少了 163.95km²、769.99km²，水域生态空间面积净减少了 574.41km²，主要被农业生产空间和绿地生态空间所占用。从转入视角来看，农业生产空间和绿地生态空间面积增加较多，分别增加了 9967.62km² 和 10966.32km²，二者之间转换数量较大，其中绿地生态空间转为农业生产空间的面积占转入总面积的 90.64%，农业生产空间转为绿地生态空间的面积占转入总面积的 93.39%；工矿生产空间和其他生态空间面积增加较少，分别为 52.07km²、80.53km²；城镇生活空间和农村生活空间转入面积分别占转入总面积的 69.03%、61.99%，其主要转入方向为农业生产空间，该时段内研究区建设用地(城镇住宅和农村住宅)占用耕地现象凸显；水域生态空间面积增加 436.16km²，主要转入方向为农业生态空间和绿地生态空间。

表 5-2　　　　　滇中城市群 2000—2005 年国土空间格局面积转移矩阵　　　（单位：km²）

2005 年	2000 年							
	农业生产空间	工矿生产空间	城镇生活空间	农村生活空间	绿地生态空间	水域生态空间	其他生态空间	转出合计
农业生产空间	10991.47	24.79	75.65	216.28	10269.57	173.21	10.77	10770.27
工矿生产空间	49.95	18.24	2.30	2.90	31.72	5.41	0.09	92.36
城镇生活空间	114.37	1.84	215.36	2.77	42.61	2.20	0.16	163.95
农村生活空间	510.93	1.52	6.11	81.67	233.02	17.76	0.65	769.99
绿地生态空间	9035.15	20.16	22.96	116.43	66392.05	232.33	67.14	9494.16
水域生态空间	246.09	3.75	2.58	10.49	309.77	686.60	1.72	574.41
其他生态空间	11.13	0.00	0.00	0.00	79.65	5.25	11055.45	96.02
转入合计	9967.62	52.07	109.60	348.86	10966.32	436.16	80.53	

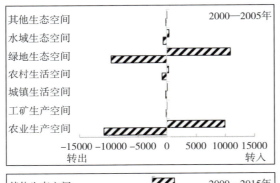
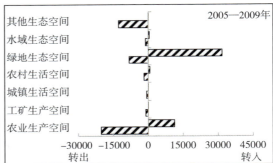
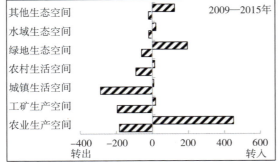
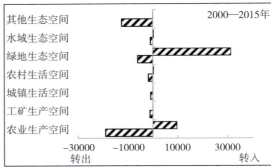

图 5-4　滇中城市群各国土空间类型净转入/转出面积(单位：km²)

2005—2009 年研究区国土空间类型转移结果见表 5-3、图 5-4。该时段下研究区各国土空间类型面积转换数量较大。从转出视角来看，农业生产空间面积减少 19996.67km²，绿地生态空间面积减少 8039.46km²，二者相互转换数量最大，转出面积分别占转出总面积的 95.75%、94.81%；工矿生产空间面积减少 943.34km²，主要转出方向为农业生产空间和绿地生态空间，转出面积占转出总面积的 92.51%；城镇生活空间、农村生活空间、水域生态空间和其他生态空间面积分别减少 573.90km²、1706.59km²、1028.35km²、12536.43km²，主要转出方向均为农业生产空间和绿地生态空间，转出面积分别占转出总面积的 82.48%、97.79%、96.04% 和 99.05%。从转入视角来看，以农业生产空间和绿地生态空间面积增加最多，转入面积分别为 11398.99km²、31789.67km²，其次为农村生活空间和水域生态空间，转入面积分别为 788.89km²、556.68km²，城镇生活空间、工矿生产空间和其他生态空间面积相对较少。研究区各国土空间类型面积增加或减少的主要转出或转入方向均为农业生产空间和绿地生态空间。需要特别指出的是，2005—2009 年这 4 年的各国土空间类型数据变化量较大，远远超过 2000—2005 年的变化。究其原因一方面是自 2000 年起，受西部大开发战略、城镇化政策及经济的快速增长等影响，国土空间格局较之前一时期确实发生了较大变化；另一方面与前文所述原因一致，由数据误差所导致。

表 5-3　　　　　滇中城市群 2005—2009 年国土空间格局面积转移矩阵　　　　（单位：km²）

2009 年	2005 年							转出合计
	农业生产空间	工矿生产空间	城镇生活空间	农村生活空间	绿地生态空间	水域生态空间	其他生态空间	
农业生产空间	10362.76	33.64	55.28	496.91	19146.43	235.54	28.86	19996.67
工矿生产空间	329.06	19.53	16.62	34.81	543.65	18.57	0.62	943.34
城镇生活空间	329.91	20.55	266.27	63.12	143.42	16.90	0.00	573.90
农村生活空间	731.89	4.90	10.24	62.77	936.97	21.99	0.60	1706.59
绿地生态空间	7621.83	20.43	22.30	137.57	44096.54	185.92	51.41	8039.46
水域生态空间	375.03	5.22	4.54	26.05	612.61	704.33	4.90	1028.35
其他生态空间	2011.26	6.33	4.06	30.42	10406.59	77.76	11065.08	12536.43
转入合计	11398.99	91.08	113.04	788.89	31789.67	556.68	86.40	

2009—2015 年研究区国土空间类型转移结果见表 5-4、图 5-4。较之前两个时段，该时段下研究区国土空间面积转入/转出变化数量不大。从转出视角来看，农业生产空间面积减少，主要转出方向为绿地生态空间和其他生态空间，分别为 84.12km² 和 66.42km²，分别占转出总面积的 46.40% 和 36.64%；工矿生产空间主要转出方向为农业生产空间，虽属生产空间的内部转换，但功能有较大变化，转出面积为 112.07km²，占转出总面积的58.25%，建设用地占用耕地现象得到遏制；城镇生活空间和农村生活空间的主要转出方向是农业生产空间，转出面积分别为 207.28km²、68.41km²，占转出总面积的 72.70%、76.85%，说明云南省对建设用地占用耕地情况治理成效凸显；绿地生态空间的主要转出方向是农业生产空间，转出面积为 46.41km²，占转出总面积的 80.90%，对该部分图斑与

土地利用现状图斑进行相交处理后发现，该部分主要转为园地；水域生态空间的主要转出方向是农业生产空间和其他生态空间，转出面积分别为 8.35km²、6.09km²，转出面积相对较少，其中水域生态空间转为农业生产空间，其功能发生较大变化，而水域生态空间转为其他生态空间，属生态空间的内部转换，功能未发生剧烈变化；其他生态空间的主要转出方向为农业生产空间和绿地生态空间，转出面积分别为 10.03km²、8.42km²，其中其他生态空间转为农业生产空间，功能发生较大变化，说明研究区垦荒卓见成效，而其他生态空间转为绿地生态空间也属生态空间的内部转换。从转入视角来看，农业生产空间、绿地生态空间和其他生态空间面积增加较多，分别增加了 452.55km²、197.61km² 和 126.60km²。农业生产空间主要转入方向为工矿生产空间、城镇生活空间，转入面积分别占转入总面积的 24.76%、45.80%，说明研究区建设用地占用耕地现象得到有效遏制；绿地生态空间主要转入方向为农业生产空间、工矿生产空间和城镇生活空间，转入面积分别占转入总面积的 42.57%、27.96% 和 17.15%，说明研究区退耕还林、退房还林成效显著；其他生态空间面积增加了 126.60km²，主要转入方向为农业生产空间、城镇生活空间，转入面积分别占转入总面积的 52.46%、18.84%；工矿生产空间面积增加了 19.35km²，主要转入方向为农业生产空间和城镇生活空间，转入面积分别为 8.13km² 和 6.89km²，转入面积较小；城镇生活空间和农村生活空间面积分别增加了 9.16km² 和 14.65km²，主要转入方向均为农业生产空间，转入面积占转入总面积的 49.91%、53.05%，该时段内研究区仍存在建设用地（城镇住宅和农村住宅）占用耕地现象；水域生态空间面积增加了 22.37km²，主要转入方向为农业生态空间和城镇生活空间。

表 5-4　　　　　　**滇中城市群 2009—2015 年国土空间格局面积转移矩阵**　　　　（单位：km²）

2015 年	2009 年							
	农业生产空间	工矿生产空间	城镇生活空间	农村生活空间	绿地生态空间	水域生态空间	其他生态空间	转出合计
农业生产空间	29906.88	8.13	4.57	7.77	84.12	10.27	66.42	181.27
工矿生产空间	112.07	943.52	2.68	2.28	55.25	1.45	18.65	192.38
城镇生活空间	207.28	6.89	831.01	4.42	33.89	8.80	23.86	285.14
农村生活空间	68.41	2.02	0.74	1754.71	12.61	1.16	4.07	89.01
绿地生态空间	46.41	2.14	0.71	0.12	62938.39	0.47	7.52	57.36
水域生态空间	8.35	0.01	0.37	0.06	3.32	1710.31	6.09	18.20
其他生态空间	10.03	0.16	0.09	0.00	8.42	0.22	12474.90	18.92
转入合计	452.55	19.35	9.16	14.65	197.61	22.37	126.60	

　　综合来看，15 年间研究区各国土空间类型面积均有不同程度的增加或减少（表 5-5），总体呈现"入不敷出"的态势（图 5-4）。农业生产空间净面积减少 18855.93km²，绿地生态

空间净面积增加 31366.99km²，二者相互转化数量最大；工矿生产空间净面积减少 1120.40km²，主要转为农业生产空间和绿地生态空间；城镇生活空间和农村生活空间净面积分别减少 849.36km²、1790.15km²，主要为农业生产空间及绿地生态空间占用，其减少的原因是建设用地占用耕地、占用林地明显，政府开展"国土打非治违"专项行动，对未取得用地许可、规划许可或与城市规划不相符的城市建筑进行处理；水域生态空间净面积减少 940.19km²，主要被农业生产空间和绿地生态空间所占用；其他生态空间面积净减少 12433.78km²，主要转换为农业生产空间和绿地生态空间，而剩余部分转为其他空间类型的面积相对较小。

表 5-5　　　　　　滇中城市群 2000—2015 年国土空间格局面积转移矩阵　　　　（单位：km²）

2015 年	2000 年							
	农业生产空间	工矿生产空间	城镇生活空间	农村生活空间	绿地生态空间	水域生态空间	其他生态空间	转出合计
农业生产空间	11232.22	13.74	22.70	211.53	18444.00	135.95	28.02	18855.93
工矿生产空间	418.78	15.50	16.52	34.84	636.24	13.03	0.98	1120.40
城镇生活空间	526.40	22.54	266.79	54.54	227.75	17.92	0.21	849.36
农村生活空间	888.16	3.97	5.82	53.57	873.10	18.43	0.67	1790.15
绿地生态空间	5794.35	8.49	7.87	53.21	56991.38	99.13	41.31	6004.37
水域生态空间	354.85	2.24	3.02	12.44	562.91	788.31	4.73	940.19
其他生态空间	1744.33	3.82	2.25	10.41	10622.98	49.99	11060.05	12433.78
转入合计	9726.88	54.81	58.18	376.96	31366.99	334.44	75.92	

3. 国土空间变化速率演变分析

国土空间变化速率是指一定时间范围内，各国土空间类型在利用过程中面积发生变化的速度水平。国土空间变化速率反映研究区国土空间类型结构变化的剧烈程度，在一定程度上可通过土地利用动态度指数来体现。本节采用单一动态度和综合动态度，来测度城市群国土空间类型结构演变的剧烈程度，进而分析各种国土空间类型的演变速度。

从单一动态度看（表 5-6），动态度指数在不同空间类型和不同时段下略有不同。具体表现为：2000—2005 年农业生产空间以年均 0.64% 的速率增加，2005—2009 年以 6.58% 的速率增加，2009—2015 年以 0.15% 的速率在减少；2000—2005 年工矿生产空间以年均 9.56% 的速率增加，2005—2009 年以 128.43% 的速率增加，2009—2015 年以 3.00% 的速率增加；2000—2005 年城镇生活空间以年均 2.79% 的速率增加，2005—2009 年以 20.25% 的速率增加，2009—2015 年以 5.47% 的速率增加；2000—2005 年农村生活空间以年均 16.30% 的速率增加，2005—2009 年以 17.96% 的速率增加，2009—2015 年以 0.70% 的速率增加；2000—2005 年绿地生态空间以年均 0.32% 的速率减少，2005—2009 年以 5.22% 的速率减少，2009—2015 年以 0.04% 的速率减少；2000—2005 年水域生态空间以年均 2.05% 的速率增加，2005—2009 年以 6.23% 的速率增加，2009—2015 年以 0.04% 的速率减少；2000—2005 年其他生态空间以年均 0.02% 的速率增加，2005—2009 年以 18.61% 的速率增加，2009—2015 年以 0.14% 的速率减少。研究时段内，工矿生产空间、城镇生活空间、农村生活空间的单一动态度均为正值，说明这三种国土空间类型的面积呈增加态势，主要原因是受西部大开发战略，经济快速发展、城镇化和工业化进程加快等影响，致使工矿生产空间和生活空间需求趋势增长明显。此外，研究时段内，研究区绿地生态空间面积呈减少态势，表现为 2009 年以前面积减少最多，说明城镇化和工业化发展导致绿地生态空间被侵占，2009 年以后面积虽仍在减少，但减少量较小，森林资源得到有效的保护。

从综合动态度看，各种国土空间类型的综合动态度明显大于单一动态度，说明了综合动态度能较好地识别和比较区域国土空间类型动态变化的总体程度及活跃情况。2005—2009 年，各国土空间类型的单一动态度和综合动态度较之其他两个时间段偏高，其原因一方面受土地政策影响，国土空间开发强度增大，导致该时段内国土空间格局发生较大变化；另一方面则是由数据统计口径不同及制图综合误差造成的。

表 5-6　　　　　　　　　　　滇中城市群 2000—2015 年国土空间动态度

国土空间类型	2000—2005 年		2005—2009 年		2009—2015 年	
	单一动态度/%	综合动态度/%	单一动态度/%	综合动态度/%	单一动态度/%	综合动态度/%
农业生产空间	0.64	8.56	6.58	15.31	-0.15	0.10
工矿生产空间	9.56	21.90	128.43	142.15	3.00	3.33
城镇生活空间	2.79	8.41	20.25	25.22	5.47	5.66
农村生活空间	16.30	29.81	17.96	33.40	0.70	0.84
绿地生态空间	-0.32	2.05	-5.22	1.77	-0.04	0.02
水域生态空间	2.05	8.53	6.23	13.59	-0.04	0.18
其他生态空间	0.02	0.14	18.61	18.74	-0.14	0.03

从县域角度来看，滇中城市群 15 年"三生空间"面积在数量变化上存在明显的区域差异(图 5-5)。具体表现为：①生产空间，研究区 49 个县市域中有 9 个县域生产空间面积减小，主要集中在研究区的西北部，其中楚雄市的生产空间面积减少量最大，达 383.59km²，其次为研究区东部的罗平县，减少面积为 243.99km²；生产空间面积增加显著的县域主要集中在研究区的北部、东北部、南部及西南部，以宣威市、寻甸县、会泽县、富源县、弥勒市、沾益区及建水县生产空间面积增加量最大，面积均在 500km² 以上，其中宣威市面积达 1885.92km²。②生活空间，所有县域生活空间面积均有增加，生活空间面积显著增加的县域主要集中在东北部、北部、西部和南部。③生态空间，43 个

县域生态空间面积减少，生态空间面积显著减少的县域集中在北部、东北部、南部和西南部，其中宣威市生态空间面积减少量最大，达 2014.94km²。综上得知，15 年间研究区内生产空间面积增加的县域则是生态空间面积减少的县域；反之亦然。生产用地大量占用生态用地，粮食产量和经济发展在一定程度上得以提高，但不利于生态环境建设。研究区平地面积少，山地面积多，生活空间开发程度受限，研究期间所有县域生活空间面积均增加，但增量相对较小。其原因是云南省推行山地城镇模式，引导生活空间向山地发展（坡度 8°~25°），使得地处山地的宣威市、会泽县、楚雄市、呈贡区、寻甸县等县域充分利用其地势特点进行生活空间开发，生活空间增量均在 80km² 以上；而地处平地的五华区和盘龙区，同时也是昆明市的主城区，其国土空间开发已达极限，增加面积较少，仅 10km² 左右。

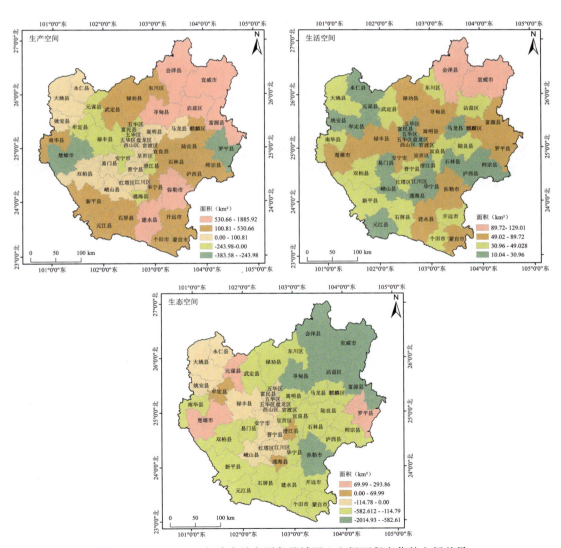

图 5-5　2000—2015 年滇中城市群各县域国土空间面积变化的空间差异

4. 不同地形梯度下国土空间分布特征演变分析

在自然要素中，地形因素作为人地相互作用的国土空间结构基础，对国土空间类型分布和变化具有重要影响作用，而不同的国土空间类型对地形因素又具有不同的适宜性。滇中城市群地处高原山区，地形破碎，探究其国土空间类型在不同地形梯度下的分布与演变规律，揭示地形梯度对各国土空间类型分布的影响，为深入分析滇中城市群国土空间格局分布特征，以及为选取国土空间格局优化配置的驱动机制提供参考和依据。

本节借助 ArcGIS 软件将研究区 2000 年、2005 年、2009 年和 2015 年国土空间现状图分别与高程、坡度和坡向三个地形因子图进行叠加分析，实现各国土空间类型的面积统计，以此来分析不同地形梯度下研究区的国土空间分布特征及演变规律。

1）不同高程梯度下国土空间分布特征演变

根据滇中城市群地形地貌特征，结合实际调研情况，将高程划分为：≤500m（低海拔），500～1500m（中低海拔），1500～2500m（中海拔），2500～3500m（中高海拔），≥3500m（高海拔）共 5 个梯度，并统计不同高程梯度分级内 4 个时点的各国土空间类型的面积及占比构成，见表 5-7、图 5-6。

表 5-7　　　　**2000—2015 年滇中城市群不同高程梯度下各国土空间类型的面积**　（单位：km²）

年份	国土空间类型	高程梯度				
		≤500m	500～1500m	1500～2500m	2500～3500m	≥3500m
2000 年	农业生产空间	82.83	3079.87	17509.97	302.44	0.05
	工矿生产空间	0.00	8.14	62.26	0.02	0.00
	城镇生活空间	1.68	28.87	294.94	0.00	0.00
	农村生活空间	0.38	60.75	369.82	0.28	0.00
	绿地生态空间	111.24	10204.71	61987.87	4921.11	118.24
	水域生态空间	15.20	170.69	932.44	2.25	0.00
	其他生态空间	20.25	2783.09	7774.36	518.63	39.62
2005 年	农业生产空间	73.99	3012.93	18265.50	419.58	0.60
	工矿生产空间	0.00	17.22	93.56	0.00	0.00
	城镇生活空间	2.01	44.74	333.17	0.00	0.00
	农村生活空间	1.01	113.95	733.69	4.28	0.00
	绿地生态空间	119.11	10155.76	60680.82	4791.62	125.82
	水域生态空间	11.43	204.01	1041.34	4.41	0.00
	其他生态空间	24.03	2787.51	7783.58	524.85	31.48

年份	国土空间类型	高程梯度				
		≤500m	500~1500m	1500~2500m	2500~3500m	≥3500m
2009年	农业生产空间	89.26	4361.70	25049.13	867.17	0.47
	工矿生产空间	2.21	157.02	795.41	9.74	0.00
	城镇生活空间	3.80	113.93	723.24	0.56	0.00
	农村生活空间	2.47	245.34	1491.01	31.85	0.00
	绿地生态空间	59.82	7855.27	51198.02	3942.21	92.11
	水域生态空间	16.14	326.08	1377.39	6.75	0.00
	其他生态空间	57.88	3276.79	8297.45	886.44	65.34
2015年	农业生产空间	87.41	4345.37	24794.96	868.03	0.47
	工矿生产空间	4.03	176.40	946.85	10.41	0.00
	城镇生活空间	5.35	151.14	960.48	0.97	0.00
	农村生活空间	2.68	253.17	1556.89	32.37	0.00
	绿地生态空间	58.02	7841.27	51074.12	3941.62	92.11
	水域生态空间	17.65	323.15	1374.24	6.75	0.00
	其他生态空间	56.42	3245.61	8224.11	884.58	65.35

(1)不同高程梯度下的生产空间分布特征及演变规律。

由表5-7和图5-6可以看出,4个时点,农业生产空间在1500~2500m高程范围内的面积最大,占比分别为15.72%、16.40%、22.49%和22.26%,2015年占比略微下降,但占比整体呈增加趋势;在500~1500m高程范围内,农业生产空间面积占比从2000年的2.76%增加至2015年的3.90%,主要由于中低海拔区域的其他国土空间类型容易通过土地整治等转为农业生产空间;在2500~3500m高程范围内,农业生产空间面积总体呈增加态势,占比由2000年的0.27%增至2015年的0.78%,说明中高海拔区域的农业生产空间受人为干扰较大,人为垦荒现象依然存在;在高程≤500m范围内,农业生产空间面积未发生较大变化,且面积占比较小,这是由于低海拔区域以河流水系为主,主要为昆明市境内的金沙江与普渡河,玉溪市境内的小河底河与元江干流;在高程≥3500m范围内,无农业生产空间分布,因为受土壤类型、气候温度等因素影响,高海拔区域不适宜开展农业生产活动。工矿生产空间主要分布在500~2500m高程范围内,面积呈增加态势,占比从2000年的0.07%增至2015年的1.01%,这与工矿生产空间趋向于区位和交通条件较好的地区有关;低海拔区域主要以水系和农业生产空间为主,使得在高程≤500m范围内无工矿生产空间分布;随着海拔的升高,受地形因素影响,工矿生产空间开发受限,加之自然条件和交通条件的恶劣,不适合开展大规模的生产活动,因此,高程≥2500m以上的区域,工矿生产空间面积仅占0.02%。

（2）不同高程梯度下的生活空间分布特征及演变规律。

由表5-7和图5-6可以看出，4个时点，城镇生活空间和农村生活空间呈现相似的分布规律，在高程≤500m和≥3500m范围内，均无分布；在500~2500m高程范围内，城镇生活空间面积占比从2000年的0.29%增至2015年的1.00%，农村生活空间面积占比从2000年的0.38%增至2015年的1.62%，两种生活空间类型面积均呈增加态势，且各研究时点之间占比相差0.05%~0.10%，面积占比较为稳定；在2500~3500m高程范围内，无城镇生活空间分布，农村生活空间面积占比仅0.03%，说明生活空间分布更倾向于中低海拔、中海拔或平均海拔附近，而高海拔区域的气候及生态条件较为恶劣，生活基础设施和交通可达性均较差，不适宜作为生活空间开发选址区域，高原科学家把3000m定义为人体反应临界高度，不适宜人类居住。

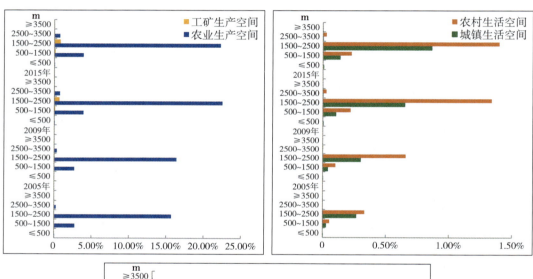

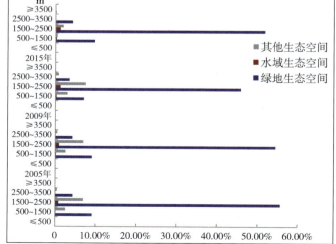

图5-6　2000—2015年滇中城市群不同高程梯度下各国土空间类型的面积占比

（3）不同高程梯度下的生态空间分布特征及演变规律。

由表 5-7 和图 5-6 可以看出，4 个时点，在 500~2500m 高程范围内，绿地生态空间面积最多，与生产、生活空间分布一致，但有着较为明显的空间异质性。在高程≥2500m 以上区域，分布绿地生态空间，其面积变化呈阶段性特征，占比先由 2000 年的 4.52% 减至 2009 年的 3.62%，说明存在其他空间类型占用绿地生态空间现象，2009 年以后绿地生态空间面积占比保持在 3.62%；在高程≤500m 范围内，各年份均有少量分布，占比介于 0.05%~0.11%。水域生态空间以高程在 500~2500m 范围内分布最多，其次为高程≤500m 范围内；在 2500~3500m 高程范围内，水域分布极少，面积仅占 0.01%；而高程≥3500m 的区域，无水域生态空间分布，这与水的流动性有关。其他生态空间主要是一些裸土地、其他未利用地等，在高程≤500m 范围内分布极少，面积仅占 0.05%；在高程≥2500m 范围内，主要分布裸岩石质地，面积占比介于 0.50%~0.85%，该高程梯度内的空间利用难度较大，具有较好的生态开发价值。

综上所述，生产空间和生活空间主要分布在中低海拔和中海拔区域，绿地生态空间和其他生态空间主要分布在中高海拔和高海拔区域，水域生态空间更倾向于分布在低海拔和中低海拔区域。说明处于低海拔、中低海拔和中海拔区域的国土空间类型受人类活动影响较大，且适宜作为生产空间和生活空间开发建设；随着高程的逐渐增加，人类对国土空间开发利用强度逐渐减弱，因此，中高海拔和高海拔区域更多的是体现生态服务价值，更适宜作为生态空间进行利用和保护。

2）不同坡度梯度下国土空间分布特征演变

参照中国农业区划委员会颁发的《土地利用现状调查技术规程》，结合研究区实际情况，将坡度划分为五级：≤2°（平地）、2°~8°（平坡）、8°~15°（缓坡）、15°~25°（斜坡）和>25°（陡坡），并统计不同坡度梯度分级内 4 个时点的各国土空间类型的面积及占比构成，见表 5-8、图 5-7。

表 5-8 　　　2000—2015 年滇中城市群不同坡度梯度下各国土空间类型的面积 （单位：km²）

年份	国土空间类型	坡度梯度				
		≤2°	2°~8°	8°~15°	15°~25°	>25°
2000 年	农业生产空间	516.39	5522.22	6357.10	5445.65	3135.68
	工矿生产空间	4.57	27.44	24.66	10.85	2.92
	城镇生活空间	11.03	127.21	117.37	57.37	12.56
	农村生活空间	19.37	174.00	142.90	72.58	22.43
	绿地生态空间	704.83	10633.98	18952.19	25264.91	21785.96
	水域生态空间	638.87	150.21	147.02	106.47	78.09
	其他生态空间	200.09	1320.47	2728.82	3237.38	3649.21

续表

年份	国土空间类型	坡度梯度				
		≤ 2°	2°~8°	8°~15°	15°~25°	>25°
2005 年	农业生产空间	521.64	5086.28	6374.13	5950.76	3841.98
	工矿生产空间	7.88	42.78	35.89	18.53	5.72
	城镇生活空间	15.92	144.17	133.09	69.05	17.75
	农村生活空间	41.75	308.82	276.33	157.98	68.08
	绿地生态空间	703.46	10626.57	18722.24	24587.19	20981.20
	水域生态空间	553.16	207.25	207.36	173.65	119.92
	其他生态空间	210.54	1329.67	2721.03	3238.03	3652.20
2009 年	农业生产空间	626.87	6940.15	9018.49	8517.25	5267.82
	工矿生产空间	27.98	284.56	317.02	227.57	107.43
	城镇生活空间	36.30	343.98	288.74	139.32	33.30
	农村生活空间	42.64	462.26	550.05	446.59	269.23
	绿地生态空间	597.40	7922.03	15043.96	20789.81	18794.66
	水域生态空间	633.64	285.31	305.35	281.54	218.90
	其他生态空间	129.52	1717.24	2946.44	3793.10	3995.55
2015 年	农业生产空间	612.15	6815.04	8933.26	8478.92	5259.89
	工矿生产空间	33.19	337.88	373.21	267.62	125.99
	城镇生活空间	48.33	456.19	385.24	182.90	45.45
	农村生活空间	47.09	487.92	572.65	460.78	276.78
	绿地生态空间	593.58	7885.66	14992.89	20757.26	18778.26
	水域生态空间	633.35	285.48	302.22	279.54	219.33
	其他生态空间	126.65	1687.37	2910.59	3768.16	3981.18

（1）不同坡度梯度下的生产空间分布特征及演变规律。

由表5-8和图5-7可以看出，4个时点，农业生产空间在不同坡度梯度分级内均有分布，且随时间推移，虽然面积均呈现先增加后小幅减少的趋势，但总体上呈增加态势。以2°~8°的平坡和8°~15°缓坡范围内的农业生产空间面积占比最大，从2000年的10.66%增至2015年的14.14%，其次为15°~25°的斜坡范围内的面积占比较大；由于受地形坡度影响，坡度越大，地势越陡，陡坡区域仅有少量的水田和旱地分布，致使坡度>25°的陡坡区域的农业生产空间面积有所减少；≤2°的平地范围内的农业生产空间面积相对较小，占比介于0.46%~0.56%，原因是研究区平地面积有限且又有水系发育。工矿生产空间面积随时间推移呈逐渐增加态势，仍以分布在2°~8°的平坡和8°~15°的缓坡为主，而≤2°的平地、15°~25°的斜坡和>25°的陡坡范围内的面积相对较小。

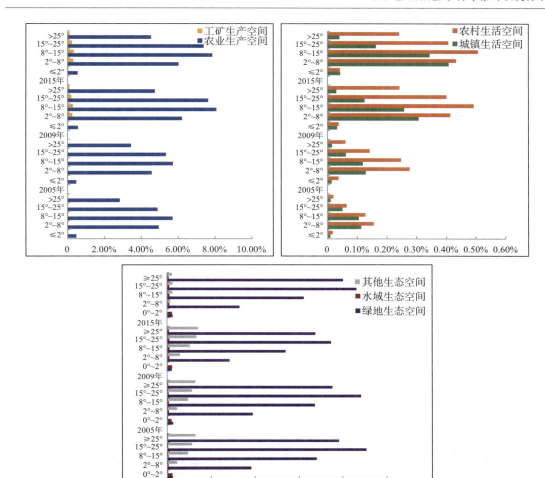

图 5-7 2000—2015 年滇中城市群不同坡度梯度下各国土空间类型的面积占比

（2）不同坡度梯度下的生活空间分布特征及演变规律。

由表 5-8 和图 5-7 可以看出，4 个时点，城镇生活空间和农村生活空间呈现相似的分布规律，两种生活空间在不同坡度梯度分级内均有分布，且随时间推移，两种生活空间的面积呈增加趋势，以平坡、缓坡及斜坡的面积分布最多，这与云南省采取的"建设用地上山"、低丘缓坡开发等政策措施相吻合，生活空间逐渐向缓坡地带扩张。在坡度≤2°的平地范围内，两种生活空间均有少量分布，但面积依然呈逐年上升趋势，说明坡度平缓的区域内建设用地占用耕地现象仍突出；考虑到坡度>25°的区域较陡，开发难度受限，不宜用作居民住宅用地，但研究期间该坡度级别内仍分布城镇生活空间和农村生活空间，面积呈逐年增加，但增加面积较小，认为其增长的原因可能是在排除安全隐患的前提下进行适当的住宅用地布局。

（3）不同坡度梯度下的生态空间分布特征及演变规律。

由表 5-8 和图 5-7 可以看出，4 个时点，绿地生态空间分布与生产空间和生活空间恰好相反，其在斜坡和陡坡上的分布优势要高于平地、平坡及缓坡的分布优势，占比介于31.84%~48.58%；而在平地、平坡及缓坡区域，绿地生态空间面积总体上呈减少态势，这是由于在这些坡度分级内，生态空间容易受到人类活动影响，表现出较强的敏感性。水域生态空间和其他生态空间在不同坡度梯度下均有分布，水域生态空间在平地、平坡及缓坡上的分布优势更明显，斜坡和陡坡上的水域生态空间面积未发生太大变化；而其他生态空间则表现出在斜坡和陡坡上的分布优势。因此，在斜坡与陡坡区域分布的水域生态空间和其他生态空间受人类活动影响较小，适宜生态功能的发挥。

综上所述，随着坡度的增大，生产空间和生活空间的面积呈先增加后减少趋势，表现出在平缓坡上的分布优势，而绿地生态面积则表现出在斜坡和陡坡上的分布优势，水域生态空间和其他生态空间在斜坡和陡坡上的分布受人类活动影响较小。总体上，生产空间、生活空间和生态空间分布在平地、平坡和缓坡受人类活动影响要明显高于分布于斜坡和陡坡。因此，在未来国土空间开发利用格局优化中，可将坡度较大的区域作为生态空间进行利用和保护，而坡度较小的区域作为生产空间、生活空间进行再开发或调整。

3）不同坡向梯度下国土空间分布特征演变

根据坡向界定原理，将坡度按方向法分为正阴向（337.5°~360°，0°~67.5°）、半阴向（67.5°~112.5°，292.5°~337.5°）、半阳向（112.5°~157.5°，247.5°~292.5°）和正阳向（157.5°~247.5°），并统计不同坡向梯度分级内4个时点的各国土空间类型的面积及占比构成，见表5-9、图5-8。

表 5-9　　　　**2000—2015 年滇中城市群不同坡向梯度下各国土空间类型的面积**　（单位：km²）

年份	国土空间类型	坡向梯度			
		正阴向	半阴向	半阳向	正阳向
2000 年	农业生产空间	4920.69	5201.61	5481.67	5372.82
	工矿生产空间	19.95	18.60	14.79	17.09
	城镇生活空间	82.61	81.91	83.13	77.87
	农村生活空间	107.60	105.97	109.81	107.91
	绿地生态空间	19014.86	20047.56	19827.69	18451.22
	水域生态空间	749.20	119.42	123.92	128.12
	其他生态空间	2784.44	2783.77	2784.04	2783.73
2005 年	农业生产空间	5410.23	5499.24	5551.56	5313.37
	工矿生产空间	31.05	28.37	25.38	26.00
	城镇生活空间	99.28	94.06	98.98	87.65
	农村生活空间	231.05	219.23	213.29	189.39
	绿地生态空间	18389.79	19551.34	19567.78	18362.25
	水域生态空间	731.66	182.67	180.27	166.62
	其他生态空间	2786.27	2783.94	2787.78	2793.50

年份	国土空间类型	坡向梯度			
		正阴向	半阴向	半阳向	正阳向
2009 年	农业生产空间	7477.57	7757.30	7792.66	7342.54
	工矿生产空间	224.66	242.76	249.70	247.44
	城镇生活空间	208.81	210.82	210.38	211.63
	农村生活空间	455.77	435.62	446.27	433.12
	绿地生态空间	15641.45	16278.72	16127.04	15100.87
	水域生态空间	878.48	282.57	291.65	272.17
	其他生态空间	2792.61	3151.07	3307.36	3330.96
2015 年	农业生产空间	7411.67	7689.84	7720.46	7276.63
	工矿生产空间	269.25	287.66	293.74	287.23
	城镇生活空间	275.24	281.29	281.38	280.19
	农村生活空间	474.18	453.00	466.62	451.46
	绿地生态空间	15604.91	16243.89	16091.35	15067.74
	水域生态空间	876.83	280.15	290.24	272.87
	其他生态空间	2767.27	3123.01	3281.26	3302.64

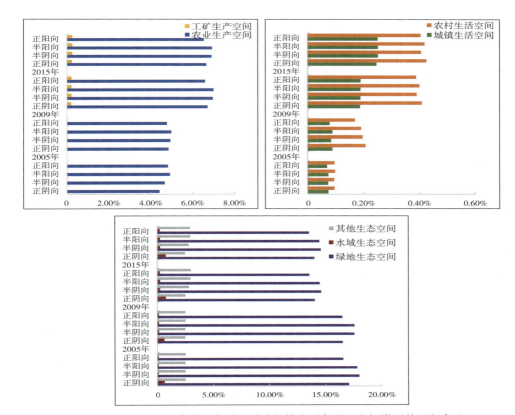

图 5-8　2000—2015 年滇中城市群不同坡向梯度下各国土空间类型的面积占比

(1) 不同坡向梯度下的生产空间分布特征及演变规律。

由表 5-9 和图 5-8 可以看出，4 个时点，农业生产空间在不同坡向梯度分级内均有分布，且差异较小。随时间推移，不同坡向梯度分级内农业生产空间面积均呈现先增加后减少趋势，但总体呈增加态势。具体表现为：2000—2009 年各坡向内农业生产空间的面积呈增加趋势，其中 2000—2005 年面积增长幅度 5.00%~9.00%，2005—2009 年各坡向内面积增加较多，涨幅均在 38.00%~41.00%；2009—2015 年各坡向内面积呈减少趋势，但减少面积较小，减幅在 0.87%~0.92%。总体而言，分布在向阳坡 (半阳向、正阳向) 和向阴坡 (半阴向、正阴向) 的农业生产空间面积变化不大，占比相对稳定。原因是研究区地形破碎且平地面积有限，只要能基本满足农业耕种条件的土地就对其进行农业生产开发利用，所以不存在坡向优势。工矿生产空间面积随时间推移呈逐渐增加趋势，但增加面积较小，仍以 2005—2009 年各坡向面积增加最多，其中正阴向内面积增加 193.61km²；半阴向内面积增加 214.39km²；半阳向内面积增加 224.32km²；正阳向内面积增加 221.44km²。总体上，2000—2005 年，分布在向阴坡上的工矿生产空间面积略大于向阳坡；2009—2015 年，分布在向阳坡上的工矿生产空间面积略大于向阴坡，研究期间各坡向面积占比变化不大。

(2) 不同坡向梯度下的生活空间分布特征及演变规律。

由表 5-9 和图 5-8 可以看出，4 个时点，城镇生活空间和农村生活空间面积在不同坡向梯度分级内均匀分布。随时间推移，不同坡向梯度分级内两种生活空间面积均呈现逐渐增加趋势。2005—2009 年两种生活空间面积增加均较大，其中城镇生活空间面积涨幅在 110.33%~141.44%，农村生活空间面积涨幅在 97.25%~128.69%，这与前文所述原因一致。总体而言，分布在向阴坡上的生活空间面积占比与分布在向阳坡生活空间面积占比变化不大，两种生活空间选址对于坡向的选择性不强，但由于人类居住习惯，对于生活空间的选址更倾向于向阳坡。

(3) 不同坡向梯度下的生态空间分布特征及演变规律。

由表 5-9 和图 5-8 可以看出，4 个时点，绿地生态空间在不同坡向梯度分级内均匀分布，无明显坡向优势。随时间推移，不同坡向梯度分级内绿地生态空间面积呈现递减趋势，具体表现为：2000—2009 年，不同坡向梯度分级内绿地生态空间面积呈大幅减少，2009—2015 年，减少幅度有所降低，导致这一现象的原因与前文所述一致，2009 年以前绿地生态空间面积受其他国土空间类型挤压和占用，使得面积减少，2009 年以后退耕还林、还草成效凸显，面积减少量有所控制。水域生态空间在不同坡向梯度分级内均有分布，差异较大。2000 年分布在向阴坡的水域生态空间面积为 868.62km²，分布在向阳坡的面积为 252.04km²；2005 年分布在向阴坡的水域生态空间面积为 914.33km²，分布在向阳坡的面积为 349.89km²；2009 年分布在向阴坡的水域生态空间面积为 1161.05km²，分布在向阳坡的面积为 563.82km²；2015 年分布在向阴坡的水域生态空间面积为 1156.99km²，分布在向阳坡的面积为 563.11km²。由此可见，向阴坡优势度明显，原因可能与坡向分级有关，在坡向分级中将平地划入向阴坡范围内。其他生态空间在不同坡向梯度分级内也均有分布，但各年份分布在向阳坡上的面积大于向阴坡，向阳坡更具优势，原因是其他生态空间主要是裸地、空闲地等，这些地类多分布在地势均较高的区域，光照条件较好，但开发受限。

综上所述，研究区所有国土空间类型在不同坡向梯度分级上均有分布。生产空间、生活空间和绿地生态空间在各坡向上的分布差异较小，无明显坡向优势，但由于人类居住习惯，对于生活空间的选址更倾向于向阳坡；水域生态空间分布倾向于向阴坡，而其他生态空间分布倾向于向阳坡。总之，坡向对研究区国土空间类型分布的影响较小，且无明显规律，尽管在某一两种空间类型上表现出一定的选择性，但是选择性不强。

5.2.2 多尺度国土空间结构演变分析

1. 行政尺度的国土空间利用程度演变

土地作为国土空间最核心的资源，任何开发利用均是以土地资源为载体而进行的，体现了人类改造土地景观的强度（许艺萍，2009），因此土地利用程度实际上可认定为是国土空间利用程度的直接反映。本节采用土地利用程度综合指数法，以行政尺度（城市群尺度、市域尺度、县域尺度）为单位，以 2000 年、2005 年、2009 年和 2015 年为时间节点，测算各时点研究区的国土空间利用程度综合指数，分析其演变情况。

1）城市群、市域尺度国土空间利用程度指数演变

2000—2015 年城市群、市域尺度国土空间利用程度指数见表 5-10。从时间变化上看，城市群尺度和市域尺度的国土空间利用程度指数均呈现两两相近的态势，即 2000 年和 2005 年、2009 年和 2015 年的国土空间利用程度指数较为相近，且后两年的国土空间利用程度高于前两年的利用程度，这与云南省推行的相关土地政策有关。从城市群尺度来看，随时间推移，国土空间利用程度指数逐年增加，反映出滇中城市群国土空间利用程度逐年提高，且各年份国土空间利用程度指数均高于云南省平均水平（111.47）；从市域尺度来看，研究时点，昆明市、曲靖市、玉溪市、红河州 7 个县市的国土空间利用指数总体上高于楚雄州，说明楚雄州国土空间利用集约度有待提高。

表 5-10　　　城市群尺度、市域尺度国土空间利用程度指数变化表

行政尺度	区域名称	2000 年	2005 年	2009 年	2015 年
城市群尺度	滇中城市群	120.21	121.84	132.77	133.31
市域尺度	昆明市	121.42	123.73	138.12	139.37
	曲靖市	122.76	124.30	141.74	142.09
	玉溪市	120.15	121.21	128.01	128.40
	楚雄州	117.74	119.39	120.37	120.75
	红河州 7 个县市	118.65	120.06	135.61	136.00

2）县域尺度国土空间利用程度指数演变

2000—2019 年县域尺度国土空间利用程度指数及空间格局分布差异情况如图 5-9、表

5-11 所示。经分析发现呈现以下特点：

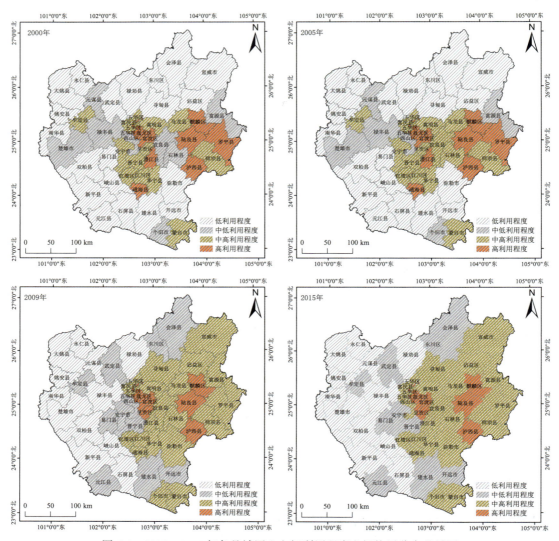

图 5-9　2000—2015 年各县域国土空间利用程度空间格局分布差异图

表 5-11　　　　　　　　　　　县域尺度国土空间利用程度指数变化表

县域名称	2000 年	2005 年	2009 年	2015 年
五华区	136.95	140.39	157.21	157.63
西山区	120.29	125.69	134.99	137.12
盘龙区	145.33	150.72	153.27	154.20
官渡区	137.12	138.84	168.25	173.70
东川区	109.96	112.02	127.36	127.62

县域名称	2000 年	2005 年	2009 年	2015 年
呈贡区	131.32	134.22	169.70	175.66
晋宁县	128.46	130.59	132.58	134.76
富民县	133.73	132.69	137.01	137.69
宜良县	126.09	129.74	144.39	145.04
石林县	125.12	129.01	148.89	149.56
嵩明县	131.64	134.75	143.53	147.34
禄劝县	111.75	113.79	123.46	123.68
寻甸县	114.76	116.06	142.28	142.89
安宁市	127.22	128.02	132.95	135.11
麒麟区	139.72	141.95	157.13	158.71
沾益区	116.31	116.64	139.65	140.14
马龙县	130.82	133.36	139.85	140.42
陆良县	142.81	146.02	156.09	156.74
师宗县	130.91	131.21	139.30	139.51
罗平县	139.67	138.96	136.37	136.57
富源县	121.47	122.20	148.81	149.13
会泽县	112.28	114.36	129.16	129.35
宣威市	111.42	114.08	146.79	146.89
楚雄市	124.65	126.15	119.60	120.07
南华县	113.33	113.96	123.84	124.06
牟定县	128.04	130.27	127.32	127.68
双柏县	111.01	113.34	114.71	114.96
姚安县	114.70	117.24	121.08	121.31
大姚县	114.72	115.70	116.85	117.15
永仁县	113.61	115.22	115.83	116.55
元谋县	124.13	124.26	121.09	122.11
武定县	114.57	117.43	125.95	126.14
禄丰县	121.43	123.09	123.87	124.14
红塔区	128.15	132.08	140.17	141.60
江川区	134.56	135.72	139.42	139.96
澄江县	136.49	137.79	136.21	137.46

续表

县域名称	2000 年	2005 年	2009 年	2015 年
通海县	137.91	140.22	138.47	138.89
华宁县	133.24	132.44	145.87	146.24
易门县	116.52	117.81	125.20	125.57
峨山县	113.87	115.15	118.12	118.37
新平县	112.70	113.16	121.53	121.70
元江县	115.87	116.92	125.84	126.02
蒙自市	127.28	128.14	148.27	148.94
个旧市	120.71	121.59	141.17	141.53
建水县	113.41	115.35	129.85	130.13
开远市	114.60	115.10	133.22	133.48
弥勒市	115.74	116.99	135.83	136.31
泸西县	143.15	144.80	155.09	155.66
石屏县	111.02	113.15	121.61	121.85

（1）研究时段内，各县域国土空间利用程度指数呈逐年增加趋势，反映出滇中城市群国土空间利用程度逐年提高。其中以五华区、盘龙区、官渡区、呈贡区、麒麟区、陆良县和泸西县的国土空间利用程度增加最明显。随着城市化进程不断加快，必将带来对生活空间和工矿生产空间更大的需求。

（2）研究时段内，县域尺度的国土空间利用程度总体较高。仅 2000 年东川区国土空间利用程度（109.96）和双柏县国土空间利用程度（111.01）低于全省平均水平，在其他年份其余县域均高于全省平均水平。

（3）研究时段内，县域国土空间利用程度呈现两两相似的分布格局，但总体上均以中部、东部的利用程度高，其他区域的利用程度低或较低，其原因是受地势影响，国土空间开发利用受限。国土空间利用程度高的区域集中在官渡区、五华区、盘龙区、呈贡区、麒麟区等县域；国土空间利用程度低的区域集中在东川区、双柏县、峨山县、元江县等县域；值得注意的是，2009 年以后，原属利用程度指数低的地区，如宣威市、沾益区、建水县、寻甸县等均有所提高，这些地区受"建设用地上山"土地政策影响，在不危及人类生产、生活安全的前提下，在土地开发坡度允许范围内进行土地开发利用，使得国土空间利用程度增加，集约节约度明显提高。

2. 行政尺度国土空间结构信息熵演变

国土空间结构系统在不断演变中，信息熵理论可以用来刻画国土空间这个复杂系统内

部的变动趋势，有利于对国土空间类型结构演变的动态性和有序性进行测度。根据信息熵
公式，计算不同行政区尺度的国土空间结构信息熵、均衡度和优势度。

1）城市群尺度国土空间结构信息熵演变分析

由图5-10可以看出，2000—2015年城市群尺度国土空间结构信息熵和均衡度均呈现
波动中趋向上升态势，优势度的变化趋势则正好相反。说明研究区国土空间类型转换程度
逐步加剧，但国土空间结构趋于均衡。具体变化趋势可以分为3个阶段（2000—2005年，
2005—2009年，2009—2015年），各阶段国土空间结构信息熵均有不同程度的增长。
2000—2005年国土空间结构信息熵值从0.60 Nat上升至0.64 Nat，均衡度保持不变，该
阶段内信息熵和均衡度均最低；2005—2009年国土空间结构信息熵值从0.64 Nat上升至
1.13 Nat，均衡度从0.05上升至0.10，该阶段内信息熵有较大幅度的提高，表明研究区
国土空间结构变化加快且变化最大，虽然各国土空间类型比例不断调整，但各用地类型比
例差别较小；2009—2015年国土空间结构信息熵值从1.13 Nat上升至1.15 Nat，为最高
点，均衡度保持不变，表明研究区国土空间结构持续变化，变化速度有所放缓，但各国土
空间类型转换增加，原因是随着城镇化和工业化发展进程的加快，加之云南省土地新政策
的推行，研究区城镇规模结构和空间布局的不断调整和完善，国土空间结构发生了新一轮
的变化。

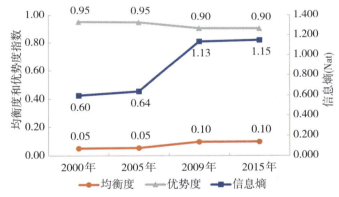

图5-10 2000—2015年城市群尺度国土空间结构信息熵、均衡度和优势度

2）市域尺度国土空间结构信息熵演变分析

从总体态势和不同阶段变化趋势来看，市域尺度的国土空间结构信息熵等变化趋势和
城市群尺度一致，呈现波动中趋向上升的态势，优势度的变化趋势则正好相反（表5-12、
图5-11）。各市域国土空间结构信息熵和均衡度均表现为2000年最低，说明各市域当年国
土空间结构变化较小，各国土空间类型占比最不均衡，2005年稍有提高，至2009年有较
大幅度的提高，此时国土空间结构最不稳定，而2015年持续提高并达最高点。总体上，
各市域国土空间结构稳定性经历了"最低—稍高—较高—最高"的演变趋势。从各年份各
市域国土空间结构信息熵大小排序来看，由大到小排序依次为：2000年昆明市、玉溪市、
曲靖市、红河州7个县市、楚雄州，2005年昆明市、玉溪市、曲靖市、红河州7个县市、

楚雄州，2009 年昆明市、红河州 7 个县市、曲靖市、玉溪市、楚雄州，2015 年昆明市、红河州 7 个县市、曲靖市、玉溪市、楚雄州。总体上，楚雄州国土空间结构最稳定，曲靖市、玉溪市和红河州 7 个县市国土空间结构变化较大，昆明市国土空间结构最不稳定，这与市域经济发展、产业发展及人类活动有关。

表 5-12　**2000—2015 年市域尺度国土空间结构信息熵、均衡度和优势度指数表**

市域	信息熵				均衡度				优势度			
	2000 年	2005 年	2009 年	2015 年	2000 年	2005 年	2009 年	2015 年	2000 年	2005 年	2009 年	2015 年
昆明市	0.69	0.75	1.28	1.39	0.07	0.07	0.13	0.13	0.93	0.93	0.87	0.87
曲靖市	0.61	0.65	1.15	1.17	0.06	0.06	0.11	0.11	0.94	0.94	0.89	0.89
玉溪市	0.63	0.67	1.05	1.07	0.07	0.07	0.11	0.11	0.93	0.93	0.89	0.89
楚雄州	0.49	0.53	0.93	0.93	0.05	0.05	0.09	0.09	0.95	0.95	0.91	0.91
红河州 7 个县市	0.55	0.59	1.17	1.18	0.06	0.06	0.12	0.12	0.94	0.94	0.88	0.88

图 5-11　2000—2015 年市域尺度国土空间结构信息熵、均衡度和优势度动态变化

3）县域尺度国土空间结构信息熵演变分析

2000—2015 年县域尺度国土空间结构信息熵变化趋势基本一致（图 5-12），均呈先增加后下降趋势，2009 年以后县域国土空间信息熵发生变化较大，这与城市群尺度、市域尺度所反映的变化特征相一致。县域国土空间结构信息熵发生变化的原因是研究区所辖市域部分城区的国土空间功能定位发生改变，国土开发强度加大，如呈贡区功能定位由以前的蔬菜、花卉基地转为政治、文化、教育中心，官渡区则作为昆明国际新机场和螺蛳湾国际商贸城的选址等，使得信息熵有所增加。

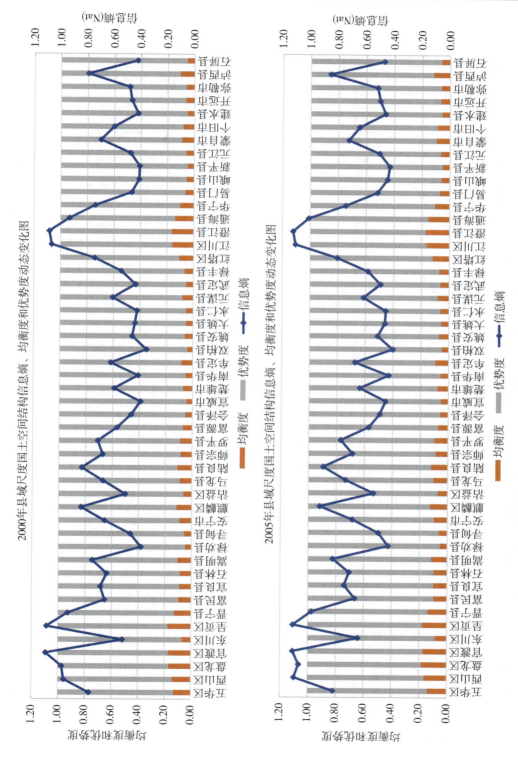

图5-12 2000—2015年滇中城市群县域尺度国土空间结构信息熵、均衡度和优势度动态变化图

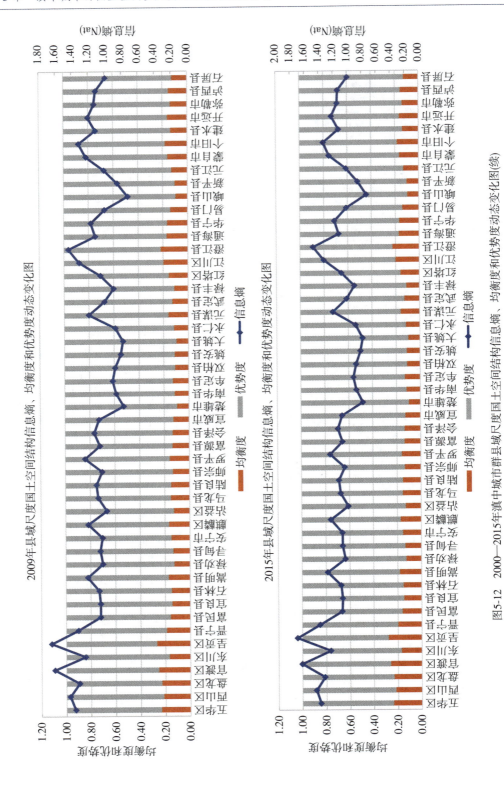

图5-12 2000—2015年滇中城市群县域尺度国土空间结构信息熵、均衡度和优势度动态变化图(续)

将计算所得的各年份各县域信息熵划分为4类，即低信息熵、中低信息熵、中高信息熵和高信息熵，并制作县域尺度国土空间结构信息熵格局分布图（图5-13），发现2000年和2005年中部和东部的国土空间结构信息熵较高，其中澄江县、江川县、呈贡区、官渡区最高，说明这些区域国土空间结构最不稳定；中低信息熵主要集中在中高信息熵和高信息熵县域周围；低信息熵分布在北部、东北部、西北部、西南部，其中以禄劝县、东川区、元江县和双柏县最低，这些区域受地形影响，开发难度受限，国土空间结构最稳定。

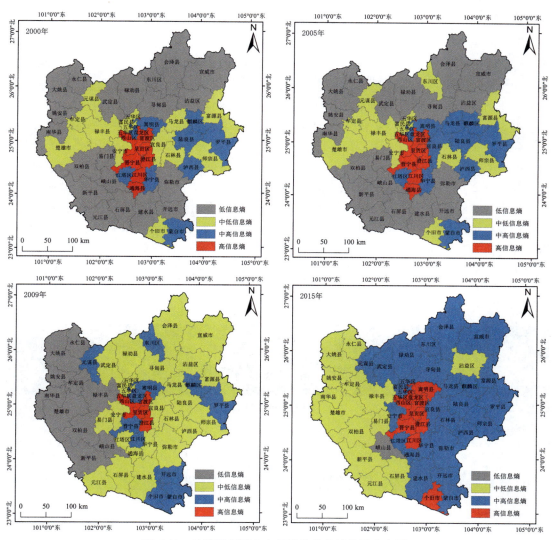

图5-13　县域尺度国土空间结构信息熵格局分布图

2009年和2015年国土空间结构信息熵分类位置发生较大变化。2009年国土空间结构高信息熵、中高信息熵和中低信息熵县域主要集中分布在研究区中部以东，低信息熵县域分布在中部以西，其中以呈贡区、官渡区、澄江县和蒙自市最高，以峨山县、楚雄市、大姚县等最低；2015 年国土空间结构高信息熵、中高信息熵县域主要集中分布研究区中部以东，中低信息熵和低信息熵县域分布在中部以西，其中以五华区、盘龙区、官渡区、嵩明县、晋宁县和个旧市等最高，以峨山县最低。该时段内县域国土空间结构信息熵变化以从中低信息熵转为中高信息熵为主，如会泽县、宣威市、陆良县、宜良县、石林县、建水县等 17 个县域；低信息熵转为中低信息熵的县域有永仁县、大姚县、姚安县、南华县、牟定县、禄丰县、楚雄市、双柏县、新平县。

3. 栅格尺度国土空间结构分维数时空演变

本节基于景观层次角度和类型层次，运用 Fragstats 软件分别计算 2000—2015 年研究区国土空间结构分别在 500m×500m、1000m×1000m、2000m×2000m 栅格尺度上的分维数，并分析时段内的国土空间结构分维数及稳定性时空演变特征。

1) 景观层次栅格多尺度国土空间结构分维数及稳定性分析

由表 5-13 和图 5-14 可以看出，研究区分维数值介于 1.53~1.67，国土空间结构复杂性较高，表明 15 年间研究区国土空间格局受人类活动影响较为严重，结构边界较不规则。时间纵向上，三种栅格尺度下的国土空间结构分维数随时间推移呈先增加后减少趋势，表现为 2000—2009 年分维数呈增加态势，2009—2015 年分维数呈减少态势，其原因可能受云南省土地、经济政策驱动，国土空间功能定位发生改变，国土空间结构受到高强度的人类活动及经济发展影响；尺度横向上，分维数随尺度的增大呈逐年增加趋势，并在三种栅格尺度上出现不明显拐点特征，这与吕志强等(2007)研究结果类似，说明分维数具有明显的尺度效应。此外，研究时段内研究区国土结构的稳定性与分维数演变趋势一致。

表 5-13　　　　景观层次栅格多尺度国土空间结构分维数及稳定性变化表

年份	栅格尺度					
	500m×500m		1000m×1000m		2000m×2000m	
	分维数	稳定性	分维数	稳定性	分维数	稳定性
2000 年	1.53	0.03	1.59	0.09	1.64	0.14
2005 年	1.62	0.12	1.63	0.13	1.66	0.16
2009 年	1.65	0.15	1.65	0.15	1.67	0.17
2015 年	1.63	0.13	1.65	0.15	1.67	0.17

2) 类型层次栅格多尺度国土空间结构分维数及稳定性分析

基于类型层次的三种栅格尺度下不同国土空间类型分维数和稳定性值如图 5-15 至图5-17 所示。经分析后发现，类型层次栅格多尺度国土空间结构分维数及稳定性呈现以下特点：

(1) 同一国土空间类型的分维数和稳定性值随尺度的增大而增大，如农业生产空间的分维数及稳定性值由大到小排序为：2000m×2000m 栅格尺度、1000m×1000m 栅格尺度、500m×500m 栅格尺度。

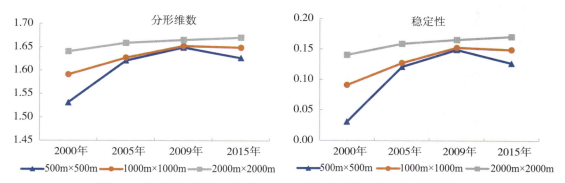

图 5-14 景观层次栅格多尺度国土空间结构分维数及稳定性动态变化图

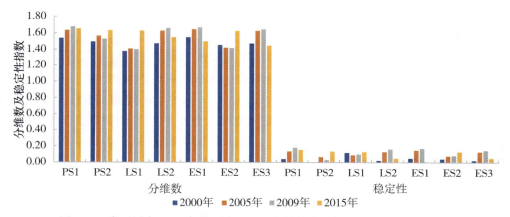

图 5-15 类型层次 500m 栅格尺度国土空间结构分维数及稳定性动态变化图

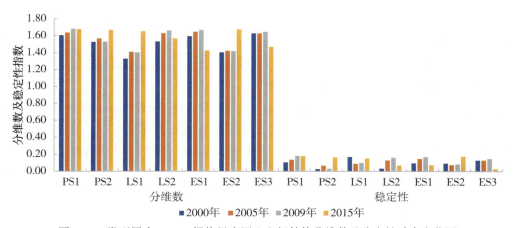

图 5-16 类型层次 1000m 栅格尺度国土空间结构分维数及稳定性动态变化图

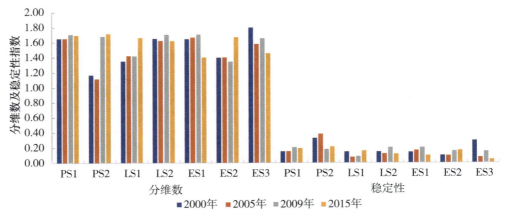

图 5-17　类型层次 2000m 栅格尺度国土空间结构分维数及稳定性动态变化图

（2）同一年份不同国土空间类型的复杂度及稳定性值比较。以 500m×500m 栅格尺度为例，2000 年复杂度从大到小顺序为：绿地生态空间（ES1）、农业生产空间（PS1）、工矿生产空间（PS2）、农村生活空间（LS2）、其他生态空间（ES3）、水域生态空间（ES2）、城镇生活空间（LS1）。2005 年复杂度从大到小顺序为：绿地生态空间（ES1）、农业生产空间（PS1）、农村生活空间（LS2）、其他生态空间（ES3）、工矿生产空间（PS2）、水域生态空间（ES2）、城镇生活空间（LS1）。2009 年复杂度从大到小顺序为：农业生产空间（PS1）、绿地生态空间（ES1）、农村生活空间（LS2）、其他生态空间（ES3）、工矿生产空间（PS2）、水域生态空间（ES2）、城镇生活空间（LS1）。2015 年复杂度从大到小顺序为：农业生产空间（PS1）、工矿生产空间（PS2）、城镇生活空间（LS1）、水域生态空间（ES2）、农村生活空间（LS2）、绿地生态空间（ES1）、其他生态空间（ES3）。研究时段内，绿地生态空间和农业生态空间分维数均排在前两位，因为这两种空间类型中的部分用地类型（如林地、牧草地、耕地）受人为因素影响较为明显，相对于其他空间类型复杂度更高，稳定性更低；城镇生活空间和工矿生产空间分维数排在后两位，这两种空间属建设用地，其利用方式改变相对较为困难，结构相对规范化。需要说明的是，2015 年城镇生活空间和工矿生产空间复杂度有较大增加，原因是与前文一致，是由研究区部分县域的国土空间功能定位发生较大变化，两种空间类型扩张迅速所导致。

（3）同一尺度、不同年份同一国土空间类型的复杂度比较（以 500m×500m 栅格尺度为例），主要表现为：①农业生产空间复杂度随时间推移呈先增后减态势，2000—2009 年增大，2009—2015 年减小。其原因是随着城镇化和工业化的发展，建设用地扩张迅速，研究区内耕地被大量占用，导致该空间类型复杂度较高，稳定性降低，后因国家加强耕地保护政策的贯彻落实，耕地破碎化得到遏制，使得后期复杂度有所下降。②工矿生产空间复杂度变化呈三个阶段，2000—2005 年增大，2005—2009 年减小，2009—2015 年增大。导致这一变化的原因：一方面可能是数据统计口径不一致而造成的；另一方面该空间类型在研究时间内交通运输用地及水利设施用地确实有较大变化，导致其复杂性增大，稳定性降低。③城镇生活空间复杂度随时间推移呈先增后减再增的态势，2000—2005 年研究区城镇生活空间表现为摊大饼式扩张，复杂度增大，2005—2009年得到加强管控，扩张速度稍有放缓，2009—2015年研究区国土空间功能定位发生大的转变，使得这一时段内城镇生活空间复杂度增大，稳定性减弱。④农村生活空间复杂度呈增加—减小态势，2000—2009年农村生活空间无序扩张，2009年以后由于"城中村改造"等相关土地政策的实施，使其结构变化逐渐规范化，稳定性增加。⑤绿地生态空间复杂度呈增大—减小态势，前期对林地砍伐严重、对牧草地的开垦等，导致结构不稳定，后期加强了对生态环境的保护，实施相关保护规划，该空间类型结构复杂度降低，稳定性加强。⑥水域生态空间复杂度呈减小—增大变化，水域为自然形成的，形状复杂且分布不均匀，复杂度较高。⑦其他生态空间复杂度在2000—2009年呈增大态势，2009—2015年呈减小态势，原因是2009年以前对未利用地的无序开发导致其复杂度增大，稳定性降低，2009年以后国土开发趋于合理，该空间类型结构复杂度有所降低，稳定性得到加强。

5.2.3 多尺度国土空间结构尺度效应分析

本节采用空间自相关分析法，借助GeoDa软件计算多尺度视角下的国土空间结构全局空间自相关Moran's I指数，分析在从不同行政尺度和栅格多尺度下的全局空间自相关性及尺度效应。

1. 行政区尺度国土空间结构尺度效应分析

由于空间自相关分析对样本数量有一定的要求，本节从市域、县域尺度视角出发，以国土空间利用程度和信息熵作为观测变量，构建K-近邻权重矩阵，计算2000年、2005年、2009年和2015年国土空间结构的全局Moran's I指数(表5-14)。

表5-14　　　　　不同行政尺度国土空间结构的全局 Moran's I 值

		2000年		2005年		2009年		2015年	
		Moran'I	Z值	Moran'I	Z值	Moran'I	Z值	Moran'I	Z值
国土空间利用程度	市域尺度	0.0230	0.4770	0.1258	0.6076	-0.1856	0.1180	-0.2009	0.1318
	县域尺度	0.4806	5.1899	0.4966	5.3960	0.5871	6.0279	0.5778	5.9761
信息熵	市域尺度	-0.6939	0.8628	-0.7010	0.9213	-0.6111	0.7466	-0.3846	0.2848
	县域尺度	0.5243	5.2636	0.4930	4.9699	0.5024	5.0417	0.5188	5.4582

从市域尺度来看，2000年和2005年的国土空间利用程度的全局Moran's I值为正值，表现出正空间自相关性，2009年和2015年为负值，表现出负相关性；信息熵的全局Moran's I均为负数，表现出负的空间自相关性。国土空间利用程度和信息熵的Z值均小于1.96，表明市域尺度的国土空间结构差异并不显著，处于随机状态。

从县域尺度来看，4个时点的国土空间利用程度全局Moran's I值均为正值，表现出正自相关性，且在2009年达到峰值，这与云南省实施"建设用地上山"政策有关，导致国土开发利用强度加大；信息熵也表现出正自相关性，在 2015 年时达到峰值，随着我国城镇规模结构和空间布局的不断调整和完善，促使滇中城市群所辖市域部分城区国土功能定位发生改变，国土空间结构变化较大。

综合国土空间利用程度和信息熵两个指标分析后发现，4 个时点的县域尺度国土空间利用程度和信息熵的 Moran's I 值均大于市域尺度，说明较小的县域行政尺度 Moran's I 指数的变化幅度大于较大的市域行政尺度。从 Z 值来看，县域尺度的 Z 值也均大于市域尺度。故此说明，国土空间结构存在行政尺度效应，县域尺度对国土空间结构的表征更"灵敏"，即与市域尺度相比，县域尺度更适合作为研究国土空间结构的适宜尺度。

2. 栅格多尺度国土空间结构尺度效应分析

利用 ArcGIS 软件中的 Creat Fishnet 工具创建栅格尺度为 500m×500m 至 3000m×3000m 的空间格网，并以 500m 为步长进行进一步的栅格单元划分，以景观多样性指数作为观测变量，基于构建的 K-近邻权重矩阵，计算得到 2000 年、2005 年、2009 年和 2015 年景观多样性指数的全局 Moran's I 值。

结果表明（表 5-15、图 5-18）：①4 个时点的景观多样性全局 Moran's I 值均为正值，说明景观多样性具有一定聚集性，非离散随机分布；②随栅格尺度的增大，各年份的景观多样性全局 Moran's I 值总体呈下降趋势，说明景观多样性及空间格局存在空间自相关性，且空间相关性呈减弱趋势，这与郭恒亮等（2018）的研究结论一致；③4 个年份的景观多样性 Moran's I 值响应曲线变化情况基本一致，不同栅格尺度随时间推移，Moran's I 值呈现增加—减少或增加—减少—增加—减少的趋势，表现为在 2005 年处于最低值，2009 年达到峰值。原因可能受数据分类误差影响则导致 2005 年景观多样性 Moran's I 值较低，又或是该时点上国土空间利用类型确实较为单一；由于"建设用地上山"和低丘缓坡开发等土地政策实施，国土空间利用类型最丰富，使得 2009 年景观多样性 Moran's I 值最高；与 2009 年相比，2015 年的 Moran's I 值略微减少，但较之 2000 年和 2005 年增加显著。

综上说明，国土空间结构亦存在栅格尺度效应。但本书仅选用了景观多样性指数进行尺度效应分析，对于其他景观指数是否也具这一特征还有待进一步探究。

表 5-15　　　　　　　　**随栅格尺度增大的景观多样性 Moran's I 指数**

年份	粒　度					
	500m	1000m	1500m	2000m	2500m	3000m
2000 年	0.4104	0.4246	0.4094	0.4073	0.3747	0.2024
2005 年	0.3352	0.3587	0.3240	0.3175	0.2037	0.1063
2009 年	0.4937	0.5010	0.4861	0.4685	0.4756	0.3614
2015 年	0.4912	0.4991	0.4825	0.4660	0.4738	0.3256

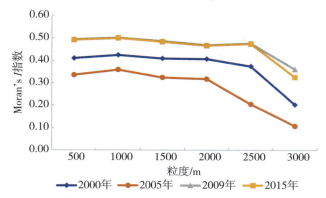

图 5-18 随栅格尺度增大的景观多样性 Moran's *I* 指数响应曲线

5.2.4 研究区国土空间格局演变分析

国土空间格局反映了人类对自然环境的干扰程度和土地利用/土地覆被变化的结果（张培，2011）。本节引入地学信息图谱、景观格局指数、重心迁移及方向分布等方法，从时间和空间两种维度对研究区国土空间格局进行深入分析，旨在探究研究区研究时段内国土空间时空格局演变特征和变化差异，采用多方法可以相互验证，优势互补，同时也可弥补前文在数量分析研究中的不足。

1. 国土空间格局信息图谱演变

国土空间格局时空演变较为复杂，急需一种可以对国土空间时空复合图形信息直接表征的方法，地学信息图谱则是最有利的方法之一，其可通过属性数据计算，将国土空间类型斑块转化定量化和谱系化。本节利用 ArcGIS 10.2.2 软件的 Raster Calculator 功能，以国土空间类型为基础，将研究区三个时段的国土空间利用现状图进行地图代数和图谱代码融合，得到集"时间—空间—属性—过程"于一体的国土空间格局转移信息图谱，对国土空间格局的时空演变及属性变化进行定量分析。

1）2000—2005 年国土空间格局信息图谱演变分析

本时段图谱中，国土空间类型发生变换类别的有 39 个（表 5-16）。统计后得知，2000—2005 年，共有 23018.35km² 的国土空间面积发生了变化。其中，农业生产空间—绿地生态空间和绿地生态空间—农业生产空间为最大转移图谱类型，转移面积分别为 9374.42km² 和 10847.68km²，二者相互转换构成了本研究时段内国土空间格局图谱演变的主要类型，图谱变化率累计占比 87.86%，主要集中在罗平县、富源县、师宗县、泸西县、马龙县等县域，在其他县域散点式分布（图 5-19）。

表 5-16　　　　滇中城市群 2000—2005 年国土空间类型演化图谱

国土空间类型	转换编码	转换图斑数/个	面积/km²	变化率
PS1 转 PS2	12	181	49.93	0.22%

国土空间类型	转换编码	转换图斑数/个	面积/km²	变化率
PS1 转 LS1	13	429	119.91	0.52%
PS1 转 LS2	14	1838	499.43	2.17%
PS1 转 ES1	15	36835	9374.42	40.73%
PS1 转 ES2	16	933	257.71	1.12%
PS1 转 ES3	17	49	13.76	0.06%
PS2 转 PS1	21	99	26.96	0.12%
PS2 转 LS1	23	6	1.70	0.01%
PS2 转 LS2	24	15	4.24	0.02%
PS2 转 ES1	25	87	22.99	0.10%
PS2 转 ES2	26	20	5.56	0.02%
LS1 转 PS1	31	316	85.50	0.37%
LS1 转 PS2	32	7	1.80	0.01%
LS1 转 LS2	34	31	8.77	0.04%
LS1 转 ES1	35	85	23.76	0.10%
LS1 转 ES2	36	12	3.40	0.01%
LS2 转 PS1	41	960	235.78	1.02%
LS2 转 PS2	42	10	2.66	0.01%
LS2 转 LS1	43	15	4.14	0.02%
LS2 转 ES1	45	531	139.12	0.60%
LS2 转 ES2	46	54	14.75	0.06%
ES1 转 PS1	51	40938	10847.68	47.13%
ES1 转 PS2	52	126	32.71	0.14%
ES1 转 LS1	53	146	40.82	0.18%
ES1 转 LS2	54	873	238.37	1.04%
ES1 转 ES2	56	1210	324.95	1.41%
ES1 转 ES3	57	322	85.27	0.37%
ES2 转 PS1	61	692	185.95	0.81%
ES2 转 PS2	62	22	5.92	0.03%
ES2 转 LS1	63	6	1.70	0.01%
ES2 转 LS2	64	65	18.34	0.08%
ES2 转 ES1	65	963	249.21	1.08%

国土空间类型	转换编码	转换图斑数/个	面积/km²	变化率
ES2 转 ES3	67	22	6.23	0.03%
ES3 转 PS1	71	48	13.48	0.06%
ES3 转 PS2	72	1	0.28	0.00%
ES3 转 LS1	73	1	0.28	0.00%
ES3 转 LS2	74	2	0.57	0.00%
ES3 转 ES1	75	271	68.60	0.30%
ES3 转 ES2	76	6	1.70	0.01%
合计	39	88227	23018.35	100.00%

注：表中的 PS1 即农业生产空间，PS2 即工矿生产空间，LS1 即城镇生活空间，LS2 即农村生活空间，ES1 即绿地生态空间，ES2 即水域生态空间，ES3 即其他生态空间。

2) 2005—2009 年国土空间格局信息图谱演变分析

本时段图谱中，国土空间类型发生变换类别为 41 个（表 5-17）。国土空间面积变化总量为 45213.10km²。其中，农业生产空间—绿地生态空间、绿地生态空间—农业生产空间和绿地生态空间—其他生态空间为最大转移图谱类型，转移面积分别为 8063.98km²、18794.16km² 和 10323.73km²。仍以农业生产空间与绿地生态空间面积的相互转换构成了本研究时段内国土空间格局图谱演变的主要类型，图谱变化率累计占比 59.41%，主要集中分布在宣威市、沾益区、富源县、寻甸县、个旧市、蒙自市、建水县、泸西县、石林县等县域（图 5-19）。绿地生态空间→其他生态空间的图谱变化率为 22.83%，主要分布在东川区、元谋县、双柏县等县域；元江县、建水县、弥勒市、个旧市、蒙自市和罗平县也有分布，但面积相对较少。本时段内转移图谱类型较多且面积较大，一方面是数据统计口径不一致所致，另一方面是本时段内由于相关土地政策因素影响，研究区内国土空间利用情况确实发生了较大变化。

表 5-17　　　　滇中城市群 2005—2009 年国土空间类型演化图谱

国土空间类型	转换编码	转换图斑数/个	面积/km²	变化率
PS1 转 PS2	12	1300	354.16	0.78%
PS1 转 LS1	13	1157	323.80	0.72%
PS1 转 LS2	14	3039	798.61	1.77%
PS1 转 ES1	15	29193	8063.98	17.84%
PS1 转 ES2	16	1490	402.56	0.89%
PS1 转 ES3	17	7836	2182.75	4.83%

国土空间类型	转换编码	转换图斑数/个	面积/km²	变化率
PS2 转 PS1	21	113	31.88	0.07%
PS2 转 LS1	23	59	16.70	0.04%
PS2 转 LS2	24	23	6.34	0.01%
PS2 转 ES1	25	85	23.61	0.05%
PS2 转 ES2	26	24	6.62	0.01%
PS2 转 ES3	27	26	7.36	0.02%
LS1 转 PS1	31	202	56.48	0.12%
LS1 转 PS2	32	78	19.58	0.04%
LS1 转 LS2	34	47	13.20	0.03%
LS1 转 ES1	35	85	23.80	0.05%
LS1 转 ES2	36	16	4.15	0.01%
LS1 转 ES3	37	17	4.71	0.01%
LS2 转 PS1	41	1766	493.17	1.09%
LS2 转 PS2	42	124	34.78	0.08%
LS2 转 LS1	43	238	67.18	0.15%
LS2 转 ES1	45	495	138.25	0.31%
LS2 转 ES2	46	108	30.47	0.07%
LS2 转 ES3	47	120	33.79	0.07%
ES1 转 PS1	51	69672	18794.16	41.57%
ES1 转 PS2	52	2021	542.10	1.20%
ES1 转 LS1	53	525	146.56	0.32%
ES1 转 LS2	54	3591	952.97	2.11%
ES1 转 ES2	56	2408	628.69	1.39%
ES1 转 ES3	57	38191	10323.73	22.83%
ES2 转 PS1	61	893	250.58	0.55%
ES2 转 PS2	62	66	18.68	0.04%
ES2 转 LS1	63	57	16.04	0.04%
ES2 转 LS2	64	87	24.21	0.05%
ES2 转 ES1	65	730	202.24	0.45%
ES2 转 ES3	67	290	81.71	0.18%
ES3 转 PS1	71	120	33.86	0.07%

国土空间类型	转换编码	转换图斑数/个	面积/km²	变化率
ES3 转 PS2	72	2	0.57	0.00%
ES3 转 LS2	74	4	1.13	0.00%
ES3 转 ES1	75	187	51.73	0.11%
ES3 转 ES2	76	22	6.23	0.01%
合计	41	166507	45213.10	100.00

3)2009—2015 年国土空间格局信息图谱演变分析

本时段图谱中,国土空间类型发生变换类别为 42 个(表 5-18),国土空间面积变化总量为 41654.57km²。以农业生产空间和绿地生态空间二者相互转换构成研究区国土空间格局图谱演变的主要类型,图谱变化率累计占比 47.99%,转移面积分别为 10216.97km² 和 9771.61km²,集中分布在研究区中部以东的县域,如宣威市、富源县、沾益区、师宗县、宜良县、泸西县等,在其他县域分布较为分散或零星分布;其次以绿地生态空间和其他生态空间二者相互转换面积较大,转移面积分别为 4333.98km² 和 4707.18km²,图谱变化率累计占比 21.70%,集中分布在禄劝县、东川区、罗平县、大姚县、双柏县、石屏县、建水县、开远市等县域,在其他县域分布较为分散或零星分布(图 5-19)。本时段虽然仍存在生产空间挤压生态空间现象,但农业生产空间转为绿地生态空间的面积大于绿地生态空间转为农业生产空间的面积,说明研究区退耕还林、还草成效凸显;而绿地生态空间和其他生态空间的图谱转移属内部转换,功能属性未发生变化,对生产空间和生活空间不造成影响。

表 5-18　　　　　**滇中城市群 2009—2015 年国土空间类型演化图谱**

国土空间类型	转换编码	转换图斑数/个	面积/km²	变化率
PS1 转 PS2	12	1669	397.02	0.95%
PS1 转 LS1	13	1206	293.03	0.70%
PS1 转 LS2	14	4403	1021.37	2.45%
PS1 转 ES1	15	41790	10216.97	24.53%
PS1 转 ES2	16	1578	374.66	0.90%
PS1 转 ES3	17	10279	2529.45	6.07%
PS2 转 PS1	21	1094	271.06	0.65%
PS2 转 LS1	23	216	53.19	0.13%
PS2 转 LS2	24	175	43.75	0.11%
PS2 转 ES1	25	1018	251.33	0.60%
PS2 转 ES2	26	60	14.85	0.04%

国土空间类型	转换编码	转换图斑数/个	面积/km²	变化率
PS2 转 ES3	27	327	81.55	0.20%
LS1 转 PS1	31	388	95.46	0.23%
LS1 转 PS2	32	155	35.83	0.09%
LS1 转 LS2	34	114	27.57	0.07%
LS1 转 ES1	35	171	42.16	0.10%
LS1 转 ES2	36	56	13.18	0.03%
LS1 转 ES3	37	42	10.17	0.02%
LS2 转 PS1	41	4344	1078.65	2.59%
LS2 转 PS2	42	176	43.75	0.11%
LS2 转 LS1	43	170	42.41	0.10%
LS2 转 ES1	45	2002	495.74	1.19%
LS2 转 ES2	46	153	38.02	0.09%
LS2 转 ES3	47	448	112.24	0.27%
ES1 转 PS1	51	41925	9771.61	23.46%
ES1 转 PS2	52	1319	309.68	0.74%
ES1 转 LS1	53	331	80.63	0.19%
ES1 转 LS2	54	2210	522.67	1.25%
ES1 转 ES2	56	1559	357.13	0.86%
ES1 转 ES3	57	18831	4333.98	10.40%
ES2 转 PS1	61	1497	372.95	0.90%
ES2 转 PS2	62	94	23.55	0.06%
ES2 转 LS1	63	94	22.65	0.05%
ES2 转 LS2	64	169	41.89	0.10%
ES2 转 ES1	65	1552	377.63	0.91%
ES2 转 ES3	67	577	143.72	0.35%
ES3 转 PS1	71	10587	2617.06	6.28%
ES3 转 PS2	72	438	107.80	0.26%
ES3 转 LS1	73	121	30.32	0.07%
ES3 转 LS2	74	457	112.66	0.27%
ES3 转 ES1	75	19202	4707.18	11.30%
ES3 转 ES2	76	565	138.04	0.33%
合计	28	173562	41654.57	100.00%

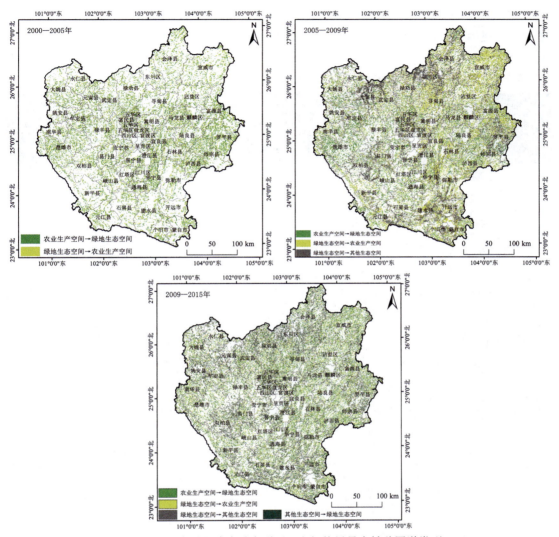

图 5-19 三个时段滇中城市群国土空间格局最大转移图谱类型

2. 国土空间景观格局演变

本节从斑块类型尺度和景观尺度入手，选取 10 个景观格局指数：斑块个数（NP）、平均斑块面积（AREA_MN）、斑块密度（PD）、分维数（PAFRAC）、形状指数（LSI）、蔓延度（CONTAG）、聚合度（AI）、散布与并列指数（IJI）、香农均匀度（SHEI）和香农多样性指数（SHDI），对研究区 2000—2015 年国土空间景观格局斑块类型特征、景观格局空间异质性和联系性进行分析，揭示国土空间景观格局结构变化趋势。

1）斑块类型尺度上国土空间景观格局演变

从描述景观斑块类型特征的 5 个指数：斑块个数（NP）、平均斑块面积（AREA_MN）、斑块密度（PD）、分维数（PAFRAC）、形状指数（LSI）出发，利用 Fragstats 软件计算 2000—

2015 年研究区国土空间景观格局斑块类型指数值,分析国土空间景观格局的斑块类型特征及演变规律,计算结果见表 5-19。

表 5-19　　　　2000—2015 年滇中城市群斑块类型尺度下国土空间类型景观指数

指数类型	年份	生产空间		生活空间		生态空间		
		农业生产空间	工矿生产空间	城镇生活空间	农村生活空间	绿地生态空间	水域生态空间	其他生态空间
NP	2000 年	7995	91	60	1166	474	649	106
	2005 年	4056	73	61	641	130	423	56
	2009 年	4120	667	190	1727	1038	958	4114
	2015 年	12857	2755	689	6604	4184	3098	13274
AREA_MN	2000 年	0.0717	0.0008	0.0005	0.0105	0.0043	0.0058	0.0010
	2005 年	0.0364	0.0007	0.0005	0.0058	0.0012	0.0038	0.0005
	2009 年	0.0370	0.0060	0.0017	0.0155	0.0093	0.0086	0.0369
	2015 年	0.1154	0.0247	0.0062	0.0593	0.0376	0.0278	0.1191
PD	2000 年	277.8455	86.5385	545.0000	44.8113	18348.2595	181.4715	137.9717
	2005 年	566.7160	158.9041	624.5902	140.0936	65799.2308	307.8014	287.5000
	2009 年	756.2864	146.7766	426.8421	116.5605	5894.0270	195.9290	326.6164
	2015 年	240.1785	44.2559	161.6110	31.3863	1459.2077	60.2647	99.5744
PAFRAC	2000 年	1.5412	1.4974	1.3811	1.4763	1.5502	1.4571	1.4756
	2005 年	1.6356	1.5666	1.4109	1.6299	1.6486	1.4236	1.6291
	2009 年	1.6794	1.5291	1.4017	1.6604	1.6682	1.4175	1.6461
	2015 年	1.6549	1.5484	1.4497	1.6273	1.6329	1.4987	1.6291
LSI	2000 年	121.9414	11.3889	10.1233	36.1739	62.4305	22.5145	11.9592
	2005 年	87.7727	9.1364	8.7342	27.1833	46.8205	18.1241	9.2157
	2009 年	102.1924	26.9048	14.5614	42.9000	82.4566	27.9080	79.8664
	2015 年	183.1991	55.7357	28.3358	84.6940	144.6097	49.4682	143.2261

(1)生产空间斑块演变分析。

农业生产空间是研究区最主要且涉及面最广的景观之一,面积仅次于林地生产空间。由表 5-19 和图 5-20 可以看出,研究期内,农业生产空间斑块个数(NP)呈先减少后增加趋势,于 2005 年最低水平为 4056 块,2015 年最高水平为 12857 块;斑块密度(PD)的变化趋势与斑块个数一致,斑块密度表明农业生产空间的斑块总体上较为密集,反映景观破碎化水平在提高显著,仍以 2005 年的 0.0364 为最低水平,2015 年的 0.1154 为最高水平;

平均斑块面积（AREA_MN）呈先增加后下降趋势，2009 年以前，农业生产空间斑块面积增加，每个斑块面积也逐渐增大，斑块类型破碎化程度较小，2015 年平均斑块面积呈大幅下降，体现研究期内农业生产空间斑块数量在增多，景观面积减小，每个斑块面积相对变小，斑块破碎化程度较大，不利于农业生产空间的规模化利用；周长-面积分维数（PAFRAC）体现斑块的复杂性程度，研究期内，农业生产空间的分维数总体呈增加趋势，从 2000 年的 1.5412 达到 2015 年的 1.6549，说明农业生产空间斑块形状趋于复杂，人类对农业生产空间的改造和整治力度不断增强，这与近些年云南省大力推进农村土地整治和高标准农田建设密切相关；景观形状指数（LSI）反映的是斑块类型的聚集或离散度，研究期内，农业生产空间的景观形状指数总体呈上升趋势，且上升幅度较大，从 2000 年的 121.9414 上升至 2015 年的 183.1911，说明斑块类型离散化程度较高，认为是受研究区地势因素影响。纵观各年份各斑块类型指数，均在 2005—2009 年变化幅度较大，原因一是统计口径不同及制图综合误差所致，二是研究区受相关土地政策影响致使变化较大。

工矿生产空间的斑块个数（NP）、斑块密度（PD）呈显著增加趋势，即研究期内工矿生产空间斑块数量和斑块密度增加反映工矿生产空间面积的增大，体现该空间类型在空间上的布局更加密集、紧凑，集中程度得到提升；平均斑块面积（AREA_MN）总体呈减少趋势，说明研究期内该空间类型破碎化程度变大；周长-面积分维数（PAFRAC）和景观形状指数（LSI）呈增加趋势，反映工矿生产空间在扩张过程中，斑块形状较不规整且分布较为离散。

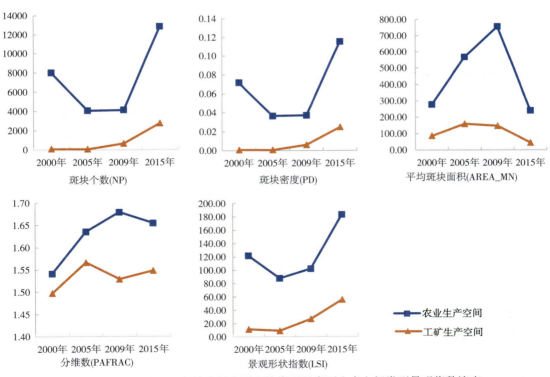

图 5-20　2000—2015 年滇中城市群斑块类型尺度下生产空间类型景观指数演变

（2）生活空间斑块演变分析。

城镇生活空间和农村生活空间的斑块个数（NP）和斑块密度（PD）有着相似的变化趋势，随时间推移总体呈上升趋势，城镇生活空间的景观指数上升更明显，反映生活空间面积增大且分布格局较为密集（图 5-21）；城镇生活空间和农村生活空间的平均斑块面积（AREA_MN）呈先增加后降低趋势，说明研究期内生活空间的斑块面积变小，斑块破碎化程度变大，尤其以农村生活空间景观指数变化幅度最明显，这与近年来研究区推进城中村改造有关；城镇生活空间和农村生活空间的周长-面积分维数（PAFRAC）和景观形状指数（LSI）总体呈上升趋势，体现出生活空间在扩张过程中，斑块形状较不规整且分布较为离散，间接表明研究区城镇建设缺少联动发展，城中村和空心村改造有待进一步加强。

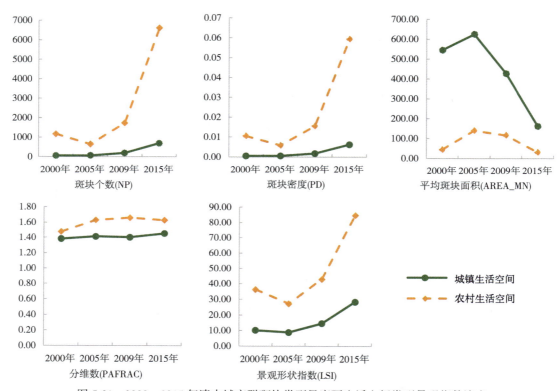

图 5-21　2000—2015 年滇中城市群斑块类型尺度下生活空间类型景观指数演变

（3）生态空间斑块演变分析。

由表 5-19 和图 5-22 可以看出，研究期内，绿地生态空间、水域生态空间和其他生态空间的斑块个数（NP）和斑块密度（PD）均呈先减少后增加趋势，三种空间类型均表现为在 2005 年为最低水平，斑块数目分别为绿地生态空间 130 块，水域生态空间 423 块和其他生态空间 56 块；在 2015 年为最高水平，斑块数目分别为绿地生态空间 4184 块，水域生态空间 3098 块和其他生态空间 13274 块。这说明受生产、生活活动影响，生态空间被分割占用，导致斑块数目增加，斑块破碎化程度变高。三种空间类型的平均斑块面积

（AREA_MN）均呈先增加后减少趋势，以绿地生态空间的平均斑块面积变化幅度最大，说明受人类生产、生活影响严重，被其他空间类型占用的现象较普遍。绿地生态空间和其他生态空间的周长-面积分维数（PAFRAC）随时间推移呈先增加后减少趋势，体现出这两种空间类型的斑块形状仍较复杂，但与前一时点相比，复杂程度有所降低；而水域生态空间的周长-面积分维数（PAFRAC）则呈现先减少后增加趋势，由于水域中的湖泊及坑塘受人类活动影响较大，在利用过程中容易被人为改造，加之研究区特殊的地形地貌，导致分维数有所增加。绿地生态空间和水域生态空间的景观形状指数（LSI）呈现先减少后增加趋势，研究区生态空间斑块类型分布总体上仍较为离散。

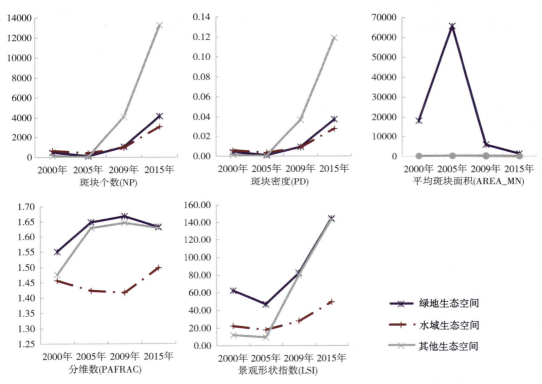

图 5-22　2000—2015 年滇中城市群斑块类型尺度下生态空间类型景观指数演变

2）景观尺度下国土空间景观格局演变

（1）景观异质性演变分析。

从景观异质性角度出发，选取香农均匀度指数（SHEI）和香农多样性指数（SHDI）两个常用指标对研究区景观尺度水平上的演变特征进行分析，当 SHEI 越趋向 1，表示景观中不同斑块类型面积比重越来越平衡，即区域内景观类型分布越均匀；SHDI 越趋向 1，表示景观中斑块类型数的增加以及它们的面积比重不断均衡化，即区域内景观类型多样性或景观类型之间的均衡化水平越高。

由表 5-20 和图 5-23 可以看出，研究区 SHEI 值从 2000 年的 0.4947 升至 2015 年的

0.6045，SHDI 值从 2000 年的 0.5435 升至 2015 年的 1.1762；此外，分时段来看，2005—2009 年的 SHEI 变化幅度最大，2000—2005 年和 2009—2015 年的 SHEI 变化幅度较小，SHDI 的变化幅度与 SHEI 一致，表明 2005—2009 年这一时段内国土空间景观类型的变化最强烈。从两个指数的数值演变来看，研究区国土空间景观类型，随时间推移景观多样性增加，各斑块类型在景观中均匀分布，侧面反映出研究区农业生产空间和绿地生态空间的景观优势度在下降，二者在景观整体中的控制作用被削弱，而其他空间类型的影响作用被增强。

表 5-20　　　　　**2000—2015 年滇中城市群景观尺度下国土空间景观格局指数**

年份	CONTAG	AI	IJI	SHEI	SHDI
2000 年	56.1017	83.3462	17.8356	0.4947	0.5435
2005 年	57.0313	86.8948	21.0978	0.5186	0.5697
2009 年	51.1282	76.8339	52.9106	0.5958	1.1593
2015 年	43.1650	74.2735	54.8257	0.6045	1.1762

（2）景观空间联系性演变分析。

从景观空间联系性角度出发，选取聚合度（AI）、蔓延度（CONTAG）和散布与并列指数（IJI）三个指标对研究区各国土空间类型景观之间的联系性进行分析，探究景观尺度水平上国土空间类型整体的联系情况。AI 值越大，代表区域景观越聚集，破碎化程度越低；CONTAG 值越大，代表某景观类型的集聚和蔓延趋势较强，景观类型之间连接性较好；IJI 值越大，代表各景观类型的相邻程度越高，集聚程度越低。

从聚合度和蔓延度来看，研究区国土空间景观的 AI 值呈现先上升后下降趋势，且 2005—2009 年的 AI 值变化幅度最大，2000—2005 年和 2009—2015 年的 AI 值变化幅度较小，说明研究区国土空间景观集聚度在下降，破碎化程度在升高。CONTAG 值呈现先上升后下降趋势，表现为 2005 年以前研究区内具有景观优势类型，景观连接性较好，即 2005 年研究区优势景观农业生产景观、绿地生态景观的连通性较好；2005 年以后研究区无景观优势类型，且景观连接性较差，即研究区优势景观农业生产景观、绿地生态景观的连通性较差。这是由于受土地政策和区域发展需求影响使得后期研究区国土空间开发强度增强，其他景观类型增多且密集分布，景观破碎化程度增加。散布与分列 IJI 指数呈上升趋势，表现为 2005—2009 年上升幅度最大，2000—20005 年和 2009—2015 年的上升幅度较小，说明研究区某一景观类型与其他景观类型的相邻程度提升，而相同景观类型的斑块集聚程度在降低。

总体而言，斑块类型尺度下，研究期内研究区农业生产空间和绿地生态空间这两种主体景观的分布更离散和破碎化；景观尺度下，研究区不同景观类型的集聚程度有所降低，区域无优势景观类型，且其他景观类型对优势景观的影响愈加明显。此外，研究区道路交通基础设施的不断建设与完善，增强了国土空间类型之间的景观连通性。综上所述，研究区国土空间景观类型趋于多元化、均衡化的分布格局，各景观类型斑块之间的联系性越来越强。同时，研究区 2000—2015 年国土空间景观格局演变存在明显空间分异，地形条件、交通设施、人口分布及人类活动是引起空间分异的主要因素。

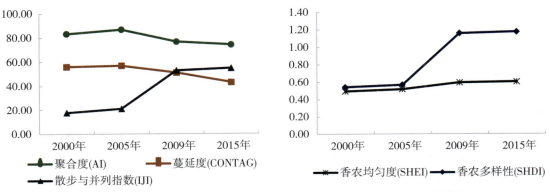

图 5-23　2000—2015 年滇中城市群景观尺度下国土空间景观格局指数演变

3. 国土空间格局分布特征

研究区地处山地，山地地理空间单元的复杂性，地理现象的空间分布在各个方面的离散度差异十分显著。采用 ArcGIS 软件中的 Directional Distribution 工具建立研究区 2000 年、2005 年、2009 年和 2015 年 4 个时点各国土空间类型的标准差椭圆，深入剖析各国土空间类型在各个方向上的分布特征及变化差异；再结合土地利用重心迁移模型计算出各国土空间类型重心坐标，借助 ArcGIS 软件中的空间分析模块等相关功能，得到研究区各国土空间类型的重点迁移轨迹，进而分析研究区 4 个时点各国土空间类型的重心迁移情况。

1）生产空间格局分布特征

由表 5-21 和图 5-24 可以看出，4 个时点，农业生产空间作为研究区最主要的国土空间类型之一，其标准差椭圆长轴为东北—西南走向，短轴为西北—东南走向，即 2000 年、2005 年、2009 年和 2015 年农业生产空间分布趋势均为东北—西南方向，且东北方向的分布最集中。研究期内，农业生产空间的标准差椭圆长轴沿顺时针方向旋转，旋转速度较快，转角 θ 由 51.40° 变为 38.43°，方向性分布特征不稳定；形状指数体现空间格局的综合极化特征，长轴标准差均大于短轴标准差，表明农业生产空间分布明显沿北偏东方向扩张，形状指数呈上升趋势，极化特征不突出，农业生产空间分布较为随机。尽管研究区农业生产空间格局变化较为随机和离散，但其空间分布范围总体呈增加态势。在标准差椭圆分析中，将标准差级数设置为 1 级，即可将 68% 的农业生产空间包含在椭圆内，并对 4 个时点农业生产空间椭圆面积进行统计，发现标准差椭圆面积呈先增加后减少趋势，先从 2000 年的 59377.70km² 增至 2009 年的 62300.20km²，受地形因素和制图综合误差影响，变化幅度较大，之后减少至 2015 年的 62068.20km²。重心对应农业生产空间的空间分布位置，研究区农业生产空间重心迁移累计距离达 20.23km，经历了三个阶段：2000—2005

年，重心向西北方向迁移，移动了 1.43km，重心位置从官渡区转向盘龙区；2005—2009年，国土空间格局变化强烈，重心向东南方向迁移，偏移幅度较大，移动了 18.38km，重心位置转回官渡区；2009—2015 年，偏移幅度较小，仅移动了 0.42km，重心位置一直位于官渡区。

　　研究期内，工矿生产空间的长轴走向变化幅度较小，2000 年转角 θ 为 28.37°，沿东北-西南方向分布，且东北方向的分布较多；至 2005 年，工矿生产空间面积的增加促使椭圆长轴沿逆时针旋转，2005 年转角 θ 降为 26.77°；但随着工矿生产空间向研究区的东北部地区进行偏移，2009 年转角 θ 变为 30.18°；工矿生产空间的长轴标准差呈增加趋势，短轴标准差呈现减少后增加趋势，长、短轴均呈现相似的变化，即 2009 年以前标准差较小，2009 年以后标准差较大，这可能与研究区道路、铁路和机场等交通基础设施的不断建设与完善有关；形状指数由 2000 年的 8.14 减至 2015 年的 2.42，方向性较突出，极化特征较明显；椭圆的面积统计结果显示，工矿生产空间椭圆面积表现出先增加后减少的特点，2000—2005 年、2005—2009 年变化幅度较大，2009—2015 年变化幅度较小。相对于农业生产空间而言，工矿生产空间重心的迁移幅度较大，迁移累积距离为 35.35km，但重心位置一直位于官渡区内，这是由于官渡区作为昆明国际新机场的选址，该区域在工矿生产空间所占面积较大所致。

表 5-21　　　　　　　　　　　　　**2000—2015 年滇中城市群生产空间格局变化情况**

国土空间类型	年份	重心坐标	重心偏移距离/km	转角 θ/(°)	沿长轴标准差/km	沿短轴标准差/km	形状指数	椭圆面积/km²
农业生产空间（PS1）	2000 年	102°49′46.41″E 25°4′11.58″N		51.40	2268.32	661.50	0.29	59377.70
	2005 年	102°49′7.44″E 25°4′43.03″N	1.43	49.08	2790.41	1576.06	0.56	60418.70
	2009 年	102°59′58.47″E 25°3′46.99″N	18.38	38.30	26879.43	17366.41	0.65	62300.20
	2015 年	103°0′16.45″E 25°3′48.36″N	0.42	38.43	23882.10	21034.19	0.88	62068.20
工矿生产空间（PS2）	2000 年	102°54′52.68″E 25°6′19.16″N		28.37	330.87	2692.74	8.14	24577.80
	2005 年	102°58′9.33″E 25°11′10.86″N	10.53	26.77	2793.63	784.77	0.28	29528.80
	2009 年	102°57′8.22″E 24°59′14.50″N	22.07	29.57	6879.94	32500.65	4.72	38961.90
	2015 年	102°57′12.17″E 25°0′43.70″N	2.75	30.18	13906.70	33601.11	2.42	38814.10

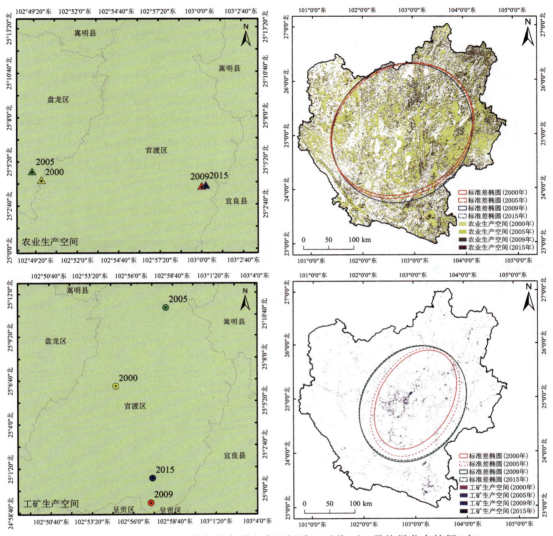

图 5-24   2000–2015 年滇中城市群生产空间重心迁移(左)及格局分布特征(右)

2)生活空间格局分布特征

由表 5-22 和图 5-25 可以看出，4 个时点，研究区城镇生活空间分布趋势与农村生活空间相似，均为东北—西南方向，且东北方向的分布较为集中。研究期内，城镇生活空间标准差椭圆面积呈减少—增加—减少的特点，原因是近年来研究区大力推进城中村改造。2000—2005 年标准差椭圆长轴沿顺时针方向旋转，旋转速度较快，转角 θ 由 53.00°变为 64.71°；2005—2009 年标准差椭圆长轴沿逆时针方向旋转，旋转速度极快，转角 θ 由 64.71°变为 37.09°；2009—2015 年准差椭圆长轴仍沿逆时针方向旋转，旋转速度缓慢，方向性分布特征极不稳定。形状指数呈现下降—上升趋势，但与 2000 年相比，2015 年形状指数下降幅度较大，表明受"建设用地上山"政策影响，城镇生活空间出现由离散转为较集中分布趋势，且具有一定规律性。农村生活空间的椭圆面积表现出先增加后减少的特点，其中以 2005—2009 年的变化幅度较大，其他时段变化幅度较小。标准差椭圆长轴沿顺时针方向旋转，旋转速度较快，转角 θ 由 2000 年的 24.64°变为 2015 年的 46.52°，方向性特征较稳定；形状指数呈现下降—上升趋势，但与 2000 年相比，2015 年形状指数下降幅度较大，表明农村生活空间分布出现由离散转为较集中分布趋势。研究区城镇生活空间重心先向南迁移，之后又向东迁移，迁移距离累计为 10.42km，但重心位置仍位于官渡区，主要原因是随着城镇化进程的加快，官渡区作为主要中心城区优先得以发展。而农村生活空间重心位置发生了较大变化，迁移距离累计为 23.06km，2000 年、2005 年重心位置在宜良县，2009 年以后重心向西南方向迁移，重心位置位于官渡区，这与区域推进农村建设用地整治有关。

表 5-22　　　　　　　　**2000—2015 年滇中城市群生活空间格局变化情况**

国土空间类型	年份	重心坐标	重心偏移距离/km	转角 θ/(°)	沿长轴标准差/km	沿短轴标准差/km	形状指数	椭圆面积/km²
城镇生活空间（LS1）	2000 年	102°54′47.67″E 25°9′44.41″N		53.00	1621.47	2771.36	1.71	42018.40
	2005 年	102°53′34.20″E 25°6′7.74″N	7.04	64.71	2805.60	1393.80	0.50	38539.20
	2009 年	102°55′7.43″E 25°6′26.51″N	2.72	37.09	30047.20	21912.15	0.73	40578.40
	2015 年	102°54′49.50″E 25°6′31.08″N	0.67	36.98	27876.79	24827.19	0.89	36635.90
农村生活空间（LS2）	2000 年	103°5′3.74″E 25°0′38.98″N		24.64	1842.33	2719.24	1.48	31222.90
	2005 年	103°1′11.60″E 24°59′48.57″N	6.65	29.69	2631.28	183.97	0.07	35179.00
	2009 年	102°54′52.69″E 25°6′20.65″N	16.04	46.62	31716.63	18972.46	0.60	55884.50
	2015 年	102°54′47.69″E 25°6′7.30″N	0.38	46.52	30128.89	21813.15	0.72	55336.10

3）生态空间格局分布特征

由表 5-23 和图 5-26 可以看出，4 个时点，研究区绿地生态空间方向分布呈现阶段性特征：2000—2005 年，绿地生态空间分布趋势近似东—西走向，2009—2015 年为东北-西南方向。研究期内，绿地生态空间标准差椭圆面积呈增加趋势，从 2000 年的 48576.10km² 增至 2015 年的 58692.30km²。椭圆转角从 2000 年的 93.75°变为 2015 年的 27.05°，旋转速度快，绿地生态空间的方向性分布特征不稳定，形状指数呈增加态势，极化特征不突出，绿地生态空间格局分布较为离散。绿地生态空间整体由东向西迁移，累计迁移距离 11.99km。随着我国城镇规模结构和空间布局的不断调整和完善，促使滇中城市群所辖市域部分城区功能定位发生改变，官渡区则是作为昆明国际新机场和螺蛳湾国际商贸城的选址，导致绿地生态空间面积减少，生活空间面积增加。此外，西山区含有西山森林公园，绿地生态空间面积占比相对较大，使得重心位置从官渡区转向西山区。

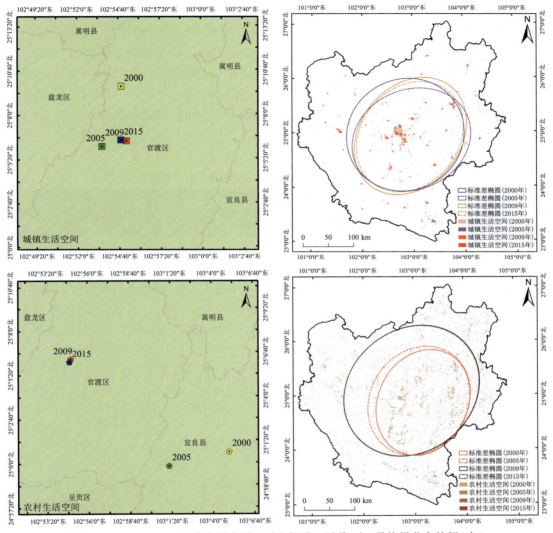

图5-25 2000—2015年滇中城市群生活空间重心迁移(左)及格局分布特征(右)

水域生态空间方向分布也呈现阶段性特征：2000—2005年，水域生态空间分布趋势近似南—北走向，2009—2015年为东北—西南方向。研究期内，水域生态空间标准差椭圆面积总体呈减少趋势，但较之2009年是增加的，增加面积为357.90km²。椭圆转角从2000年的2.44°变为2015年的51.24°，旋转速度快，方向性分布特征不稳定，形状指数呈先减少后增加的特点，极化特征不突出，水域生态空间格局分布较为离散。重心位置由原来的呈贡区转移到官渡区，累计迁移距离14.55km。

其他生态空间方向分布与水域生态空间方向分布一致。研究期内，水域生态空间标准差椭圆面积呈减少—增加—减少趋势，其中以 2005—2009 年的变化幅度较大，其他时段变化幅度较小。2000—2005 年标准差椭圆长轴沿顺时针方向旋转，旋转速度极快，转角 θ 由 0°变为 139.32°；2005—2009 年标准差椭圆长轴沿逆时针方向旋转，旋转速度极快，转角 θ 由 139.32°变为 36.01°；2009—2015 年准差椭圆长轴仍沿逆时针方向旋转，旋转速度缓慢，方向性分布特征极不稳定。形状指数呈减少—增减—减少的特点，极化特征不突出，其他生态空间格局分布较为离散。其他生态空间重心迁移在空间上形成倒"7"形，累计迁移距离 86.00km，其中 2000 年到 2005 年向北方向迁移 7.28km，2005 年到 2009 年向东西方向迁移 78.45km，2009 年到 2015 年又向东迁移 0.27km，重心位置经历了马龙县→寻甸县→官渡区的区域位置变化，说明官渡区其他生态空间后备资源仍较为充沛，可作为下一步开发建设的重点区域。

表 5-23　　　　　　　　　2000—2015 年滇中城市群生态空间格局变化情况

国土空间类型	年份	重心坐标	重心偏移距离/km	转角 θ/(°)	沿长轴标准差/km	沿短轴标准差/km	形状指数	椭圆面积/km²
绿地生态空间（ES1）	2000 年	102°45′5.67″E 25°2′1.44″N		93.75	1842.20	2715.51	1.47	48576.10
	2005 年	102°45′5.62″E 25°1′52.52″N	0.27	85.21	473.08	2330.01	4.92	50385.40
	2009 年	102°38′9.34″E 25°1′41.08″N	11.64	26.91	9968.25	34434.01	3.45	58675.80
	2015 年	102°38′11.83″E 25°1′39.14″N	0.09	27.05	14460.72	33478.89	2.31	58692.30
水域生态空间（ES2）	2000 年	102°44′31.72″E 24°50′19.20″N		2.44	2221.57	2486.50	1.12	57404.40
	2005 年	102°44′22.84″E 24°51′21.46″N	1.87	19.85	2016.93	989.53	0.49	50920.00
	2009 年	102°41′14.15″E 24°56′54.34″N	11.53	53.75	31661.79	8925.22	0.28	53381.40
	2015 年	102°41′57.96″E 24°56′40.80″N	1.15	51.24	17137.63	27034.71	1.58	53739.30
其他生态空间（ES3）	2000 年	103°27′37.30″E 25°32′24.02″N		0.00	624.46	2865.80	4.59	20426.20
	2005 年	103°23′22.53″E 25°32′52.21″N	7.28	139.32	2250.48	771.08	0.34	20058.40
	2009 年	102°50′29.25″E 25°2′36.94″N	78.45	36.01	1271.76	34023.97	26.75	62719.10
	2015 年	102°50′34.12″E 25°2′30.49″N	0.27	35.85	6652.97	32552.45	24.86	62862.80

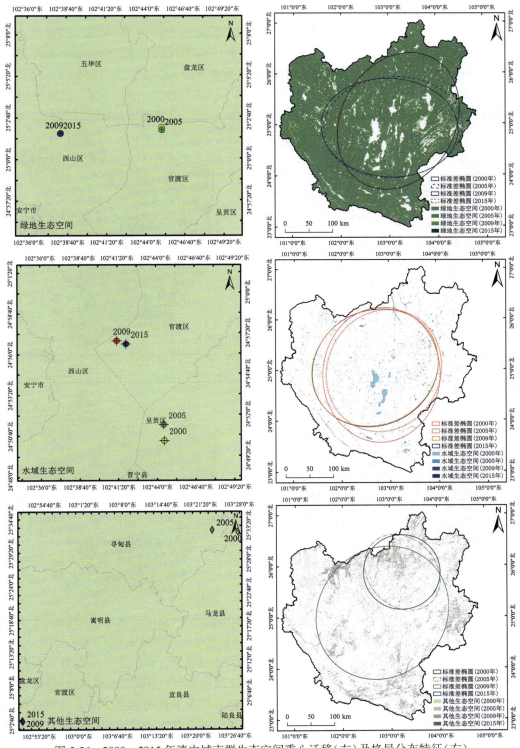

图 5-26　2000—2015 年滇中城市群生态空间重心迁移(左)及格局分布特征(右)

4. 国土空间格局扩张形态特征

本节从生产空间、生活空间和生态空间入手，运用核密度估计方法来分析 2000—2015 年三种国土空间类型扩张蔓延趋势（图 5-27 至图 5-29）。

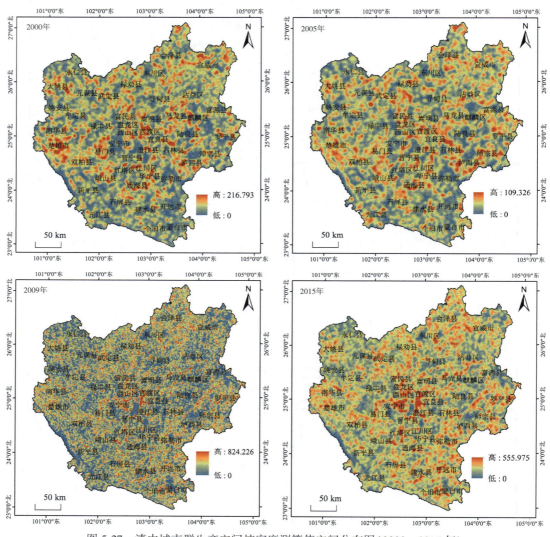

图 5-27　滇中城市群生产空间核密度测算值空间分布图（2000—2015 年）

从生产空间核密度测算值分布图中可以看出（图 5-27）：①研究区单位时间内生产空间的斑块数量虽有小幅度减少，但总体呈增加态势；②从空间分布来看，4 个时点核密度测算值总体上呈较相似的分布格局，均表现出中部、西部及东北部高而南部、西南部及西北部低的空间分布特征，尤其以中部的盘龙区、官渡区和西山区形成了核密度测算的高值区；③2000—2015 年滇中城市群生产空间核密度测算值空间分布格局均呈现多核扩散破碎化的趋势。其中 2000 年和 2005 年, 核的位置以盘龙区、官渡区、楚雄市、易门县、宣威市等县区地势平坦区域为中心点向周围扩散, 扩散幅度较小, 破碎化程度低; 与前两年相比, 2009 年和 2015 年核的位置在原空间分布格局上出现大面积扩散, 同时在主核的周围衍生出许多次核, 破碎化程度严重。

从生活空间核密度测算值分布图中可以看出(图 5-28): ①4 个时点的生活空间核密度测算值空间分布呈现"两两"相似的空间格局, 整体呈现中部和东部高及西北部和西南部低的空间分布特征。其中, 2000 年和 2005 年生活空间核密度测算值大体上呈较相似的空间分布格局, 高值区域主要分布在地势较平缓区域, 包括滇中城市群中部的盘龙区、西山区、官渡区、嵩明县、晋宁县、宜良县和红塔区、江川区、通海县, 以及东部的陆良县、泸西县、师宗县和麒麟区等县区; 中值区域主要集中分布在高值区域周围; 低值区域主要

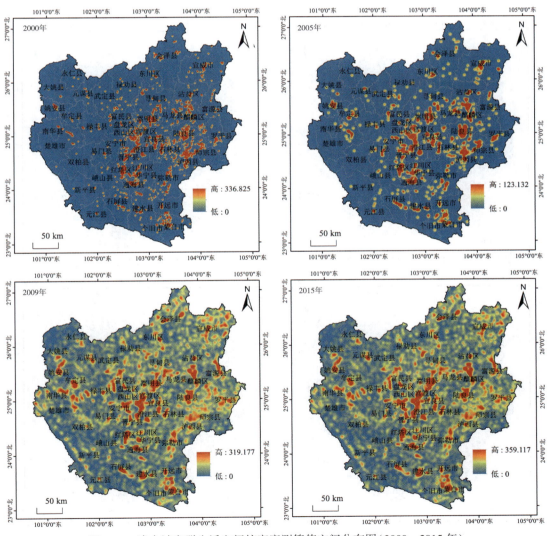

图 5-28　滇中城市群生活空间核密度测算值空间分布图(2000—2015 年)

分布在西北部和西南部山区地带，包括禄劝县、永仁县、大姚县、元谋县、禄丰县、易门县、双柏县、新平县、峨山县和元江县等。2009 年和 2015 年的空间分布格局相似，高值区域仍集中分布在中部和东部的区县，除西部和西北角无分布之外，其他区县也均有分布，但较零散；中值区域的分布主要集中在高值区域周围，多为缓坡地带；低值区域主要分布在西部和西北部山区地带，包括楚雄市、双柏县、峨山县、新平县、大姚县和永仁县等县区的部分区域。②2000—2015 年生活空间核密度测算值多核扩散破碎化的空间分布格局更明显，其中 2000 年和 2005 年，生活空间扩散幅度较小，破碎化程度低；2009 年和 2015 年核的位置在原空间分布格局上出现大面积的扩散，扩散方式从坝区向缓坡地带延伸，同时在主核的周围衍生出许多次核，破碎化程度较高，但总体分布较连续，空间连接性较好。

从生态空间核密度测算值分布图中可以看出（图5-29）：①研究区单位时间内生态空间

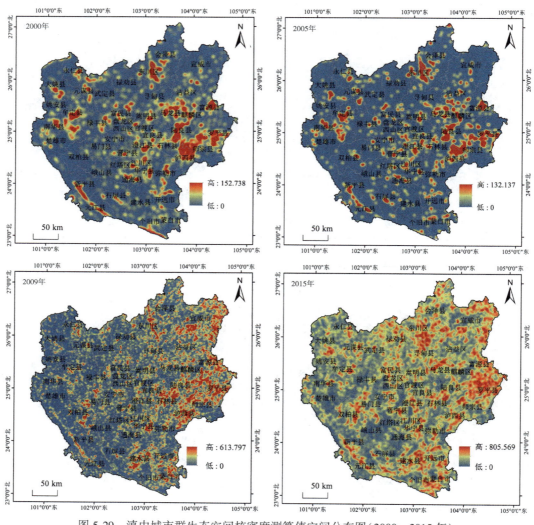

图 5-29　滇中城市群生态空间核密度测算值空间分布图（2000—2015 年）

的斑块数量呈增加态势，这与研究区近年来注重生态保护，以及生态退耕还林还草等活动有关。②从空间分布来看，4个时点的生态空间核密度测算值向滇中城市群中部以东较密集，这与研究区地势分布有关，即东部地势较西部偏高，不适宜作为生产或生活空间开发建设。③2000—2015年滇中城市群生态空间核密度测算值空间分布格局破碎程度高。其中，2000年和2005年核的位置以陆良县、泸西县、罗平县、东川县、牟定县、南华县和新平县、易门县、宣威市等县区为中心点向周围扩散，扩散幅度较小，分布相对集中；与前两年相比，2009年和2015年在原空间分布格局上出现大面积扩散，主核弱化，破碎化程度严重，分布不均匀。

综上所述，研究时点研究区"三生空间"核密度测算值总体呈增加态势，生产空间、生活空间核密度测算值空间分布特征表现为中部、西部及东北部高，而南部、西南部及西北部低，多核扩散破碎化明显；生态空间核密度测算值在滇中城市群中部以东较高，受人类活动干扰，破碎化严重，分布不均匀。

5.3　多尺度国土空间利用程度自相关分析

5.3.1　栅格多尺度国土空间利用程度空间自相关分析

本节采用土地利用程度综合指数法，以县域为单位，测算分析4个时点滇中城市群国土空间利用程度综合指数，分析滇中城市群多尺度国土空间利用程度全局和局部空间自相关特性，再结合热点分析识别国土空间利用程度的空间分布演变模式及其热点和冷点地区。

1. 栅格多尺度国土空间利用程度全局空间自相关分析

从前文行政尺度国土空间结构尺度效应分析（表5-14）得知，研究区国土空间利用程度存在高度的全局空间正自相关关系，即国土空间利用程度的空间分布具有一定集聚性，非随机分布特征。也即国土空间利用程度高的县域相邻，土地利用程度低的县域相邻的空间联系特征。

为进一步探究全局空间自相关对尺度及采样方式的敏感性强弱，本节将研究区划分为县域、30km×30km、20km×20km、10km×10km、7km×7km、5km×5km、3km×3km、1km×1km栅格单元共8种尺度进行对比研究，根据土地利用程度计算公式，利用ArcGIS软件分别计算各单元内的国土空间利用程度（表5-24），并对各单元进行属性赋值；将赋有国土空间利用程度属性值的矢量数据导入GeoDa软件，基于距离K-近邻权重分别计算并绘制4个年份8种尺度下的国土空间利用程度 Moran's I 散点图（图5-30）。

表5-24　　　**2000—2015年多尺度国土空间利用程度 Moran's I 指数表**

采样尺度	2000 年	2005 年	2009 年	2015 年
县域	0.0497	0.0830	0.0944	0.6431

续表

采样尺度	2000 年	2005 年	2009 年	2015 年
30km×30km	0.4589	0.4590	0.4414	0.4446
20km×20km	0.5334	0.4813	0.4630	0.4658
10km×10km	0.5331	0.5327	0.5258	0.5283
7km×7km	0.5620	0.5587	0.5590	0.5612
5km×5km	0.5733	0.5640	0.5767	0.5798
3km×3km	0.5891	0.5683	0.5683	0.6092
1km×1km	0.6273	0.5799	0.6688	0.6763

国土空间利用程度的空间趋同性用全局空间自相关的大小予以反映。图 5-30 中横轴"GTLYCD + 年份"表示该年份研究区的国土空间利用程度；纵轴"GTLYCD + 年份"表示对应年份的国土空间利用程度的空间滞后；斜线为斜率，即 Moran's I 指数，表示国土空间利用程度全局空间自相关大小。结果显示，4 个年份 8 种尺度的 Moran's I 指数均为正值，说明研究时段内滇中城市群国土空间利用程度存在正的全局空间自相关性。由于单元尺度和采样方式的不同，使得计算得到 Moran's I 指数不一致，但数值差异较小。在各年份的 Moran's I 散点图中，B、C、D、E、F、G、H 均为格网采样方式，各年份 Moran's I 指数随单元尺度数量的增加而逐渐增大，全局相关性更加显著；图 A 为县域尺度的采样方式，与格网采样方式得到的 Moran's I 指数对比发现，2000 年、2005 年、2009 年县域尺度与 1km×1km 的 Moran's I 指数差异较小，2015 年县域尺度与 1km×1km 的 Moran's I 指数差异较大，说明全局空间自相关性对单元尺度和采样方式比较敏感。研究结论与邵俊明等（2015）的论述相一致，仅数值有些差异。究其原因是邵俊明等（2015）的采样尺度间隔较大，若本书采取与之相同的单元尺度，研究结论则相同。

此外，图 5-30 中，Moran's I 指数值位于第一、三象限，反映出正的空间相关性；Moran's I 指数值位于第二、四象限，反映出负的空间相关性。第一象限为高-高聚集，代表国土空间利用程度高值单元与邻边的高值单元发生空间聚集现象；第二象限为低-高聚集，代表国土空间利用程度低值单元被高值单元包围；第三象限为高-低聚集，代表国土空间利用程度高值单元被低值单元包围；第四象限为低—低聚集，代表国土空间利用程度低值单元与邻边的栅格单元发生聚集现象（华娟等，2012）。进一步分析还发现，4 个年份的所有散点图，均为落在第一、三象限的值较多，其中又以落在第一象限的散点图最多。这说明单元尺度大小和采样方式对空间相关联系具有明显的影响（邵俊明等，2015）。

2. 栅格多尺度国土空间利用程度局部空间自相关分析

局部空间自相关分析方法主要包括 LISA 散点图、LISA 显著性地图、LISA 聚集地图、LISA 箱地图。其中，LISA 显著性地图和 LISA 散点图本质是一幅地图在空间上的不同展示（邵俊明等，2015）；而 LISA 聚集地图和 LISA 显著性地图本质上表示的信息是相同的，但用不同的颜色表示不同的空间自相关类型；LISA 箱地图是所有观测点的局部 Moran 统计分布箱地图，表示的是具有不同局部自相关模式的潜在位置。

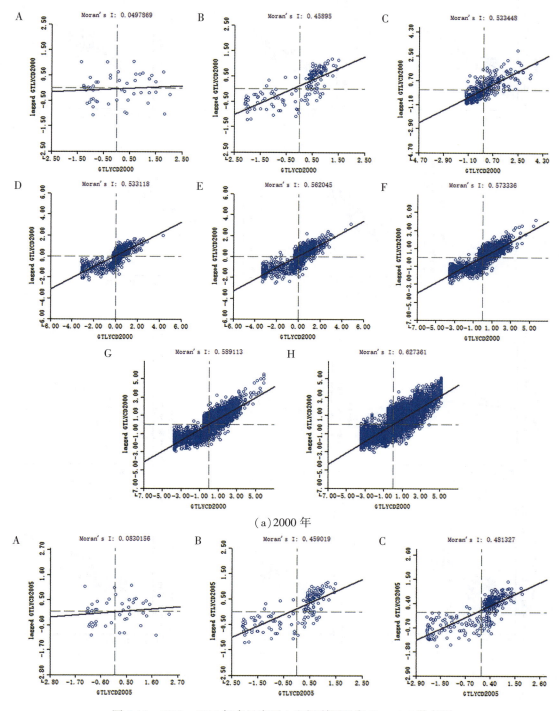

图 5-30 2000—2015 年多尺度国土空间利用程度 Moran's *I* 散点图

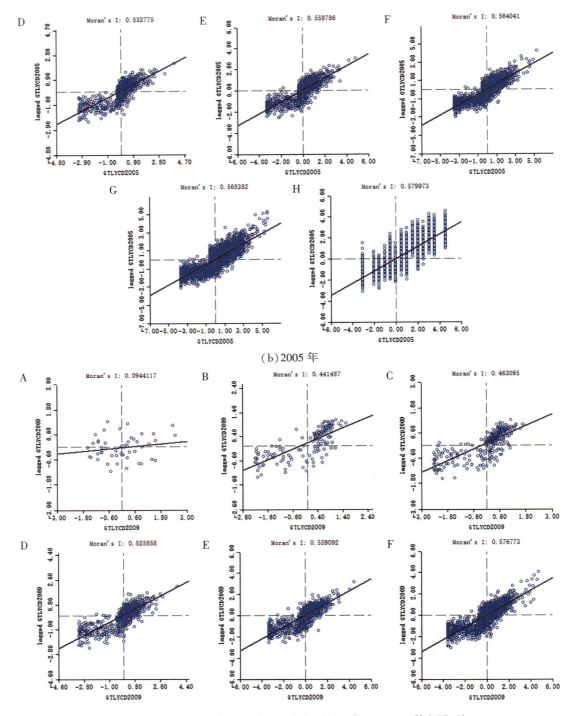

(b)2005 年

图 5-30　2000—2015 年多尺度国土空间利用程度 Moran's *I* 散点图(续)

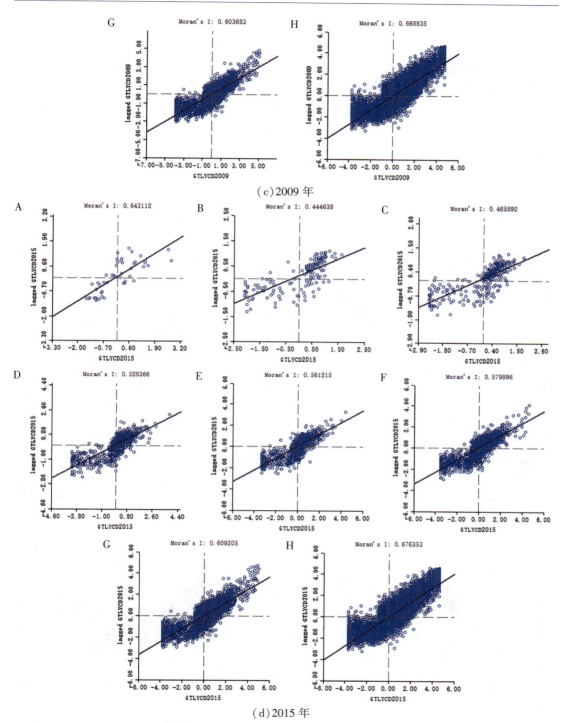

（c）2009 年

（d）2015 年

注：A、B、C······G、H 分别代表县域、30km×30km、20km×20km、10km×10km、7km×7km、5km×5km、3km×3km、1km×1km 等多种尺度单元基于距离 K-近邻权重进行测算的取值。

图 5-30　2000—2015 年多尺度国土空间利用程度 Moran's I 散点图（续）

在前文数据的基础上，利用 GeoDa 软件计算研究区 2000—2015 年县域尺度的国土空间利用程度 LISA 值，并在 $P \leqslant 0.05$ 的检验下绘制 LISA 空间格局图，剖析 2000—2015 年国土利用程度聚集特征及格局形成的原因；再以 2015 年为例，采用 LISA 空间格局图展示多个尺度下的局部空间相关关系。

由图 5-31 可以看出，2009 年以前，研究区国土空间利用程度在空间布局上呈现高-高聚集、低-低聚集、低-高异常和高-低异常 4 种类型，且聚集或异常区分布大致相似。总体表现出：东北部的宣威市和富源县为高-高聚集区域；低-低聚集区属于空间单元与其邻边单元的国土空间利用程度均较低，其局部性空间差异较小，在空间上呈现聚集分布的状态，主要分布在研究区北部的武定县、禄劝县和富民县；低-高异常区属于国土空间利用程度低，邻边单元的国土空间利用程度却相对较高，其空间关系呈现负相关性；而高-低

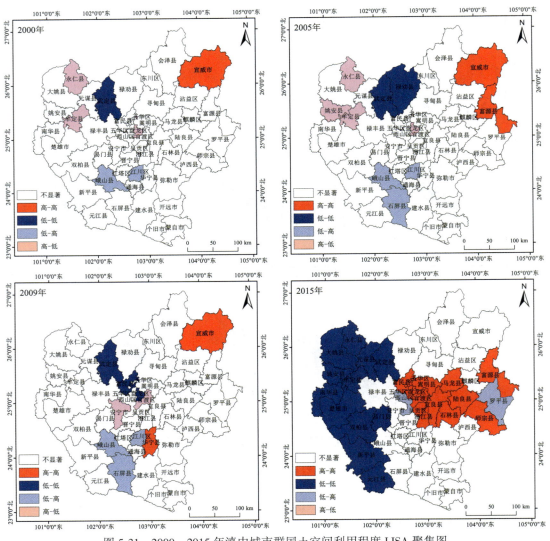

图 5-31　2000—2015 年滇中城市群国土空间利用程度 LISA 聚集图

异常区属于国土空间利用程度高，而其邻边单元的国土空间利用程度却相对较低，其空间关系也呈现负相关性。2000年和2005年异常区的位置分布较相似，分布在研究区西北部的永仁县、牟定县、姚安县和盘龙区，2009年异常区分布在安宁市和嵩明县，异常区分布较随机。2015年，研究区国土空间利用程度在空间布局上仅呈现高-高聚集、低-低聚集、低-高异常3种类型。这一时点的国土空间利用程度局部空间相关关系呈现：以研究区中部的昆明市主城区及东部部分县区为高-高聚集，低-低聚集主要分布在研究区西部、西北部和西南部，异常区主要分布在主城区与外围县区的过渡带。总体上，研究时段内，研究区高-高聚集区分布呈现向中部、东部及东南部延伸，低-低聚集区分布呈西部、西北部和西南部延伸。

形成这样的空间格局主要与研究区独特的地形地貌特征，以及长期发展过程中所形成的以昆明市作为滇中地区重要的政治、文化、经济、物流及商贸中心的单核心空间结构相关。研究区地处云贵高原，东部为岩溶地貌较发育区，西侧为横断山脉，而东部和西部地势较高，北部和南部河流水系发育，主要为珠江、元江、金沙江和澜沧江支流，地形起伏较大，个别用地类型(如耕地、建设用地)受地形影响，导致土地开发受限，国土空间利用程度相对较低。中部地区地势相对平坦，适合城市发展建设和人类居住，国土空间利用程度相对较高。随着山地城镇模式的实施，使得研究区内建设用地增加，国土空间利用程度高-高聚集的范围有所扩大，而受城市发展政策导向影响，促成以昆明市为中心与外围区域之间形成国土空间利用程度低-高或无显著性特征的过渡区域。

由图5-32可以看出，8种尺度下的国土空间利用程度空间聚集整体布局较一致，研究区西部国土空间利用程度较低，中部和东部国土空间利用程度较高；图中B、C、D、E、F、G、H均为栅格采样方式，对应单元尺度和栅格数分别为30km×30km(162个栅格)、20km×20km(337个栅格)、10km×10km(1233个栅格)、7km×7km(2459个栅格)、5km×5km(4177个栅格)、3km×3km(12828个栅格)、1km×1km(112899个栅格)，栅格数目随尺度的缩小而增加，则LISA聚集地图所反映的局部国土空间利用程度空间聚集区域越精确，以H图为1km×1km的空间聚集区域最精确，而A图仅能定位至县域一级，定位比较粗糙，无法反映研究区的局部国土空间利用程度空间聚集的具体位置分布情况。

3. 国土空间利用程度热点分析

本小节采用热点分析，利用ArcGIS软件中的Getis-Ord G_i*功能，以县域为单位，识别国土空间利用程度的空间分布演变模式及其热点和冷点地区。

国土空间利用程度热点分布情况如图5-33所示。4个时点，研究区国土空间利用程度热点、冷点分布呈现"两两"相似的格局，具体表现为中部的盘龙区、官渡区、宜良县、澄江县和东部的陆良县、师宗县等地区及其周边的某些地区是国土空间利用程度热点区主要集中分布的区域；冷点区分布在研究区北部的禄劝县、东川区，西部的楚雄市、双柏县、新平县、元江县，西北部的大姚县、永仁县、姚安县等地区及其周边的某些地区。国土空间利用程度热点分布地区不仅反映该地区的国土空间利用程度情况，还反映这个地区周边的其他地区的国土空间利用程度情况，表现为上述中热点分布区周边地区的国土空间利用程度普遍偏高。值得注意的是，2009 年以后云南省推行"建设用地上山"政策，北部的禄劝县、东川区、会泽县，南部的个旧市、开远市、建水县等冷点区的国土空间利用程度有所提高，使得 2009—2015 年研究区国土空间格局与前两期相比变化明显。

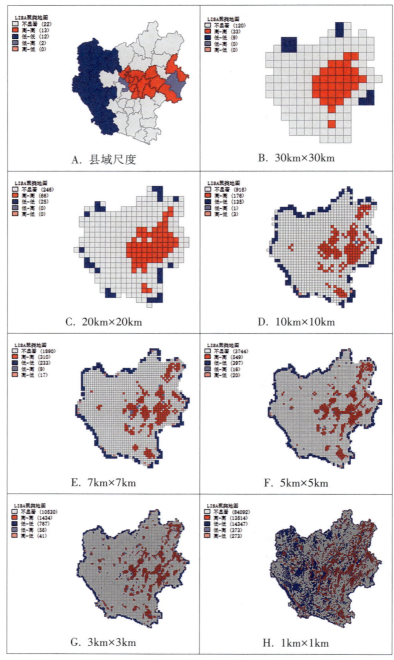

图 5-32　研究区 2015 年多尺度国土空间利用程度 LISA 聚集图

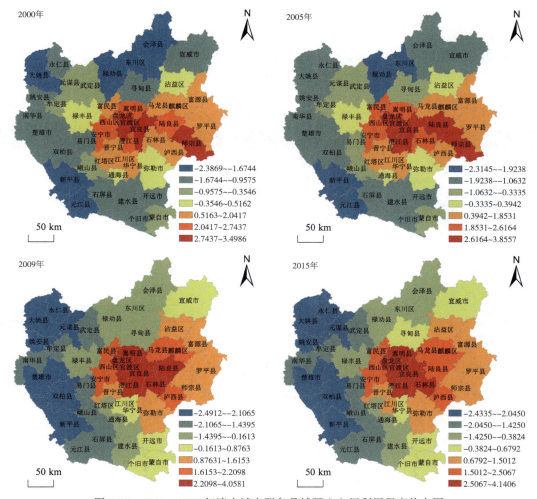

图 5-33　2000—2015 年滇中城市群各县域国土空间利用程度热点图

5.3.2　国土空间利用程度随距离权重变化分析

前文对比分析了研究区国土空间利用程度基于 Moran's I 指数在多种尺度下的空间关系。接下来，本节探究 2000—2015 年研究区国土空间利用程度空间自相关随距离变化的规律，通过设置不同的距离权重来测算研究区国土空间利用程度多尺度的空间自相关性。

1. 基于不同距离权重的县域尺度国土空间利用程度空间自相关分析

利用 GeoDa 软件求解在距离权重为 64～100km 的 2000—2015 年研究区县域尺度的国土空间利用程度的 Moran's I 值，分析基于不同距离的 2000—2015 年县域尺度国土空间利用程度的空间自相关性。

结果显示（表 5-25），4 个时点的国土空间利用程度 Moran's I 值均大于 0，呈空间正相关性，空间相关性的明显程度受 Moran's I 值影响。具体表现为：2000 年、2005 年、2009

年国土空间利用程度 Moran's I 值均较小，且在距离权重 64~100km 下数值变化都不大，说明这 3 个时点的研究区国土空间利用程度相关性较弱，聚集性不明显；与前 3 个时点相比，2015 年国土空间利用程度 Moran's I 值较大，表明该年研究区国土空间利用程度是聚集分布的，呈现空间自相关性随距离权重的增加而减小。

表 5-25　　　　　　不同距离权重下的县域尺度国土空间利用程度 Moran's I 值

距离/km	2000 年	2005 年	2009 年	2015 年
64	0.0974	0.1178	0.1456	0.5749
68	0.0973	0.0964	0.1307	0.5577
72	0.0882	0.0936	0.1261	0.5328
76	0.0837	0.0927	0.1199	0.5133
80	0.074	0.0848	0.1124	0.4853
84	0.0738	0.0768	0.1101	0.4723
88	0.0636	0.0765	0.1035	0.4534
92	0.0595	0.0764	0.1015	0.4104
96	0.0581	0.0686	0.095	0.3988
100	0.0377	0.0403	0.0775	0.3913

2. 基于不同距离权重的栅格多尺度国土空间利用程度空间自相关分析

为直观反映国土空间利用程度多种栅格尺度空间自相关与距离权重之间的关系，分别计算 500m×500m、1km×1km、2km×2km、3km×3km 这 4 种空间尺度下 2000—2015 年研究区国土空间利用程度指数在距离权重为 3~30km 的空间自相关性，结果见表 5-26 和图 5-34，发现结果呈以下特点：

（1）基于不同距离权重的栅格尺度国土空间利用程度 Moran's I 指数在 3~30km 距离范围内均为正值，说明研究区国土空间利用程度及空间格局存在空间正自相关性。但随着距离权重的增加，各时点在不同尺度上的 Moran's I 指数均呈下降趋势，空间正自相关性逐渐减弱，符合地理学第一定律。

（2）从时间横向上看，各时点的国土空间类型分布格局不同，反映在国土空间利用程度 Moran's I 指数上，即各时点的 Moran's I 值不同。将各时点的 Moran's I 值按从大到小进行排序后发现：2015 年>2009 年>2000 年>2005 年。原因是受西部大开发战略影响，研究区国土空间利用程度确实有了较大提高，表现为 2000—2005 年国土空间利用程度聚集性明显，但 2005 年聚集性稍弱。随后 2009 年云南省采取的"建设用地上山"土地政策，对研究区低缓坡地带进行大规模的开发利用，国土开发强度加大，建设用地增加显著；后期因研究区发展需要，部分县域国土空间功能定位发生较大变化，使得 2015 年国土空间利用程度聚集性再次增加。

（3）从栅格多尺度来看，研究区国土空间利用程度在各尺度上均呈现较明显的空间自相关性。随着栅格尺度的增加，研究区国土空间利用程度 Moran's I 值均呈下降趋势，反映出空间自相关性减小的趋势。该研究结论与刘敏等（2012）的论述一致，与邱炳文等

（2007）的研究结论相反。主要原因：一是空间自相关性指数表征的是邻近位置上变量的相似性；二是数据采用平均值法进行聚合处理属于线性过程，而空间自相关性 Moran's I 值随距离权重变化的曲线是非线性的，二者综合导致一个尺度聚合到另一个尺度后，空间自相关性有可能增强或减弱。

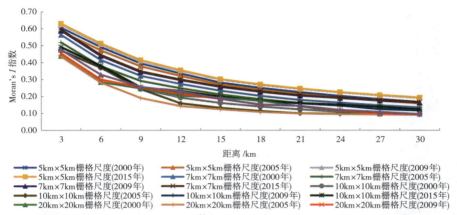

图 5-34　栅格多尺度（500~3000m）国土空间利用程度指数随距离权重增加的 Moran's I 值响应曲线

为进一步验证以上结论，按照相同的计算方法，求解在 5km×5km、7km×7km、10km×10km、20km×20km、30km×30km 栅格尺度下，距离权重为 30~300km 的 2000—2015 年研究区国土空间利用程度的 Moran's I 值，探析国土空间利用程度指数空间自相关的尺度效应，结果见图 5-35、表 5-27。实验结果与上述结论基本一致，这 5 种栅格尺度下的国土空间利用程度的 Moran's I 值随权重距离的增加呈下降趋势，空间自相关性减弱。不同之处在于距离权重在 30~240km 范围内时，5 种栅格尺度下研究区国土空间利用程度的 Moran's I 值均为正值，呈现空间正相关性，具有一定的聚集性，但距离权重超过 270km，Moran's I 值开始出现负值，呈现空间负相关性，处于离散、随机分布状态。

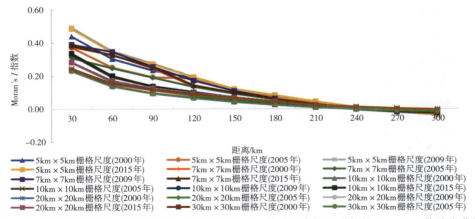

图 5-35　栅格多尺度（5~30km）国土空间利用程度指数随距离权重增加的 Moran's I 值响应曲线

表 5-26　2000—2015 年滇中城市群栅格多尺度（500～3km）国土空间利用程度指数随距离权重增加后的空间自相关 Moran's *I* 指数

距离/km	500m×500m				1km×1km				2km×2km				3km×3km			
	2000年	2005年	2009年	2015年	2000年	2005年	2009年	2015年	2000年	2005年	2009年	2015年	2000年	2005年	2009年	2015年
3	0.6064	0.5852	0.6249	0.6298	0.5635	0.5187	0.5884	0.5949	0.4733	0.4701	0.4909	0.4914	0.4393	0.4364	0.4548	0.4755
6	0.4914	0.4722	0.5077	0.5123	0.4157	0.3785	0.4396	0.4455	0.3721	0.3691	0.3812	0.3823	0.2845	0.2815	0.2989	0.3285
9	0.3950	0.3781	0.4106	0.4145	0.3214	0.2912	0.3441	0.3487	0.2457	0.2426	0.2524	0.2539	0.2464	0.1901	0.2531	0.2566
12	0.3357	0.3207	0.3512	0.3546	0.2734	0.2474	0.2954	0.2994	0.1933	0.1584	0.2274	0.2318	0.2033	0.1425	0.2147	0.2278
15	0.2822	0.2687	0.2989	0.3016	0.2334	0.2107	0.2556	0.2588	0.1617	0.1319	0.1952	0.1986	0.1917	0.1233	0.1856	0.1869
18	0.2504	0.2378	0.2677	0.2701	0.2036	0.1830	0.2270	0.2296	0.1402	0.1137	0.1740	0.1767	0.1752	0.1078	0.1510	0.1532
21	0.2256	0.2136	0.2439	0.2459	0.1794	0.1606	0.2046	0.2066	0.1234	0.0996	0.1584	0.1604	0.1413	0.0986	0.1437	0.1445
24	0.2030	0.1919	0.2231	0.2249	0.1638	0.1462	0.1906	0.1924	0.1087	0.0972	0.1463	0.1512	0.1105	0.0951	0.1162	0.1207
27	0.1843	0.1742	0.2060	0.2076	0.1477	0.1317	0.1759	0.1774	0.0994	0.0953	0.1244	0.1398	0.0973	0.0930	0.1003	0.1086
30	0.1683	0.1587	0.1914	0.1929	0.1358	0.1210	0.1652	0.1666	0.0981	0.0947	0.1173	0.1245	0.0962	0.0914	0.0964	0.0971

表 5-27　2000—2015 年滇中城市群栅格多尺度（5～30km）国土空间利用程度指数随距离权重增加后的空间自相关 Moran's *I* 指数

距离/km	5km×5km				7km×7km				10km×10km				20km×20km				30km×30km			
	2000 年	2005 年	2009 年	2015 年	2000 年	2005 年	2009 年	2015 年	2000 年	2005 年	2009 年	2015 年	2000 年	2005 年	2009 年	2015 年	2000 年	2005 年	2009 年	2015 年
30	0.4405	0.3724	0.4858	0.4944	0.3756	0.3099	0.3847	0.3912	0.3300	0.3271	0.3356	0.3368	0.2831	0.2820	0.2837	0.2851	0.2354	0.2303	0.2441	0.2460
60	0.3034	0.2518	0.3439	0.3510	0.3287	0.2473	0.3259	0.3467	0.1955	0.1926	0.1999	0.2000	0.1657	0.1653	0.1703	0.1724	0.1393	0.1364	0.1523	0.1540
90	0.2341	0.1927	0.2707	0.2762	0.2464	0.1901	0.2531	0.2566	0.1389	0.1362	0.1366	0.1368	0.1139	0.1138	0.1240	0.1260	0.0949	0.0929	0.1133	0.1147
120	0.1886	0.1856	0.1925	0.1938	0.1369	0.1340	0.1430	0.1729	0.1042	0.1019	0.0985	0.0989	0.0806	0.0799	0.0937	0.0953	0.0678	0.0657	0.0876	0.0886
150	0.1159	0.1139	0.1195	0.1195	0.0940	0.0920	0.0977	0.1095	0.0703	0.0690	0.0632	0.0641	0.0534	0.0525	0.0677	0.0686	0.0441	0.0421	0.0643	0.0646
180	0.0778	0.0766	0.0819	0.0819	0.0587	0.0578	0.0617	0.0629	0.0455	0.0451	0.0390	0.0399	0.0316	0.0308	0.0455	0.0455	0.0262	0.0246	0.0444	0.0449
210	0.0393	0.0389	0.0438	0.0438	0.0256	0.0255	0.0278	0.0183	0.0158	0.0153	0.0206	0.0209	0.0126	0.0120	0.0240	0.0246	0.0095	0.0085	0.0243	0.0251
240	0.0057	0.0053	0.0092	0.0096	0.0032	−0.0055	0.0037	0.0046	−0.0012	−0.0017	0.0033	0.0026	−0.0012	−0.0018	0.0080	0.0089	−0.0012	−0.0019	0.0108	0.0118
270	−0.0188	−0.0195	−0.0174	−0.0167	−0.0157	−0.0203	−0.0154	−0.0148	−0.0100	−0.0106	−0.0058	−0.0064	−0.0090	−0.0096	−0.0016	−0.0009	−0.0070	−0.0075	0.0023	0.0030
300	−0.0360	−0.0367	−0.0354	−0.0348	−0.0261	−0.0270	−0.0243	−0.0238	−0.0156	−0.0161	−0.0119	−0.0124	−0.0135	−0.0141	−0.0081	−0.0076	−0.0097	−0.0101	−0.0035	−0.0031

5.4　栅格多尺度国土空间格局与驱动因子空间自相关分析

国土空间格局的形成受自身及自然、经济、社会、生态等多种复杂因素的影响，并具有高度的尺度依赖性。本节对国土空间格局变化进行栅格多尺度空间自相关分析，选取影响国土空间格局的自然、经济社会两个方面共 22 个因子来分析空间要素对国土空间格局的尺度效应。

限于计算机处理能力和研究需要，结合研究区实际情况，本节将研究的基本栅格尺度定为 5km，并延伸出 7km×7km、10km×10km、20km×20km、30km×30km 空间尺度，距离权重范围设定为 30~300km，每两个距离之间间隔 30km。

实验步骤：首先，采用 ArcGIS 软件中的 Create Finshnet 功能创建不同栅格尺度的空间格网，再利用面积制表和以表格显示分区统计功能分别对各驱动因子在某一空间格网下的各个栅格单元中的百分比进行统计，以此作为各栅格单元的属性值；然后，将统计得到的百分比值连接到对应空间尺度下的属性表中；最后利用 GeoDa 软件中 Moran 散点图功能计算该空间格网下的各国土空间类型及驱动因子的 Moran's I 指数，并采用 Excel 绘制成图。

5.4.1　栅格多尺度国土空间格局自相关分析

1. 基本栅格尺度的国土空间格局自相关分析

为直观反映国土空间格局空间自相关与距离权重的关系，计算 5km×5km 栅格尺度在 30~300km 距离范围内的 Moran's I 值，从而揭示各国土空间类型分布特征的空间自相关特性。

以 2015 年为例，由表 5-28 和图 5-36 发现，研究区各国土空间类型随距离权重变化，空间自相关性呈现以下特点：

(1)7 种国土空间类型均呈现空间正自相关性，且相关性随距离的增加而逐渐减弱，由强到弱进行排序依次为：绿地生态空间>农业生产空间>农村生活空间>工矿生产空间>其他生态空间>城镇生活空间>水域生态空间。

(2)7 种国土空间类型的 Moran's I 指数均为正值，表明各国土空间类型在空间上均为聚集分布。由于各国土空间类型在空间上的分布位置及规模的不同，对应的 Moran's I 指数在距离权重上有差异，且随距离权重的增加而逐渐减小，一直延伸至大于 300km 处，值均趋近于 0。在距离权重为 30km 时，各国土空间类型的 Moran's I 值最大，其中又以绿地生态空间、农业生产空间和农村生活空间的 Moran's I 值最大。主要原因是研究区内耕地和林地为主要景观类型，两者占比达 92.38%，使得绿地生态空间和农业生产空间的 Moran's I 值大；再者，随着城市化进程的加快，近年来研究区对农村住宅用地进行了较大规模的开发和整顿，使得其呈现聚集性分布。表明设定的距离权重与国土空间类型格局分布与规模存在空间自相关性。

(3)7 种国土空间类型的空间自相关性随距离权重的增加而减弱，但减弱的速度也有差异。农业生产空间、农村生活空间和绿地生态空间的 Moran's I 值随距离权重的增加，空间自相关性减弱速度较快,尽管这两种国土空间类型的空间分布较集中,但仍易受相邻区域国土空间格局变化的影响,同时侧面反映出研究区国土空间开发存在占用耕地、占用林地现象。随距离权重的增加,其他国土空间类型 Moran's I 值减小速度较慢,不易受邻边区域国土空间格局变化的影响,侧面反映这些国土空间类型的开发程度受限,属禁止开发或难开发国土空间类型。

表 5-28　　　　　**2015 年滇中城市群 5km 栅格尺度各国土空间类型 Moran's I 值**

国土空间类型	距离权重/km									
	30	60	90	120	150	180	210	240	270	300
农业生产空间	0.5325	0.4775	0.4130	0.3523	0.2899	0.2280	0.1699	0.1177	0.0767	0.0467
工矿生产空间	0.1466	0.1025	0.0814	0.0682	0.0572	0.0433	0.0302	0.0191	0.0109	0.0058
城镇生活空间	0.0851	0.0395	0.0259	0.0177	0.0128	0.0090	0.0056	0.0030	0.0011	0.0002
农村生活空间	0.3469	0.3153	0.2709	0.2253	0.1790	0.1342	0.0942	0.0613	0.0374	0.0214
绿地生态空间	0.7216	0.6442	0.5656	0.4941	0.4163	0.3337	0.2478	0.1708	0.1095	0.0647
水域生态空间	0.0480	0.0441	0.0364	0.0310	0.0248	0.0188	0.0130	0.0082	0.0046	0.0022
其他生态空间	0.1335	0.0877	0.0760	0.0677	0.0549	0.0431	0.0339	0.0241	0.0163	0.0101

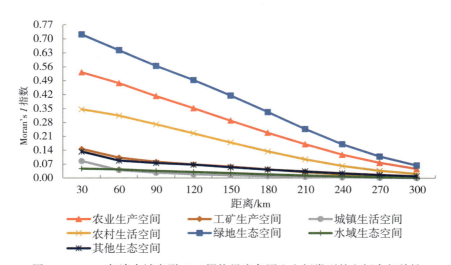

图 5-36　2015 年滇中城市群 5km 栅格尺度各国土空间类型的空间自相关性

2. 栅格多尺度的国土空间格局自相关分析

从 5km×5km、7km×7km、10km×10km、20km×20km 和 30km×30km 共 5 个栅格尺度的 Moran's I 值(图 5-37)来看,4 个时点的各国土空间类型的空间自相关性在距离权重为

30~300km 范围内呈现以下特点：

（1）国土空间类型的空间自相关性随研究尺度的增大呈逐渐减弱趋势。栅格尺度从 5km×5km 至 30km×30km，研究区各国土空间类型的 Moran's I 值随栅格尺度增大而减小，且不同时期的同种国土空间类型在相同的尺度下，Moran's I 值不尽相同。这表明，尺度聚合受非线性特征影响，空间自相关性随尺度的变化而增强或减弱。

（2）国土空间类型的空间自相关性随距离权重的增加呈逐渐减弱趋势。在距离权重 30~300km 范围内，各国土空间类型的 Moran's I 值随距离权重的增加而减小，存在空间自相关性，非随机分布。

（3）国土空间类型在空间上的分布（聚集或离散）除受尺度和距离权重的影响之外，还受各国土空间类型规模的影响。以 2015 年为例（图 5-37），研究区农业生产空间在尺度为 30km×30km、距离权重为 300km 时，Moran's I 指数由正值变为负值，空间分布模式从聚集开始转为离散；工矿生产空间从尺度 7km×7km 至 30km×30km、距离权重从 240km 起，空间分布模式从聚集开始转为离散；城镇生活空间和水域生态空间从尺度 7km×7km 至 30km×30km、距离权重从 210km 起，空间分布模式从聚集开始转为离散；农村生活空间从尺度 10km×10km 至 30km×30km、距离权重从 270km 起，空间分布模式从聚集开始转为离散。

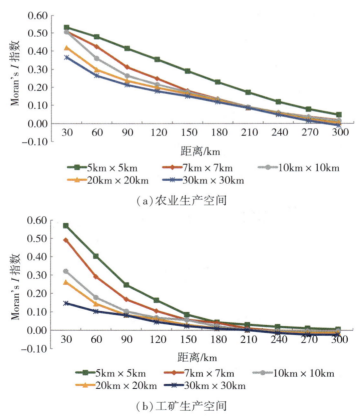

（a）农业生产空间

（b）工矿生产空间

图 5-37　2015 年滇中城市群各国土空间类型多尺度的 Moran's I 指数比较

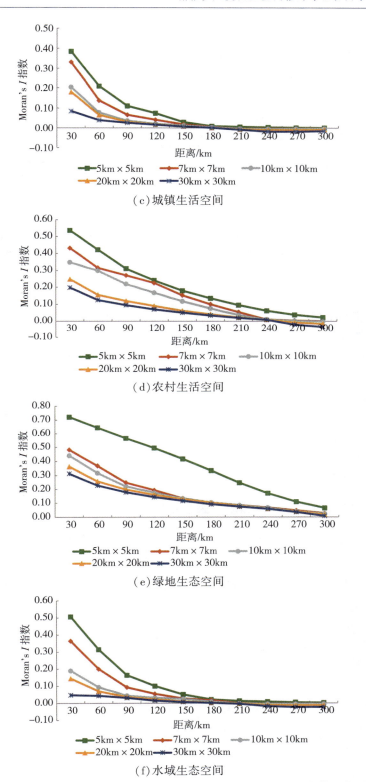

（c）城镇生活空间

（d）农村生活空间

（e）绿地生态空间

（f）水域生态空间

图 5-37　2015 年滇中城市群各国土空间类型多尺度的 Moran's I 指数比较（续）

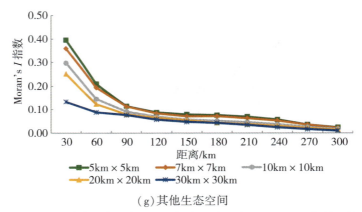

（g）其他生态空间

图 5-37　2015 年滇中城市群各国土空间类型多尺度的 Moran's I 指数比较（续）

究其原因，认为主要有以下 4 个方面：①每个尺度规模都有其既定的模式，其所揭示的作用关系不能简单地应用到尺度规模升降层次上；②小尺度规模上，数据噪声太强，当其聚合到较大尺度规模后数据经平滑处理，噪声得以抑制，进而显示出大尺度的模式；③采用平均值法对数据进行统计聚合处理属于线性过程，而 Moran's I 值随距离变化的曲线属于非线性过程，相邻两点的平均 Moran's I 值则通常位于曲线的凹面，因此要高于这些单元的平均自相关性（邱炳文等，2007）；④空间自相关性的强弱可能会受国土空间类型格局大小的影响。栅格尺度的不同对国土空间类型空间自相关性的影响在其他类似的研究中早已验证（谢花林等，2006；Zhao et al.，2006），即空间自相关性受像元尺度变化而增强或减弱。

综上所述，研究区国土空间类型存在多尺度空间相关性，且具有一定的分异规律。

5.4.2　栅格多尺度国土空间格局驱动因子空间自相关分析

国土空间格局变化是自然环境、社会经济交互作用的直接反映。不仅国土空间类型会随聚合规模发生变化，驱动因子本身及影响系数也可能会随尺度变化而变化，呈现显著的尺度依赖性。本节对研究区可能影响国土空间格局构成的驱动因子进行空间自相关分析，分别分析基于不同距离权重的空间自相关性，以揭示空间相关性随距离的变化规律。在选择驱动因子方面，结合研究区实际，综合考虑自然环境与社会经济因子，同时兼顾数据的可获取性和空间定量化需求，具体包括以下 4 个方面：①地形因子：高程、坡度、坡向数据。②交通通达度因子：至最近公路的距离、至最近铁路的距离、至最近农村道路的距离、至最近城镇或农村居民点的距离。③水资源因子：至最近河流水系的距离、年降水量。④社会经济因子：人口空间分布、GDP 空间分布、年平均气温数据、至最近县政府所在地的距离。为保证聚合过程中信息的无损性，尽可能用其值在栅格单元中的百分比表示（De Koning et al.，1998）。本节选取的影响滇中城市群国土空间格局变化的驱动因子见表 5-29。

表 5-29　　　　　　　　　**滇中城市群国土空间格局驱动因子**

因子分类	指标分类	具体指标	数据来源与说明	单位	数据来源与说明
地形因子	高程	高程(X1)	每个像元中心的高程值(%)		采用 SRTM 30m 分辨率的 DEM 数据
	坡度	平地(X2)	坡度介于 0°~2° 的国土空间所占的百分数(%)		利用 DEM 数据计算得到
		平坡(X3)	坡度介于 2°~8° 的国土空间所占的百分数(%)		
		缓坡(X4)	坡度介于 8°~15° 的国土空间所占的百分数(%)		
		斜坡(X5)	坡度介于 15°~25° 的国土空间所占的百分数(%)		
		陡坡(X6)	坡度 25° 及以上的国土空间所占的百分数(%)		
	坡向	正阴向(X7)	坡度介于 337.5°~360°, 0°~67.5° 的国土空间所占的百分数(%)		利用 DEM 数据计算得到
		半阴向(X8)	坡度介于 67.5°~112.5°, 292.5°~337.5° 的国土空间所占的百分数(%)		
		半阳向(X9)	坡度介于 112.5°~157.5°, 247.5°~292.5° 的国土空间所占的百分数(%)		
		正阳向(X10)	坡度介于 157.5°~247.5° 的国土空间所占的百分数(%)		
交通通达度因子	至最近公路的距离(X11)		每个像元中心与最近公路的距离	km	通过欧氏距离法计算得到
	至最近铁路的距离(X12)		每个像元中心与最近铁路的距离	km	
	至最近农村道路的距离(X13)		每个像元中心与最近农村道路的距离	km	
	至最近城镇的距离(X14)		每个像元中心与最近城镇的距离	km	
	至最近农村居民点的距离(X15)		每个像元中心与最近农村居民点的距离	km	
水资源因子	至最近河流水系的距离(X16)		每个像元中心与最近河流水系的距离	km	通过欧氏距离法计算得到
	年降水量(X17)			mm	由统计年鉴获取,以县为统计单元,通过 Kriging 插值法插值为栅格数据

续表

因子分类	指标分类	具体指标	数据来源与说明	单位	数据来源与说明
社会经济因子		人口密度(X18)		人/km^2	由统计年鉴获取，以县为统计单元，通过 Kriging 插值法插值为栅格数据
		人均 GDP(X19)		元/人	由统计年鉴获取，以县为统计单元，通过 Kriging 插值法插值为栅格数据
		人均可支配收入(X20)		元	由统计年鉴获取，以县为统计单元，通过 Kriging 插值法插值为栅格数据
		至最近县政府所在地的距离(X21)	每个像元中心与最近县政府的距离	km	通过欧氏距离法计算得到
		年平均气温(X22)		℃	由统计年鉴获取，以县为统计单元，通过 Kriging 插值法插值为栅格数据

1. 栅格基本尺度的国土空间格局驱动因子空间自相关分析

依据计算所得栅格基本尺度(5km×5km)空间格网下的各驱动因子的 Moran's I 指数，绘制各驱动因子空间自相关分析图(图 5-38)。影响研究区国土空间格局构成的 22 个驱动因子均呈现一定的空间正相关性，并且空间正相关性随距离的增加而逐渐减弱。此外，驱动因子不同，其 Moran's I 值也有差异，说明国土空间格局及规模与其分布存在相关性而非随机分布。在所有驱动因子中，一些驱动因子的空间自相关性较弱，分别为正阴向(X7)、半阴向(X8)、半阳向(X9)、正阳向(X10)、至最近农村道路的距离(X13)的国土空间所占比例，这些因子于 90~120km 之后基本不存在空间自相关性，说明这些因子变量较其他因子变量更具随机分布规律，而其他大部分驱动因子均具有较强的空间正相关性。

2. 栅格多尺度的国土空间格局驱动因子空间自相关分析

本节从栅格多尺度视角对国土空间格局驱动因子空间自相关性进行分析。根据计算所得的不同栅格尺度下的国土空间驱动因子 Moran's I 值绘制多尺度驱动因子分类空间自相关图。

1) 栅格多尺度的地形因子空间自相关

由栅格多尺度地形因子空间自相关图(图 5-39)得知：①所有地形因子的空间自相关性随距离权重的增加而减弱；②所有地形因子的 Moran's I 值随栅格尺度的变大而变大；③坡度因子(X2~X6)的 Moran's I 值总体上要大于高程因子和坡向因子，说明坡度因子具有较强的空间自相关性，且具有一定的分布规律性；④坡向(X7~X10)因子的 Moran's I 值相对偏小，各坡向在栅格尺度 5km×5km 至 20km×20km，其 Moran's I 值变化不大，且在距离权重为

120km 以后呈现空间自相关性极弱或甚至没有空间自相关性，表明其分布具有随机性，但在栅格尺度 20km×20km 至 30km×30km，Moran's I 值出现稍大幅度的增加，说明栅格尺度 20km×20km可能是一个关键尺度，高程因子(X1)也呈现与坡向因子相似的特征。

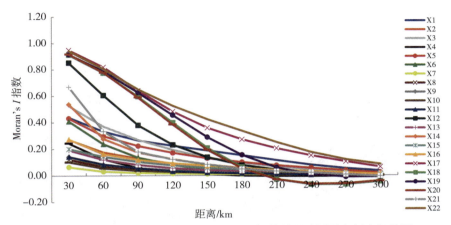

图 5-38　研究区栅格基本尺度下的国土空间格局驱动因子空间自相关图

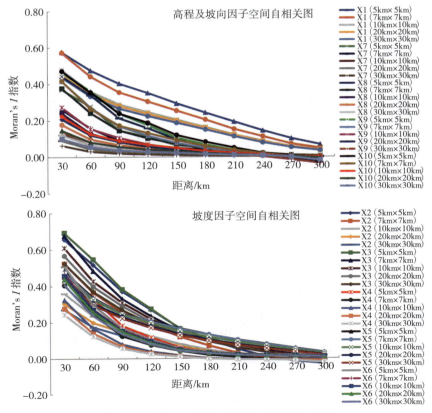

图 5-39　栅格多尺度地形因子空间自相关图

2）栅格多尺度的交通通达性因子空间自相关

由栅格多尺度交通通达性因子空间自相关图（图 5-40）得知，随着距离权重的增加，影响国土空间格局的 5 个交通通达性因子的空间自相关性均呈减弱趋势，且 Moran's I 值随栅格尺度的增加而减小。在这些因子中，至最近公路的距离（X11）的 Moran's I 值偏小，也即至最近公路的距离因子的空间自相关性较弱，表明其在空间上的分布较随机。

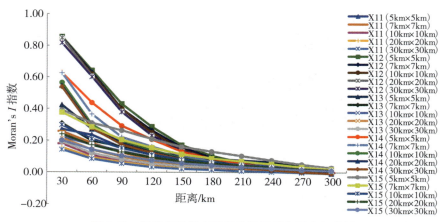

图 5-40　栅格多尺度交通通达性因子空间自相关图

3）栅格多尺度的水资源因子空间自相关

由栅格多尺度水资源因子空间自相关图（图 5-41）得知，至最近河流水系的距离（X16）和年降水量（X17）的空间自相关性随距离权重的增加均呈减弱趋势，且 Moran's I 值随栅格尺度的增加而减小。进一步分析发现，年降水量因子的空间自相关性总体较强（以 5km×5km 尺度为例，权重距离 30~300km 时，年降水量因子的 Moran's I 指数由 0.9492 减少至 0.0872），说明其对国土空间格局分布的作用较明显，也说明国土空间格局是非随机分布的；相较而言，至最近河流水系的距离的空间自相关性总体较弱（其 Moran's I 指数由

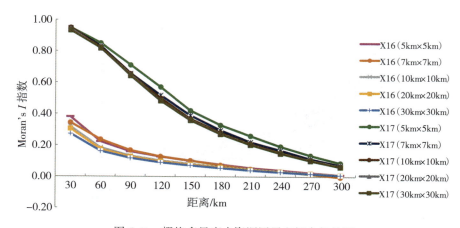

图 5-41　栅格多尺度水资源因子空间自相关图

0.3801 减少至 0.0102),原因可能是受研究区特殊地形地貌的影响,高原峡谷的水系较难开发和利用,说明其与国土空间格局分布无太大关系。

4)栅格多尺度的社会经济因子空间自相关

由栅格多尺度社会经济因子空间自相关图(图 5-42)得知,随着栅格尺度和距离权重的增加,5 个社会经济因子(X18 ~ X22)的 Moran's I 值均呈逐渐减小趋势。人口密度(X18)和人均可支配收入(X20)则在距离权重为 210km 时,对应的 Moran's I 值出现负值,这意味着距离权重为 210km 以内,因子呈聚集分布,当距离超出 210km,因子呈离散分布;而人均 GDP(X19)和至最近县政府的距离(X21)在距离权重为 300km 时,Moran's I 值出现负值;年均气温(X22)在各栅格尺度下的 Moran's I 值均为正值,存在正的空间自相关性,是非随机分布的。

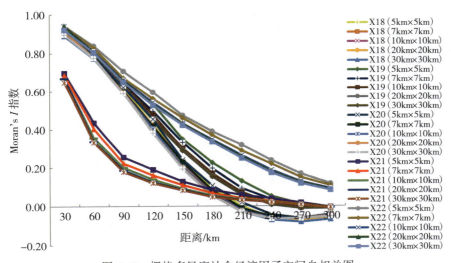

图 5-42 栅格多尺度社会经济因子空间自相关图

5.5 本章小结

本章按照构建的国土空间多尺度时空格局演变分析框架流程,依次进行分析:首先,运用多种模型方法,深入系统地分析了研究区国土空间数量结构与格局的时空演变特征;然后,从行政尺度、栅格尺度和景观尺度视角出发,采用空间自相关方法,以国土空间利用程度、信息熵、景观多样性指数作为观测变量,对研究区 2000—2015 年国土空间结构尺度规律特征进行了分析和评价;最后,运用空间自相关多个指标评价分析了研究区多尺度国土空间利用程度、国土空间格局及驱动因子空间分布的空间自相关性,更进一步探析了尺度效应。

国土空间数量演变方面。研究期间,农业生产空间与林地生态空间面积占比之和超过区域总面积的 80%,因而作为研究区的主要国土空间类型,也是国土空间的基础类型。

2000—2015 年 15 年间研究区各国土空间类型面积均有不同程度的增加或减少，总体呈现"入不敷出"的态势。受西部大开发战略、"建设用地上山"等相关土地政策影响，人类生产生活活动影响，以及数据分类、统计口径和制图综合的原因，研究区 2005—2009 年的国土空间类型数量变化要高于 2000—2005 年和 2009—2015 年的。此外，研究还发现，以高原山区为主导的地形特征影响了研究区国土空间类型分布，尤其以坡度因素对生产空间、生活空间和生态空间分布的影响作用最明显。

国土空间结构演变方面。分析国土空间利用程度演变，总体而言，研究期内城市群、市域和县域尺度的国土空间利用程度普遍较高，城市群尺度和市域尺度的国土空间利用程度指数均呈现两两相近的态势，表现为 2009 年和 2015 年的国土空间利用程度高于 2000 年和 2005 年的国土空间利用程度，这与云南省推行的相关土地政策有关；县域国土空间利用程度指数呈逐年上升趋势，总体上中部和东部要高于其他区域。分析国土空间结构信息熵演变，研究期内市域尺度国土空间结构信息熵等变化趋势和城市群尺度一致，呈现波动中趋向上升态势；县域国土空间结构信息熵发生较大变化，以 2009 年以后最明显，原因是研究区所辖市域部分城区国土空间功能定位发生改变，反映出国土开发强度加大，使得信息熵有所增加。分析国土空间结构分维数演变，15 年间研究区国土空间格局受人类活动影响较为严重，国土空间结构复杂性较高，结构边界较不规则。

研究发现，从国土空间利用程度来看，国土空间结构存在行政区尺度效应，且县域尺度对研究区国土空间结构的表征更"灵敏"，与市域尺度相比，更适用于研究国土空间结构的地域单元。从分维数看，随栅格尺度的增大，分维数逐年增加，分维数具有明显的尺度效应。从景观多样性指数看，景观多样性指数亦存在尺度效应。

国土空间格局演变方面。2005—2009 年的国土空间类型信息图谱变化高于 2000—2005 年和 2009—2015 年，以农业生产空间和绿地生态空间二者相互转化，以及绿地生态空间→其他生态空间为主要转移图谱类型。分析景观格局演变，研究期内研究区国土空间景观类型趋于多元化、均衡化的分布格局，各景观类型斑块之间的联系性越来越强。同时也存在明显空间分异性，判断与地形条件、交通设施、人口分布及人类活动等因素有关。研究区国土空间格局总体沿东北—西南走向分布，生产空间、生活空间在东北方向的分布最集中，生态空间格局分布较随机，重心迁移位置总体变化不大。分析国土空间格局扩张形态特征，生产空间、生活空间核密度测算值空间分布特征表现为中部、西部及东北部高，而南部、西南部及西北部低，多核扩散破碎化明显。生态空间核密度测算值空间分布特征在研究区中部以东较为密集，受人类活动干扰，破碎化严重，分布不均匀。

从栅格多尺度视角分析研究区国土空间利用程度、国土空间格局及驱动因子空间分布的空间自相关性，发现研究区国土空间利用程度在不同年份不同尺度上均呈现较明显的空间自相关性，随栅格尺度的增加，国土空间利用程度 Moran's I 值均呈下降趋势，反映出空间自相关性减小的趋势。研究区所有国土空间类型均呈空间正自相关性，说明国土空间类型在一定程度上是聚集分布的，但相关性随距离权重的增加而逐渐减弱。另外，研究区国土空间格局构成的 22 个驱动因子也均呈现一定的空间正相关性，且相关性随距离的增加而逐渐减弱，表现出显著的尺度依赖性，但由于驱动因子的不同，其 Moran's I 值各有差异。

第6章　滇中城市群国土空间格局多尺度模拟

6.1　研究区国土空间格局多尺度模拟分析框架

本章从栅格多尺度视角出发，在前文研究工作的基础上，运用多种模型进行研究区国土空间格局模拟及对比分析，选择最能表征研究区国土空间格局信息的尺度及最佳模拟模型，为本书后续的国土空间优化配置研究提供模型基础。本章设置 8 种栅格尺度并基于二元 Logistic 回归模型构建研究区不同栅格尺度下的国土空间格局（包括农业生产空间、工矿生产空间、城镇生活空间、农村生活空间、绿地生态空间、水域生态空间、其他生态空间）模拟模型，分析各国土空间类型与影响因素之间的相互关系，探究国土空间格局模拟过程中的尺度相关性特征；然后，通过 ROC 值和分维数选取最佳尺度，并利用改进的二元 Logistic 回归模型模拟最佳尺度下的研究区国土空间格局的空间分布概率；最后，基于 CLUE-S 和 FLUS 模型对研究区 2015 年国土空间格局情况进行模拟。基于 CLUE-S 模型的模拟：一是为验证二元 Logistic 回归结果的准确性；二是将其与 FLUS 模型模拟结果进行对比分析，采用多种精度检验法检验两种模型的模拟精度，遴选模拟模型。国土空间格局多尺度多模型模拟分析框架如图 6-1 所示。

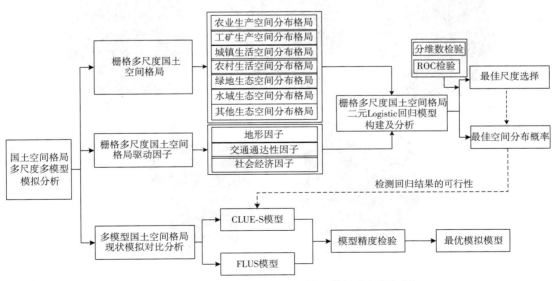

图 6-1　国土空间格局多尺度多模型模拟分析框架图

6.2　研究区国土空间格局模拟技术实现

6.2.1　国土空间类型分类及栅格尺度转换技术实现

本章以 2009 年为模拟初始年，2015 年为模拟目标年。首先，利用 ArcGIS 软件 Reclassify 工具对研究区 2009 年国土空间现状数据中的农业生产空间、工矿生产空间、城镇生活空间、农村生活空间、绿地生态空间、水域生态空间和其他生态空间 7 种国土空间类型进行二值化处理，形成 7 个 shp 格式文件；然后，按照第 4 章介绍的尺度转换规则与方法，运用 ArcGIS 软件中的 Resample 工具对国土空间类型进行尺度转换。为保证本书研究尺度的一致性，依据第 5 章栅格多尺度设定情况，设定 500m×500m、1000m×1000m、3000m×3000m、5000m×5000m、7000m×7000m、10000m×10000m、20000m×20000m、30000m×30000m 共 8 种栅格尺度进行研究区国土空间格局多尺度模拟分析。尺度转换过程图如图 6-2 所示。

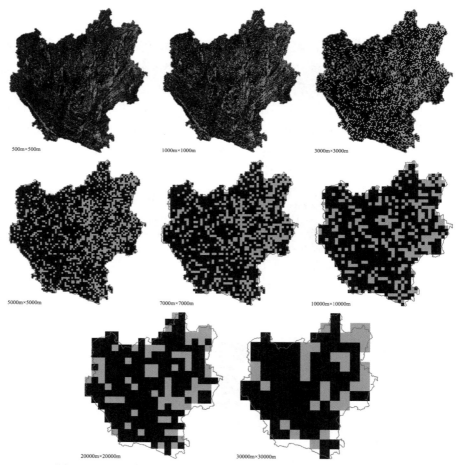

图 6-2　国土空间格局模拟尺度转换示意图（以农业生产空间为例）

6.2.2 驱动因子空间格网化技术实现

由于驱动因子共线性分析和回归分析的需要，根据第 5 章列出的地形、交通通达性、水资源、社会经济 4 个方面共 22 个驱动因子，按照第 4 章空间数据格网化的处理方法，采用 ArcGIS 软件的空间分析功能对 2009 年研究区国土空间格局驱动因子（表 5-29）进行因子格网化。限于篇幅，在此仅列出 500m×500m 栅格尺度下各驱动因子的空间格网图（图 6-3）。

6.2.3 国土空间格局多尺度二元 Logistic 回归分析技术实现

首先，根据上述得出的栅格多尺度下的不同国土空间类型及驱动因子格网图，利用

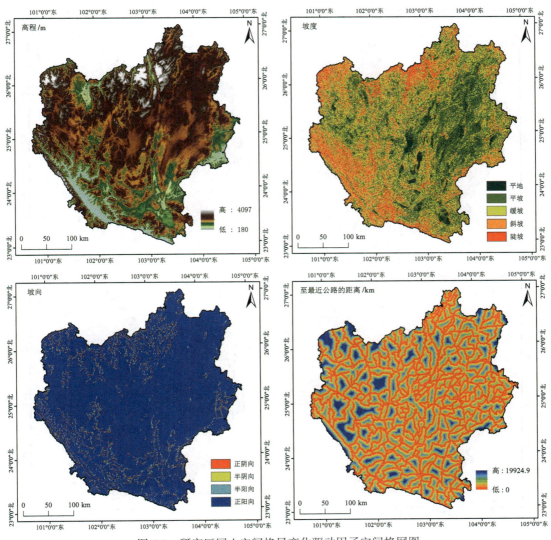

图 6-3　研究区国土空间格局变化驱动因子空间格网图

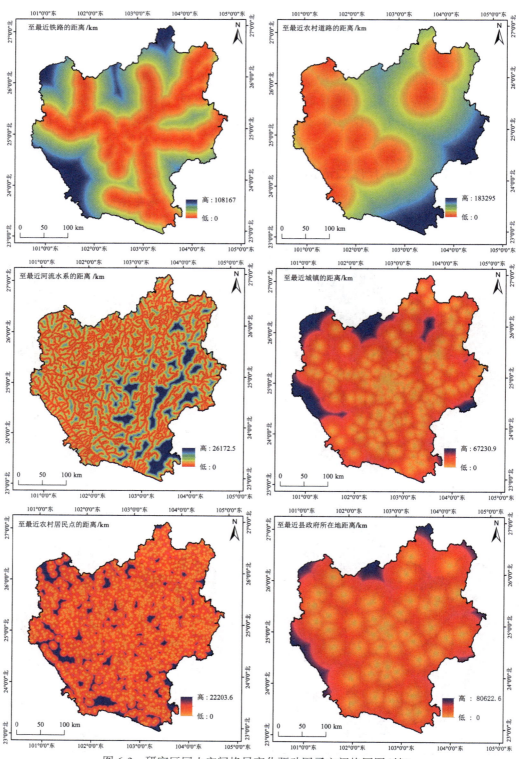

图 6-3　研究区国土空间格局变化驱动因子空间格网图(续)

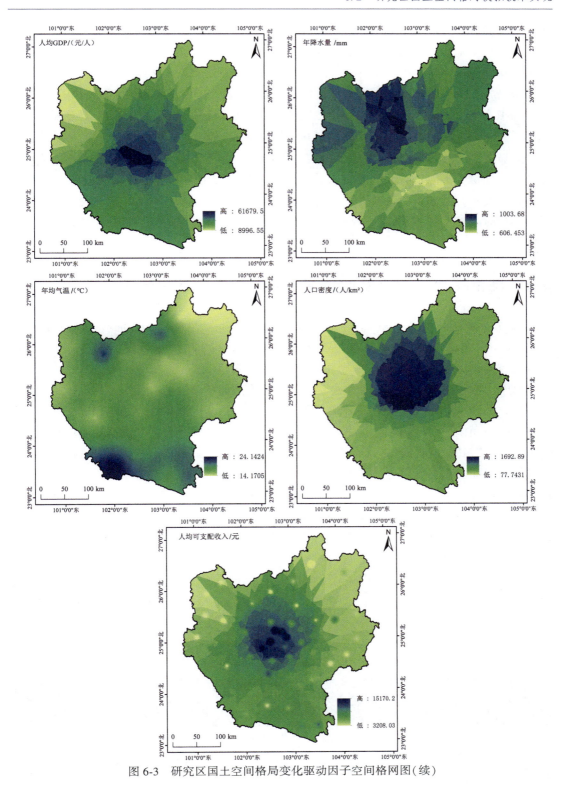

图 6-3 研究区国土空间格局变化驱动因子空间格网图(续)

Dyna-CLUE 软件中的 Convert 工具将各尺度下的所有 ASCII 文件转为单一记录文件，文件中包含 7 种国土空间类型对应各驱动因子数据；然后，将 8 个栅格尺度下的各国土空间类型与驱动因子数据转换而成的单一记录文件分别导入 SPSS 软件，构建二元 Logistic 回归模拟模型，分析各国土空间类型分布格局与其驱动因子之间在一定尺度上的相关性特征，并根据拟合优度确定最佳模拟尺度。在选取的驱动因子中，坡度和坡向是分类变量，而其他因子为连续变量。需要说明的是，坡度和坡向这 2 个分类变量中又各自包含子分类变量，如坡度因子分为"平地、平坡、缓坡、斜坡、陡坡"，这些子分类变量是一组完全线性的相关变量，不能将它们同时纳入后续构建回归方程的解释变量，因此，将"平地"设置为参考变量；同理，也将坡向因子的子分类变量之一"正阴向"设为参考变量。在构建回归模型时，参考变量不作为解释变量出现，但它们是解释回归模型中相关变量的显著程度的参照。

6.3 栅格多尺度国土空间格局 Logistic 回归结果分析

本节在 500m×500m、1000m×1000m、3000m×3000m、5000m×5000m、7000m×7000m、10000m×10000m、20000m×20000m、30000m×30000m 共 8 个模拟尺度下分别构建研究区各国土空间类型分布格局的共 56 个空间 Logistic 回归模拟模型。

由于空间数据的空间自相关性会对空间模拟模型的解释能力造成一定的干扰，同时利用栅格数据建模，计算量会很大（张永民等，2006）。为了减少干扰，并降低计算难度，因此根据空间模拟尺度及对应栅格格网总数的多少，采用随机抽样的方法从原样本中抽取 10%~30%的格网进行二元 Logistic 回归建模。此外，Logistic 回归模型在自变量中存在多元共线性特征影响，需要通过共线性诊断剔除存在共线性严重的自变量，一般采用容许值（Tolerance，TOL）和方差膨胀因子（Variance Inflation Factor，VIF）两个指标相结合进行评定（林晓丹，2017），当 TOL 值<0.2 时，说明自变量之间存在严重的共线性关系；当 VIF 值≥5 或 10 时，认为自变量之间的共线性关系严重。通过对研究区 2009 年 8 种栅格尺度下各驱动因子进行共线性诊断发现（表 6-1），人均可支配收入因子存在明显的共线性关系。将其剔除后，用其他驱动因子作为自变量，构建研究区国土空间格局的二元 Logistic 回归模拟模型。8 个模拟尺度下的各国土空间类型 Logistic 回归模型结果详见表 6-2~表 6-8。

表 6-1 　　　　　　　　　　　　驱动因子的多重共线性分析

	500m		1000m		3000m		5000m		7000m		10000m		20000m		30000m	
	TOL	VIF	TOL	VIF	TOL	VIF	TOL	VIF	TOL	VIF	TOL	VIF	TOL	VIF	TOL	VIF
X1	0.717	1.395	0.792	1.262	0.912	1.096	0.547	1.828	0.803	1.245	0.949	1.054	0.907	1.102	0.585	1.709
X2	0.831	1.203	0.504	1.983	0.938	1.066	0.830	1.205	0.544	1.838	0.883	1.132	0.750	1.333	0.530	1.886
X3	0.902	1.109	0.778	1.286	0.817	1.224	0.801	1.248	0.668	1.496	0.514	1.947	0.750	1.334	0.589	1.697

续表

	500m		1000m		3000m		5000m		7000m		10000m		20000m		30000m	
	TOL	VIF	TOL	VIF	TOL	VIF	TOL	VIF	TOL	VIF	TOL	VIF	TOL	VIF	TOL	VIF
X4	0.609	1.642	0.377	2.650	0.609	1.643	0.551	1.815	0.558	1.791	0.590	1.695	0.850	1.177	0.508	1.969
X5	0.245	4.079	0.315	3.179	0.322	3.103	0.295	3.392	0.296	3.377	0.469	2.133	0.214	4.670	0.310	3.223
X6	0.964	1.037	0.928	1.078	0.927	1.079	0.820	1.219	0.861	1.161	0.691	1.447	0.890	1.124	0.684	1.462
X7	0.467	2.141	0.252	3.965	0.237	4.217	0.279	3.585	0.229	4.365	0.290	3.445	0.209	4.775	0.299	3.342
X8	0.435	2.297	0.403	2.479	0.410	2.438	0.410	2.439	0.333	3.003	0.331	3.019	0.284	3.522	0.331	3.024
X9	0.533	1.876	0.651	1.535	0.659	1.517	0.606	1.649	0.661	1.512	0.583	1.714	0.805	1.242	0.716	1.397
X10	0.581	1.721	0.649	1.541	0.550	1.818	0.641	1.559	0.612	1.634	0.542	1.844	0.529	1.889	0.511	1.957
X11	0.581	1.721	0.789	1.267	0.811	1.233	0.545	1.834	0.539	1.857	0.513	1.951	0.781	1.281	0.611	1.636
X12	0.968	1.033	0.805	1.242	0.766	1.306	0.796	1.256	0.695	1.439	0.618	1.618	0.708	1.413	0.701	1.427
X13	0.193	5.170	0.188	5.333	0.187	5.351	0.176	5.691	0.188	5.320	0.186	5.390	0.176	5.671	0.191	5.241
X14	0.645	1.551	0.541	1.847	0.520	1.922	0.556	1.800	0.937	1.067	0.524	1.907	0.796	1.257	0.625	1.600
X15	0.502	1.993	0.549	1.822	0.953	1.049	0.604	1.655	0.837	1.195	0.629	1.590	0.695	1.439	0.687	1.455

注：表中的 X1 即高程，X2 即坡度，X3 即坡向，X4 即至最近公路的距离，X5 即至最近铁路的距离，X6 即至最近农村道路的距离，X7 即至最近城镇的距离，X8 即至最近农村道路的距离，X9 即至最近河流水系的距离，X10 即年降水量，X11 即人口密度，X12 即人均 GDP，X13 即人均可支配收入，X14 即至最近县政府所在地的距离，X15 即年均气温。

6.3.1　生产空间分布格局的回归模型分析

1. 农业生产空间分布格局的 Logistic 回归模型分析

栅格多尺度下的农业生产空间分布格局的 Logistic 回归模型结果如表 6-2 所示。研究区农业生产空间分布格局主要受高程、坡度、至最近农村居民点的距离、至最近河流水系居民点的距离和至最近县政府所在地的距离等因素影响，5 个驱动因子在 8 种栅格尺度下对农业生产空间发生率发挥影响作用。其中，高程、坡度、至最近农村居民点的距离、至最近河流水系的距离这 4 个驱动因子的 $\exp(\beta)$ 均小于 1，表明它们与农业生产空间的发生率呈负相关关系，即高程、坡度越低，至最近农村居民点和至最近河流水系的距离最近，农业生产空间分布概率越大，也即周围其他国土空间类型转为农业生产的概率越大，这与前文分析的农业生产空间表现出在低海拔、平缓坡的分布优势相一致。至最近县政府所在地的距离因子表现出在 0.5km、1km、3km、5km、7km 栅格尺度下 $\exp(\beta)$ 大于 1，与农业生产空间的发生率呈正相关关系，即至最近县政府所在地的距离越远，农业生产空间分布概率越大；在 10km、20km、30km 栅格尺度下 $\exp(\beta)$ 小于 1，与农业生产空间的发生率呈负相关关系，该驱动因子对农业生产空间发生率的影响不稳定。此外，不同栅格尺度下

179

影响农业生产空间分布的驱动因子的组合变量不尽相同。其中，至最近城镇的距离和年降水量仅在 0.5km、1km、3km、5km 栅格尺度下与农业生产空间的发生率呈正相关关系；在 0.5km、1km、3km、5km、7km、10km 栅格尺度下，至最近公路的距离与农业生产空间分布呈正相关关系；人口密度在 0.5km、1km、3km 栅格下与农业生产空间分布呈正相关关系，即随人口密度每增加一个单位，农业生产空间发生率分别为原来的 1.000934 倍、1.001116 倍和 1.000692 倍；年平均气温在 0.5km、1km、3km、5km、10km 栅格尺度下与农业生产空间分布呈负相关关系。

2. 工矿生产空间分布格局的 Logistic 回归模型分析

栅格多尺度下的工矿生产空间分布格局的 Logistic 回归模型结果如表 6-3 所示。在对工矿生产空间类型数据进行尺度转换过程中，当栅格尺度重采样至 30km 时，该空间类型数据已无分布，驱动因子对工矿生产空间分布仅在 0.5~20km 栅格尺度内发挥作用。不同栅格尺度下影响研究区工矿生产空间分布的各驱动因子组合变量有所不同。在 0.5km、1km、3km、5km、7km 和 20km 栅格尺度下，高程、坡度因子的 $\exp(\beta)$ 均小于 1，表明这两个因子与工矿生产空间分布概率产生负作用；坡向因子在 10km 和 20km 尺度下，其 $\exp(\beta)$ 值小于 1，对工矿生产空间分布产生负作用；至最近公路的距离、至最近城镇的距离和至最近农村居民点的距离均表现为除 20km、30km 栅格尺度下对工矿生产空间分布不产生作用外，而在其他尺度下产生负作用；至最近河流水系的距离仅在 5km 栅格尺度下对工矿生产空间分布的发生率产生正作用；人口密度、人均 GDP 和至最近县政府所在地的距离等因子均表现为在不同栅格尺度下对工矿生产空间分布具有显著正作用。

6.3.2 生活空间分布格局的回归模型分析

1. 城镇生活空间分布格局的 Logistic 回归模型分析

栅格多尺度下的城镇生活空间分布格局的 Logistic 回归模型结果如表 6-4 所示。8 个栅格尺度下，坡度、至最近公路的距离、至最近城镇的距离和人口密度均出现在城镇生活空间分布的 Logistic 回归方程中，说明这 4 个驱动因子是影响城镇生活空间分布的主要因素。其中，坡度影响城镇生活空间扩张位置，区位及交通条件因素决定城镇生活空间扩张方向，人口密集的区域促进城镇生活空间扩张需求。根据 8 个尺度上的坡度因子 $\exp(\beta)$ 均小于 1，而至最近公路的距离、至最近城镇的距离和人口密度的 $\exp(\beta)$ 均大于 1，表明城镇生活空间分布的发生概率主要集中在坡度相对平缓、交通条件优越、人口密度大的区域。此外，高程因子在 20km 和 30km 尺度下不产生影响，其他尺度下对城镇生活空间分布的发生率产生负作用。至最近河流水系的距离和人均 GDP 这两个因子在 0.5km、1km 尺度下对城镇生活空间分布产生影响；至最近县政府所在地的距离仅在 1km 尺度下对城镇生活空间分布产生影响；在 10km 和 20km 尺度下，至最近铁路的距离对城镇生活空间分布概率产生正作用；在 0.5km、1km 和 3km 尺度下，至最近农村道路的距离对城镇生活空间分布产生正作用。

2. 农村生活空间分布格局的 Logistic 回归模型分析

栅格多尺度下的农村生活空间分布格局的 Logistic 回归模型结果如表6-5所示。8 种栅格尺度下，坡度、至最近农村居民点的距离这两个驱动因子为研究区农村生活空间分布格局的共同解释变量。其中，坡度与农村生活空间发生率呈负相关关系，至最近农村居民点的距离与农村生活空间发生率呈正相关关系。高程在 30km 尺度下对农村生活空间分布没有影响；至最近城镇的距离和人均 GDP 只在 0.5km、1km 尺度下对农村生活空间分布具有显著影响；在 0.5km、1km、5km、7km 栅格尺度下，至最近农村道路的距离与农村生活空间分布呈正相关关系；人口密度在 3km、5km 和 30km 栅格尺度下对农村生活空间分布没有影响作用，其他栅格尺度下呈正相关关系；至最近县政府所在地的距离仅在 3km 和 5km 栅格尺度下与农村生活空间分布的发生率呈正相关关系；至最近公路的距离和至最近铁路的距离仅在 7km、10km 栅格尺度下与农村生活空间分布呈正相关关系；在 0.5km、1km、3km、5km 和 10km 栅格尺度下，至最近河流水系的距离与农村生活空间分布呈负相关关系。

6.3.3　生态空间分布格局的回归模型分析

1. 绿地生态空间分布格局的 Logistic 回归模型分析

栅格多尺度下的绿地生态空间分布格局的 Logistic 回归模型结果如表6-6所示。8 种栅格尺度下，高程、坡度、至最近公路的距离、至最近城镇的距离、至最近农村居民点的距离和人口密度这 6 个驱动因子均为研究区绿地生态空间分布格局的共同解释变量。其中，高程、坡度、至最近公路的距离、至最近城镇的距离、至最近农村居民点的距离这 4 个驱动因子的 $\exp(\beta)$ 均大于 1，与绿地生态空间的发生率呈正相关关系；人口密度的 $\exp(\beta)$ 小于 1，与绿地生态空间的发生率呈负相关关系。这表明绿地生态空间主要分布在高程较高、坡度较陡，至最近公路的距离、至最近城镇的距离和至最近农村居民点的距离较远，以及人口密度较小的区域。此外，不同栅格尺度下影响绿地生态空间分布的驱动因子组合各有不同。具体表现为：坡向因子在 0.5km、1km、3km、10km 栅格尺度下与绿地生态空间的发生率呈正相关关系；至最近铁路的距离、至最近河流水系的距离因子在 0.5km、1km 和 3km 栅格尺度下与绿地生态空间发生率呈正相关关系；在 0.5km、1km 和 5km 栅格尺度下，年降水量与绿地生态空间发生率为正相关关系；人均 GDP 在 7km、10km 栅格尺度下，与绿地生态空间发生率呈负相关关系；在 0.5km、1km、3km、5km 和 10km 栅格尺度下，至最近县政府所在地的距离与绿地生态空间发生率呈正相关关系；年平均气温仅在 10km 栅格尺度下对绿地生态空间分布产生作用。

2. 水域生态空间分布格局的 Logistic 回归模型分析

栅格多尺度下的水域生态空间分布格局的 Logistic 回归模型结果如表6-7所示。8 种栅格尺度下，只有至农村居民点的距离和至最近河流水系的距离出现在水域生态空间分布格局的 Logistic 回归方程中，说明这两个因子对水域生态空间分布具有显著影响，且与水域生态空间的发生率呈正相关关系，即至农村居民点越近、至最近河流水系距离越近，水域生态空间分布概率越大。此外，不同栅格尺度下对水域生态空间分布有作用的各驱动因子组合变量均不同。高程、坡度、坡向和至最近农村道路的距离等因子在 0.5km、1km、3km、5km、7km 和 10km 栅格尺度下对水域生态空间分布产生作用，高程、坡度、坡向与水域生态空间发生率均呈负相关关系，即随着高程、坡度的增加且在向阳坡方向上，水域生态空间发生率在降低，而至最近农村道路的距离越近，水域生态空间的发生率越大；在 0.5km、1km、3km、5km、7km 栅格尺度下，至最近公路的距离因子的 $\exp(\beta)$ 均大于 1，表明与公路距离越远，水域生态空间的分布概率越大；在 0.5km、1km、5km、10km 栅格尺度下，水域生态空间分布与至最近城镇的距离因子呈负相关关系，与年降水量呈正相关关系；在 0.5km、1km、3km 和 5km 栅格尺度下，人口密度与水域生态空间发生率呈正相关关系，在人口密度越大的区域，水域生态空间的发生率越大；人均 GDP、至最近县政府所在地的距离、年平均气温均表现出在不同栅格尺度下与水域生态空间发生率呈负相关关系。

3. 其他生态空间分布格局的 Logistic 回归模型分析

栅格多尺度下的其他生态空间分布格局的 Logistic 回归模型结果如表 6-8 所示。不同栅格尺度下影响其他生态空间分布的驱动因子组合变量均不相同。在 0.5km、1km、3km、5km、7km 栅格尺度下，高程与其他生态空间发生率呈正相关关系；坡度、至最近公路的距离、至最近铁路的距离等因子在 0.5km、1km、3km、5km 栅格尺度下，对其他生态空间分布产生显著影响，其中坡度和至最近公路的距离与其他生态空间发生率呈正相关关系，至最近铁路的距离与其他生态空间发生率呈负相关关系；在 0.5km、1km、3km 和 10km 栅格尺度下，至最近城镇的距离和至最近农村居民点的距离对其他生态空间分布产生正作用；至最近河流水系的距离因子在 20km 和 30km 栅格尺度下对其他生态空间分布并不产生影响，而在其他尺度下均呈正相关关系。人口密度仅在 1km 和 3km 栅格尺度下对其他生态空间发生率产生负作用影响。至最近农村居民点的距离、人均 GDP、至最近县政府所在地的距离、年平均气温、年降水量等因子则表现出在不同栅格尺度下对其他生态空间分布具有显著影响。

综上所述，不同栅格尺度下，研究区各国土空间类型与驱动因子的 Beta 系数及其作用强度存在明显的差异性。在各驱动因子作用中，以地形因素、区位因素、交通条件及人口因素对研究区国土空间类型的分布概率的影响较大，高程和坡度对各国土空间类型分布的影响较为显著，这与研究区特殊的地形有关。此外，不同栅格尺度下影响各国土空间类型分布的驱动因子组合方式不尽相同，且呈现一定的"尺度效应"特征。但不论栅格尺度如何转换，各驱动因子对各国土空间类型分布格局的发生概率的作用方向是一致的。

表6-2　栅格多尺度农业生产空间分布格局的 Logistic 回归分析结果

漂动因子	0.5km×0.5km		1km×1km		3km×3km		5km×5km		7km×7km		10km×10km		20km×20km		30km×30km	
	β系数	exp(β)	β系数	exp(β)	β系数	exp(β)	β系数	exp(β)	β系数	exp(β)	β系数	exp(β)	β系数	exp(β)	β系数	exp(β)
常数	1.903162	3.467392	2.640367	4.018343	1.603160	4.968709	8.570281	3.610199	2.988135	5.848630	3.297035	7.032380	6.554019	7.060027	5.092538	7.058413
X1	-0.000787	0.999213	-0.000818	0.999182	-0.000674	0.999326	-0.001235	0.998766	-0.000701	0.999300	-0.000337	0.999663	-0.000217	0.999783	-0.003813	1.003820
X2	-0.053742	0.947676	-0.052598	0.948762	-0.046031	0.955013	-0.078367	0.924625	-0.075211	0.927547	-0.022999	0.977263	0.102392	0.907818	-0.003917	0.996090
X3	—	—	—	—	—	—	—	—	—	—	—	—	—	—	—	—
X4	0.001228	1.001225	0.001115	1.001116	0.000691	1.000692	0.002171	1.002174	0.000887	1.000887	0.001115	1.001116	—	—	—	—
X5	—	—	—	—	—	—	0.000139	1.000139	—	—	—	—	—	—	—	—
X6	—	—	—	—	—	—	0.000017	1.000017	—	—	—	—	—	—	—	—
X7	0.000014	1.000014	0.000028	1.000028	0.000038	1.000038	—	—	-0.000093	0.999907	-0.000045	0.999955	-0.000538	0.999462	-0.000214	0.999786
X8	-0.000060	0.999940	-0.000079	0.999921	-0.000080	0.999920	—	—	-0.000079	0.999921	-0.000044	0.999956	-0.000044	0.999956	-0.000046	0.999954
X9	-0.001350	0.998651	-0.001326	0.998675	-0.001280	0.998721	-0.001703	0.998298	—	—	—	—	—	—	—	—
X10	0.000203	1.000203	0.000282	1.000282	0.000575	1.000575	0.000748	1.000748	—	—	—	—	—	—	—	—
X11	0.000933	1.000934	0.001115	1.001116	0.000691	1.000692	—	—	—	—	—	—	—	—	—	—
X12	—	—	—	—	—	—	0.000012	1.000012	—	—	—	—	—	—	—	—
X13	-0.000005	1.000005	-0.000005	1.000005	0.000001	1.000001	—	—	0.000030	1.000030	-0.000001	0.999999	-0.000023	0.999977	-0.000037	0.999963
X14	-0.019454	0.980734	-0.037317	0.963371	-0.007679	0.992350	-0.268523	0.764508	—	—	-0.106257	0.899193	—	—	—	—
ROC	0.827		0.838		0.822		0.842		0.811		0.801		0.836		0.832	

注：表中的X1即高程，X2即坡度，X3即坡向，X4即至最近居民点的距离，X5即至最近公路的距离，X6即至最近铁路的距离，X7即至城镇的距离，X8即至最近农村道路的距离，X9即至最近河流水系的距离，X10即年降水量，X11即人口密度，X12即人均GDP，X13即至最近县政府所在地的距离，X14即年均气温。

表 6-3　栅格多尺度工矿生产空间分布格局的 Logistic 回归分析结果

驱动因子	0.5km×0.5km β系数	0.5km×0.5km exp(β)	1km×1km β系数	1km×1km exp(β)	3km×3km β系数	3km×3km exp(β)	5km×5km β系数	5km×5km exp(β)	7km×7km β系数	7km×7km exp(β)	10km×10km β系数	10km×10km exp(β)	20km×20km β系数	20km×20km exp(β)	30km×30km β系数	30km×30km exp(β)
常数	-2.249081	3.353528	-2.650407	3.070622	8.956739	3.011340	0.415121	1.514553	-7.101370	0.000824	-1.072950	0.000000	-4.620731	0.000359	—	—
X1	-0.000309	0.999691	-0.001160	0.998841	-0.002380	0.997623	-0.000044	0.999956	—	—	—	—	-0.000308	0.999692	—	—
X2	-0.063976	0.938027	-0.064502	0.937535	-0.096117	0.908358	-0.008392	0.991643	—	—	—	—	—	—	—	—
X3	—	—	—	—	—	—	—	—	—	—	—	—	—	—	—	—
X4	-0.000265	0.999735	-0.000239	0.999761	-0.000840	0.999160	-0.000377	0.999623	-0.000248	0.999752	-0.008392	0.991643	-0.100591	0.904302	—	—
X5	-0.000014	0.999986	-0.000016	0.999984	-0.000036	0.999964	—	—	—	—	-0.003022	0.996983	-0.527126	0.590299	—	—
X6	—	—	—	—	—	—	—	—	—	—	—	—	—	—	—	—
X7	-0.000023	0.999977	-0.000049	0.999951	-0.000065	0.999935	0.000053	0.999947	-0.000094	0.999906	-0.077883	0.925073	—	—	—	—
X8	-0.000105	0.999895	-0.000115	0.999885	-0.000133	0.999867	-0.000357	0.999643	-0.000085	0.999915	-0.000057	0.999943	—	—	—	—
X9	—	—	—	—	—	—	0.063285	1.065331	—	—	—	—	—	—	—	—
X10	—	—	—	—	—	—	—	—	—	—	—	—	—	—	—	—
X11	0.000281	1.000281	0.000310	1.000310	—	—	0.004322	1.004332	—	—	0.000172	1.000172	—	—	—	—
X12	—	—	—	—	—	—	—	—	—	—	—	—	0.000007	1.000007	—	—
X13	—	—	—	—	—	—	0.000020	1.000020	—	—	—	—	—	—	—	—
X14	—	—	—	—	—	—	—	—	—	—	—	—	—	—	—	—
ROC	0.703		0.717		0.642		0.676		0.707		0.613		0.673		—	

注：表中的 X1 即高程，X2 即坡度，X3 即坡向，X4 即至最近农村居民点的距离，X5 即至最近铁路的距离，X6 即至最近村道路的距离，X7 即至最近城镇的距离，X8 即至最近公路的距离，X9 即至最近河流水系的距离，X10 即年降水量，X11 即人口密度，X12 即人均 GDP，X13 即至最近县政府所在地的距离，X14 即年均气温。

表 6-4

栅格多尺度城镇生活空间分布格局的 Logistic 回归分析结果

扰动因子	0.5km×0.5km β系数	0.5km×0.5km exp(β)	1km×1km β系数	1km×1km exp(β)	3km×3km β系数	3km×3km exp(β)	5km×5km β系数	5km×5km exp(β)	7km×7km β系数	7km×7km exp(β)	10km×10km β系数	10km×10km exp(β)	20km×20km β系数	20km×20km exp(β)	30km×30km β系数	30km×30km exp(β)
常数	4.128534	5.738539	6.679334	5.789269	6.645673	7.000000	5.854329	8.96531	4.379846	9.39050	8.284171	4.833625	6.167328	3.992016	5.942273	3.008742
X1	-0.001257	0.998743	-0.001960	0.998042	-0.005526	0.994490	-0.073881	0.928782	-0.001838	0.998164	-0.022226	0.978019	—	—	—	—
X2	-0.001001	0.999000	-0.000905	0.999095	-0.009323	0.990720	-0.000158	0.999842	-0.000311	0.999689	-0.001486	0.998515	-0.000016	0.999984	-0.000311	0.999689
X3	—	—	—	—	—	—	-0.001102	0.998898	—	—	-0.000014	0.999986	—	—	—	—
X4	0.000176	1.000175	0.000239	1.000239	0.000935	1.000935	0.000115	1.000115	0.000315	1.000315	0.000000	1.000000	0.001086	1.001087	0.001258	1.001259
X5	—	—	—	—	0.000524	1.000524	—	—	—	—	0.000040	1.000040	0.000058	1.000058	—	—
X6	0.000514	1.000514	0.000639	1.000640	—	—	0.005734	1.005750	0.000421	1.000421	0.000046	1.000046	0.000239	1.000239	0.001086	1.001087
X7	0.000001	1.000001	0.000001	1.000001	0.000094	1.000094	—	—	—	—	—	—	—	—	—	—
X8	—	—	—	—	—	—	—	—	—	—	—	—	—	—	—	—
X9	0.000014	1.000014	0.000046	1.000046	—	—	—	—	—	—	—	—	—	—	—	—
X10	—	—	—	—	—	—	—	—	—	—	—	—	—	—	—	—
X11	0.000684	1.000684	0.000639	1.000640	0.000760	1.000760	0.071565	1.074188	0.001742	1.001744	0.000778	1.000778	0.001086	1.001087	0.014160	1.014261
X12	0.000157	1.000157	0.001338	1.001339	—	—	—	—	—	—	—	—	—	—	—	—
X13	—	—	-0.000905	0.999095	—	—	—	—	—	—	—	—	—	—	—	—
X14	—	—	—	—	—	—	—	—	—	—	—	—	—	—	—	—
ROC	0.934		0.980		0.951		0.975		0.912		0.929		0.917		0.886	

注：表中的 X1 即高程，X2 即坡度，X3 即坡向，X4 即至最近农村居民点的距离，X5 即至最近公路的距离，X6 即至最近农村道路的距离，X7 即至最近城镇的距离，X8 即至最近农村居民点的距离，X9 即至最近河流水系的距离，X10 即河流水系的距离，X11 即人口密度，X12 即人均 GDP，X13 即至最近县政府所在地的距离，X14 即年均气温。

185

表 6-5

栅格多尺度农村生活空间分布格局的 Logistic 回归分析结果

驱动因子	0.5km×0.5km		1km×1km		3km×3km		5km×5km		7km×7km		10km×10km		20km×20km		30km×30km	
	β系数	exp(β)	β系数	exp(β)	β系数	exp(β)	β系数	exp(β)	β系数	exp(β)	β系数	exp(β)	β系数	exp(β)	β系数	exp(β)
常数	2.249081	3.353528	3.879681	4.408771	7.708397	6.908786	0.726915	2.068689	-4.103250	0.000000	-0.606686	0.545154	-0.571392	0.308146	-0.672015	0.507140
X1	-0.000309	0.999691	-0.000841	0.999159	-0.001198	0.998803	-0.001738	0.998264	-0.000160	0.999840	-0.000104	0.999896	-0.000565	0.999435	—	—
X2	-0.063976	0.938027	-0.067074	0.935126	-0.078617	0.924394	-0.049340	0.951857	-0.000338	0.999662	-0.000658	0.999342	-0.000136	0.999864	-0.000038	0.999962
X3	—	—	—	—	—	—	—	—	—	—	—	—	—	—	—	—
X4	—	—	—	—	—	—	—	—	0.004843	1.004855	—	—	—	—	—	—
X5	—	—	—	—	—	—	—	—	0.000017	1.000017	0.000002	1.000002	—	—	—	—
X6	0.000105	1.000105	0.000137	1.000137	—	—	0.000730	1.000731	0.000818	1.000818	—	—	—	—	—	—
X7	-0.000006	0.999994	-0.000006	0.999994	-0.000035	0.999965	-0.000502	0.999499	—	—	—	—	—	—	—	—
X8	0.002573	1.002573	0.006646	1.006668	0.004843	1.004855	—	—	0.000143	1.000143	0.002280	1.002283	0.000730	1.000731	0.000767	1.000767
X9	-0.000087	0.999913	-0.000046	0.999954	—	—	—	—	—	—	-0.000197	0.999803	—	—	—	—
X10	—	—	—	—	—	—	—	—	—	—	—	—	—	—	—	—
X11	0.001824	1.001824	0.001757	1.001759	—	—	—	—	0.001505	1.001506	0.000000	1.000000	0.000006	1.000006	—	—
X12	0.000006	1.000006	0.000008	1.000008	—	—	—	—	—	—	—	—	0.000000	1.000000	—	—
X13	—	—	—	—	0.000009	1.000009	0.000029	1.000029	—	—	—	—	—	—	—	—
X14	—	—	—	—	—	—	—	—	—	—	—	—	—	—	—	—
ROC	0.683		0.734		0.701		0.724		0.720		0.678		0.712		0.695	

注：表中的 X1 即高程，X2 即坡度，X3 即坡向，X4 即至最近公路的距离，X5 即至最近铁路的距离，X6 即至最近农村道路的距离，X7 即至最近城镇的距离，X8 即至最近农村居民点的距离，X9 即至最近河流水系的距离，X10 即年降水量，X11 即人口密度，X12 即人均 GDP，X13 即至最近县政府所在地的距离，X14 即年均气温。

表6-6 栅格多尺度绿地生态空间分布格局的 Logistic 回归分析结果

驱动因子	0.5km×0.5km β系数	exp(β)	1km×1km β系数	exp(β)	3km×3km β系数	exp(β)	5km×5km β系数	exp(β)	7km×7km β系数	exp(β)	10km×10km β系数	exp(β)	20km×20km β系数	exp(β)	30km×30km β系数	exp(β)
常数	-2.390925	0.091545	-4.448421	0.011697	-4.672953	0.009345	-1.864000	0.000019	-2.123190	0.119649	-2.253130	0.105070	-5.314229	0.004921	-3.607441	0.028513
X1	0.001172	1.001173	0.001246	1.001247	0.001124	1.001125	0.001775	1.001777	0.000802	1.000802	0.000423	1.000424	0.000336	1.000336	0.000147	1.000147
X2	0.041498	1.042371	0.068655	1.071067	0.049663	1.050917	0.095076	1.099742	0.088067	1.092061	0.014010	1.014108	0.050816	1.052129	0.024269	1.083019
X3	0.000021	1.000021	0.000027	1.000027	0.000003	1.000003	—	—	—	—	0.000010	1.000010	—	—	—	—
X4	0.000092	1.000092	0.000099	1.000099	0.000095	1.000095	0.000076	1.000076	0.000075	1.000075	0.000160	1.000160	0.000042	1.000042	0.000052	1.000052
X5	0.000001	1.000001	0.000001	1.000001	0.000002	1.000002	—	—	—	—	—	—	—	—	—	—
X6	0.000230	1.000230	0.000347	1.000347	0.000296	1.000296	0.000315	1.000315	—	—	—	—	—	—	—	—
X7	0.000023	1.000023	0.000015	1.000015	0.000017	1.000017	0.000037	1.000037	0.000030	1.000030	0.000049	1.000049	0.000059	1.000059	0.000070	1.000070
X8	0.000089	1.000089	0.000100	1.000100	0.000109	1.000109	0.000042	1.000042	0.000102	1.000102	0.000039	1.000039	0.000537	1.000537	0.000261	1.000261
X9	0.000018	1.000018	0.000011	1.000011	0.000010	1.000010	—	—	—	—	—	—	—	—	—	—
X10	0.000038	1.000038	0.000044	1.000044	—	—	0.001006	1.001007	—	—	—	—	—	—	—	—
X11	-0.001064	0.998937	-0.001389	0.998612	-0.001179	0.998822	-0.001533	0.998468	-0.000697	0.999303	-0.000822	0.999178	-0.005048	0.994965	-0.000347	0.999653
X12	—	—	—	—	—	—	—	—	-0.000061	0.999939	-0.000076	0.999924	—	—	—	—
X13	0.00002	1.00002	0.000003	1.000003	0.000002	1.000002	0.000004	1.000004	—	—	0.000003	1.000003	—	—	—	—
X14	—	—	—	—	—	—	—	—	—	—	0.091792	1.096137	—	—	—	—
ROC	0.725		0.748		0.713		0.700		0.732		0.716		0.702		0.704	

注：表中的 X1 即高程，X2 即坡度，X3 即坡向，X4 即至最近农村居民点的距离，X5 即至最近铁路的距离，X6 即至最近公路的距离，X7 即至最近村道路的距离，X8 即至最近农村居民点镇的距离，X9 即至河流流水系的距离，X10 即年降水量，X11 即人口密度，X12 即人均 GDP，X13 即至最近县政府所在地的距离，X14 即年均气温。

表 6-7　栅格多尺度水域生态空间分布格局的 Logistic 回归分析结果

驱动因子	0.5km×0.5km		1km×1km		3km×3km		5km×5km		7km×7km		10km×10km		20km×20km		30km×30km	
	β系数	exp(β)	β系数	exp(β)	β系数	exp(β)	β系数	exp(β)	β系数	exp(β)	β系数	exp(β)	β系数	exp(β)	β系数	exp(β)
常数	2.337641	4.004807	3.132038	5.424675	1.401170	4.848730	3.149541	6.100000	7.765321	5.544603	4.224307	7.803007	3.539284	6.124620	5.07298	2.938154
X1	-0.003430	0.996576	-0.002974	0.997031	-0.003234	0.996771	-0.007048	0.992976	-0.004065	0.995943	-0.007447	0.992581	—	—	—	—
X2	-0.000007	0.999993	-0.000004	0.999996	-0.000542	0.999460	-0.000056	0.999944	-0.000265	0.999735	-0.001899	0.998103	—	—	—	—
X3	-0.454258	0.634919	-0.270150	0.763265	-0.319572	0.726460	-0.205183	0.814498	-0.198045	0.820333	-0.334882	0.715423	—	—	—	—
X4	0.000015	1.000014	0.000012	1.000012	0.000050	1.000050	0.000068	1.000063	0.000075	1.000075	—	—	—	—	—	—
X5	—	—	—	—	—	—	—	—	—	—	0.000978	1.000979	—	—	—	—
X6	-0.001254	0.998746	-0.001042	0.998958	-0.001715	0.998285	-0.000251	0.999749	-0.000204	0.999796	-0.001152	0.998848	—	—	—	—
X7	-0.000010	0.99999	-0.000013	0.999987	—	—	-0.000017	0.999983	—	—	-0.005925	0.994092	—	—	—	—
X8	0.000152	1.000152	0.000118	1.000118	0.000081	1.000081	0.000072	1.000072	0.000010	1.000010	0.000343	1.000343	0.000440	1.000440	0.000261	1.000261
X9	0.000091	1.000091	0.000084	1.000084	0.000044	1.000044	0.000045	1.000045	0.000203	1.000203	0.000015	1.000015	0.000059	1.000059	0.000010	1.000010
X10	0.000026	1.000026	0.000038	1.000038	—	—	0.052047	1.053425	—	—	0.043102	1.044044	—	—	—	—
X11	0.000023	1.000023	0.000058	1.000058	0.000015	1.000015	0.000030	1.000030	—	—	—	—	—	—	—	—
X12	-0.000007	0.999993	-0.000001	0.999999	—	—	—	—	—	—	-0.007870	0.992161	—	—	—	—
X13	-0.000257	0.999743	-0.000238	0.999762	-0.003659	0.996348	-0.002077	0.997925	—	—	-0.000480	0.999520	-0.004556	0.995454	—	—
X14	-0.004509	0.995501	-0.003298	0.996707	—	—	-0.005960	0.994058	-0.002593	0.997410	—	—	—	—	—	—
ROC	0.819		0.857		0.833		0.828		0.821		0.824		0.843		0.841	

注：表中的 X1 即高程，X2 即坡度，X3 即坡向，X4 即至最近农村居民点的距离，X5 即至公路的距离，X6 即至最近铁路的距离，X7 即至最近农村道路的距离，X8 即至最近城镇的距离，X9 即至最近河流水系的距离，X10 即年降水量，X11 即人口密度，X12 即人均 GDP，X13 即至最近县政府所在地的距离，X14 即年平均气温。

表 6-8　栅格多尺度其他生态空间分布格局的 Logistic 回归分析结果

驱动因子	0.5km×0.5km β系数	exp(β)	1km×1km β系数	exp(β)	3km×3km β系数	exp(β)	5km×5km β系数	exp(β)	7km×7km β系数	exp(β)	10km×10km β系数	exp(β)	20km×20km β系数	exp(β)	30km×30km β系数	exp(β)
常数	-3.099775	0.045059	-3.306942	0.036628	-2.806141	0.060438	-5.389461	0.004564	-4.054775	0.000001	-6.357376	0.000000	-3.343645	0.000000	—	—
X1	0.000458	1.000458	0.000560	1.000560	0.296162	1.344687	0.041793	1.042679	0.003420	1.003426	—	—	—	—	—	—
X2	0.049004	1.050006	0.053274	1.054718	0.111335	1.117769	0.045415	1.046463	—	—	—	—	—	—	—	—
X3	—	—	—	—	—	—	—	—	—	—	—	—	—	—	—	—
X4	0.000106	1.000106	0.000118	1.000118	0.000887	1.000888	0.000373	1.000373	—	—	—	—	—	—	—	—
X5	-0.000002	0.999998	-0.000002	0.999998	-0.000001	0.999999	-0.000004	0.999996	—	—	—	—	—	—	—	—
X6	0.000406	1.000406	0.000311	1.000311	0.000054	1.000054	—	—	—	—	0.471322	1.602111	—	—	—	—
X7	0.002168	1.002168	0.002155	1.002158	0.001515	1.001516	—	—	0.003479	1.003485	0.003768	1.003768	—	—	—	—
X8	0.000287	1.000287	0.000373	1.000373	0.000124	1.000124	—	—	—	—	0.000229	1.000227	—	—	—	—
X9	0.000106	1.000106	0.000109	1.000109	0.000186	1.000186	0.000073	1.000073	0.000147	1.000147	0.032614	1.033152	—	—	—	—
X10	0.002486	1.002489	0.002058	1.002060	—	—	—	—	—	—	—	—	0.109180	1.115364	—	—
X11	—	—	-0.007293	0.992733	-0.002884	0.997120	—	—	—	—	—	—	—	—	—	—
X12	0.000000	1.000000	—	—	-0.000108	0.999892	-0.000162	0.999838	-0.000145	0.999855	—	—	-0.000960	0.999040	—	—
X13	—	—	0.000000	1.000000	—	—	0.000007	1.000007	—	—	0.042311	1.043218	0.000522	1.000522	—	—
X14	0.068007	1.068301	-0.072415	0.930145	—	—	—	—	—	—	—	—	—	—	—	—
ROC	0.691		0.757		0.718		0.746		0.731		0.656		0.724			

注：表中的 X1 即高程，X2 即坡度，X3 即坡向，X4 即至最近公路的距离，X5 即至最近铁路的距离，X6 即至最近农村道路的距离，X7 即至最近城镇的距离，X8 即至最近农村居民点的距离，X9 即至最近河流流水系的距离，X10 即年降水量，X11 即人口密度，X12 即人均 GDP，X13 即至最近县政府所在地的距离，X14 即年均气温。

6.4　研究区国土空间格局最佳模拟尺度及空间模拟

6.4.1　最佳模拟尺度选择

1. ROC 值比较

国土空间格局的演变与过程的表征、驱动力、方法模型的应用等均存在尺度关联和尺度效应。不同尺度区域的国土空间结构演变规律、空间格局的形态表征是不同的，也即某一研究尺度下的国土空间格局变化所表现的规律极有可能在其他尺度下并未发生作用，同时，驱动因素本身及影响系数也受尺度的影响而发生变化，表现出显著的尺度效应与尺度转换问题。因此，在区域国土空间格局模拟及优化研究中，针对不同的研究区域和该区域的自然地理要素分布特征选择适宜的尺度是必要的，恰当的尺度表征可以有效地提高模拟精度，实现对区域国土空间类型信息的准确表达。

从栅格多尺度下研究区国土空间分布格局的 Logistic 逐步回归结果的 ROC 值（表 6-9）来看，总结出以下几个特点：

（1）在通常情况下，一个随机模型的 ROC 值为 0.7，说明回归模型的拟合度较好，而当该模型能达到最佳状态时，其 ROC 值一般达到 1。总体而言，8 种尺度下各国土空间类型空间分布格局模拟模型的 ROC 值大多在 0.7 以上，说明各模拟模型的回归拟合结果是可以接受的，同时也反映出选取的驱动因子具有代表性。

（2）8 种尺度下各国土空间类型分布格局的 Logistic 逐步回归 ROC 值各有差异，大小排序不同。譬如，农业生产空间的 ROC 值在 5km 尺度下是最大的，而其他 6 种国土空间类型的 ROC 值却在 1000m 尺度下最大。

（3）8 种尺度下各国土空间类型分布格局的 Logistic 逐步回归结果中仅有 1km 尺度和7km 尺度的 ROC 值均大于 0.7，最佳模拟尺度可从这两种尺度中选取。

表 6-9　　　　**栅格多尺度国土空间分布格局 Logistic 逐步回归 ROC 值**

	农业生产空间	工矿生产空间	城镇生活空间	农村生活空间	绿地生态空间	水域生态空间	其他生态空间
0.5km	0.827	0.703	0.934	0.683	0.725	0.819	0.691
1km	0.838	0.717	0.980	0.734	0.748	0.857	0.757
3km	0.822	0.642	0.951	0.701	0.713	0.833	0.718
5km	0.842	0.676	0.975	0.724	0.700	0.828	0.746
7km	0.811	0.707	0.912	0.720	0.732	0.821	0.731
10km	0.801	0.613	0.929	0.678	0.716	0.824	0.656
20km	0.836	0.673	0.917	0.712	0.702	0.843	0.724
30km	0.832	—	0.886	0.695	0.704	0.841	—

相关研究表明，首先，模型的空间分辨率（栅格大小）越低，准确性越高，但同时损失的细节越多，反映的内容越少（张永民等，2006；张薇等，2014），甚至还可能导致内容的丢失。譬如，本书研究区内工矿生产空间面积较小，当栅格尺度聚合至30km时，该空间类型已然不存在，导致国土空间格局信息表达不完整。其次，数据量随研究尺度的变化而呈几何倍数的变化，尺度越小，数据处理量越大（邵俊明等，2015），本书中1km×1km格网中112899个单元，其计算数据量达802644个。因此，在实际应用中需综合考虑模型的模拟精度和数据量大小，应在保证精度的前提下尽可能地选择高的空间分辨率，以此尽可能多地反映空间信息。综上，选定1km×1km尺度为最佳模拟尺度。

2. 分维数比较

为验证在ROC值比较下确定的最佳尺度是否准确合理，我们再采用分维数模型，从景观层次和类型层次计算国土空间结构分维数值，通过分维数值的粒度效应来进一步探析研究区的最佳栅格尺度。

根据研究区2009年国土空间格局矢量数据，采用分维数模型建立景观层级和各国土空间类型层次图斑的面积-周长双对数散点图，建立各国土空间类型的一元线性回归模型，计算分维数值。根据分维数公式，若研究区内国土空间格局具有分形结构，则面积-周长双对数散点在一定标度域内的同一直线上符合统计规律，此时可通过散点图的拟合直线斜率求得国土空间结构分维数 D 值：$D = 2/k$（k 为拟合直线的斜率）。结果显示（图6-4，表6-10），限于篇幅，仅列举景观层次、农业生产空间、工矿生产空间和城镇生活空间的面积-周长双对数散点图。各国土空间类型的面积、周长对数关系式的拟合度 R^2 均大于0.85，说明面积与周长的关系并非偶然关系，研究区的国土空间格局具有分形特征。

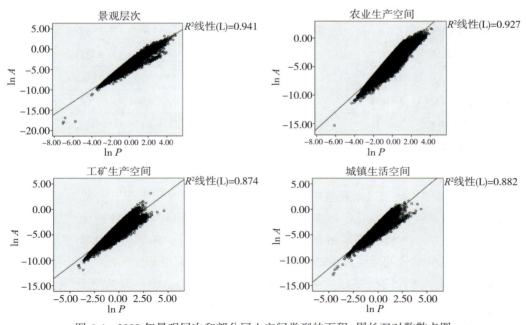

图6-4 2009年景观层次和部分国土空间类型的面积-周长双对数散点图

表 6-10　　　　　　　研究区 2009 年景观层次和类型层次国土空间结构分维数

国土空间类型	斑块数目/个	面积/km²	面积-周长对数关系式	R^2	分维数 D
景观层次	2940005	111421.69	$\ln A = 1.2283\ln P \sim 3.833$	0.941	1.6283
农业生产空间	1272619	31198.28	$\ln A = 1.2081\ln P \sim 3.761$	0.927	1.6555
工矿生产空间	59884	1021.78	$\ln A = 1.3055\ln P \sim 3.872$	0.874	1.5319
城镇生活空间	12934	819.59	$\ln A = 1.3942\ln P \sim 3.599$	0.882	1.4347
农村生活空间	273624	2027.72	$\ln A = 1.2243\ln P \sim 3.714$	0.969	1.6335
绿地生态空间	831405	61141.64	$\ln A = 1.2242\ln P \sim 3.800$	0.936	1.6337
水域生态空间	67132	1867.83	$\ln A = 1.3307\ln P \sim 4.231$	0.851	1.5029
其他生态空间	422407	13344.85	$\ln A = 1.2274\ln P \sim 3.824$	0.920	1.6295

将 2009 年国土空间类型数据通过 ArcGIS 1.2.2 软件转换得到前文设计的 8 种栅格尺度数据，用 Fragstats 软件计算不同尺度下的分维数值（PAFRAC），结果见表 6-11。

表 6-11　　　研究区 2009 年不同空间尺度下景观层次和类型层次国土空间结构分维数

空间尺度	景观层次	农业生产空间	工矿生产空间	城镇生活空间	农村生活空间	绿地生态空间	水域生态空间	其他生态空间
矢量数据	1.6283	1.6555	1.5319	1.4347	1.6335	1.6337	1.5029	1.6295
0.5km	1.5496	1.6634	1.4273	1.3917	1.7604	1.6882	1.4015	1.7461
1km	1.6491	1.6794	1.5291	1.4081	1.6634	1.6662	1.4175	1.6461
3km	1.6794	1.7197	1.6699	1.4049	1.6228	1.7023	1.3416	1.6612
5km	1.7007	1.7401	1.7915	1.5615	1.5142	1.7220	1.3219	1.6524
7km	1.7163	1.7631	1.6170	1.5474	1.8210	1.7137	1.4402	1.6763
10km	1.6711	1.6835	—	—	1.7064	1.6966	1.6671	1.6331
20km	1.5746	1.5646	—	—	—	1.6193	—	1.5431
30km	1.6737	—	—	—	—	—	—	—

由表 6-11 可知，研究区景观层次和类型层次在不同栅格尺度下，分维数呈现不同变化趋势。随着栅格尺度的变化，研究区景观层次国土空间结构分维数呈先增加后减少趋势，出现拐点特征，本研究结果稍有别于赵文武等（2003）、朱明等（2008）的研究结论，原因是这两个文献设计的栅格尺度之间间隔较小，而本研究受研究区范围大小限制及考虑计算机处理能力，设计的栅格尺度间隔较大。类型层次国土空间结构表现为：在 0.5～7km 栅格尺度下各国土空间类型边界复杂，具有分形结构；在 10～20km 栅格尺度下部分国土空间类型不具有分形结构；在 30km 栅格尺度下所有国土空间类型边界简单，不具有

分形结构。这是因为矢量数据在进行栅格化处理时，粒度（尺度）的增加会导致信息损失量也增加，进而影响面状结构信息，不同粒度的栅格化程度不同会损失国土空间结构的边界信息。与矢量数据的景观层级和类型层次国土空间结构分维数相比，栅格尺度的分维数普遍较高。此外，本研究结果中景观层次和类型层次下各国土空间类型在 1km 栅格尺度的分维数与矢量数据分维数最接近。因此，认为 1km 栅格尺度是表征研究区国土空间结构特征的适宜尺度。本结论与前文结论相互验证。

6.4.2 国土空间类型最佳空间分布概率模拟

将选定的 1km×1km 最佳模拟尺度下各国土空间类型 Logistic 回归模型结果（表 6-2 至表 6-8）中的显著变量代入空间分布概率模型（式（3-17）），然后运用 ArcGIS 中的 Raster Calculator 分别对研究区农业生产空间、工矿生产空间、城镇生活空间、农村生活空间、绿地生态空间、水域生态空间和其他生态空间格局的空间分布概率进行计算与模拟。

根据 Logistic 模型模拟出的 2015 年研究区国土空间格局分布概率图与国土空间格局分布现状图基本一致，也即模拟出的某一种国土空间类型分布概率较高的地方对应该类型的现状分布也是较高的。在此以部分国土空间类型为例，譬如：农业生产空间和绿地生态空间的分布概率与现状分布极相似（图 6-5）。但是，也存在局部地区模拟概率与现状分布不相符的地方，即国土空间格局分布概率较高，而现状分布却较低的情况。其原因可能是：首先，研究区由 49 个县/区组成，面积较大，个别国土空间类型分布较离散，对比农业生产空间与其他生态空间、农村生活空间与其他生态空间的分布概率与现状分布有所不同；再者，研究区地处高原山区地带，国土空间类型和自然地理因素之间存在高度复杂的尺度转换特征，导致在尺度转换过程中产生栅格化误差；最后，在尺度选择与尺度转换过程中，各国土空间类型在国土空间格局分布中均存在一定的空间自相关性，这与前文所述一致，而空间自相关性的存在导致国土空间格局分布现状与根据 Logistic 回归模型结果模拟的分布概率之间有误差。

6.4.3 国土空间格局现状模拟结果及精度检验

根据前文选定的能够准确表征研究区国土空间类型信息的最佳尺度，借助 CLUE-S 模型和 FLUS 模型分别对研究区 2015 年国土空间分布格局情况进行模拟。运用 CLUE-S 模型进行模拟，为验证前文所构建的各国土空间类型的 Logistic 回归模型结果是否准确，是否可以应用于模拟未来国土空间格局情况；再者，对比两种模型模拟的国土空间格局现状，选出最优模拟模型，以作为后续实验的模型之选。

1. 基于 CLUE-S 模型的研究区国土空间格局模拟结果

CLUE-S 模型运行涉及的主要文件参数及研究区具体设置情况见表 6-12。基于 CLUE-S 模型的研究区 2015 年国土空间格局模拟如图 6-6 所示。

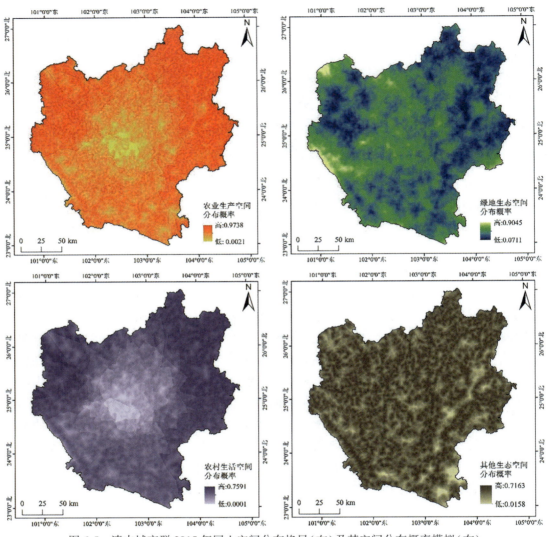

图 6-5　滇中城市群 2015 年国土空间分布格局（左）及其空间分布概率模拟（右）

表 6-12　　　　　　**CLUE-S 模型模拟实验相关文件参数及具体设置情况**

文件名称	含义	文件数	相关要求	具体设置情况
cov_all.0	所有国土空间类型分布的栅格图	1	用地类型编号从 0 开始	研究区行列数：450，414 X 坐标：34370542.6166 Y 坐标：2544798.3684 栅格大小：1000m×1000m
cov1_*.fil	每种国土空间类型的栅格图	7	编号从 0 开始；用地类型栅格图为二分类图，用地类型所在栅格为 1，其他用地类型栅格值为"No data"	研究区国土空间类型共 7 种，文件名称为：cov1_0.fil-cov1_6.fil

续表

文件名称	含义	文件数	相关要求	具体设置情况
sc1gr*.fil	驱动因子文件	每种用地类型的驱动因子至少1个	驱动因子与其用地类型进行逻辑回归分析后，ROC值在0.7以上为佳	研究区驱动因子共14个，文件名称分别为：sc1gr0.fil-sc1gr13.fil
region*.fil	国土空间类型变化限制区域栅格图	1个及以上，也可不设置	受限制区域的栅格值为"−9998"，允许变化的用地类型栅格值为"0"，其他栅格值为"No data"	研究区含有滇池和抚仙湖等多个流域，湖面面积625.1380km²，将其作为限制区域，禁止宽阔水面与其他用地类型相互变化
allow.txt	用地类型转换矩阵	1	用地类型之间允许转化，则值为1；不允许，则值为0	根据研究区2009—2015年国土空间格局面积转移矩阵设置
alloc1.reg	逻辑回归结果	1	将逻辑回归结果所得的与每种用地类型分别相对应的常数值及各驱动因子β值逐行列出	根据本章各国土空间类型二元Logistic回归结果设置
demand.in1	模拟年份内每年的用地类型需求量	1	在文本文件中逐行列出，首行表明总年份	已知2009年和2015年各用地类型数量，中间年份的用地类型数量采用线性内插得到
main.1	主参数文件	1	综合上述文件参数进行设置	

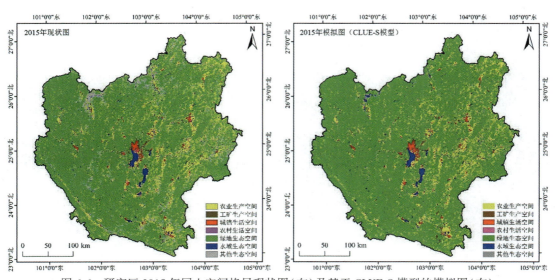

图6-6 研究区2015年国土空间格局现状图(左)及基于CLUE-S模型的模拟图(右)

2. 基于 FLUS 模型的研究区国土空间格局现状模拟结果

FLUS 模型运行涉及的主要参数及研究区具体设置情况见表 6-13。运行 FLUS 模型中，基于神经网络的出现概率计算模块，对 1km×1km 栅格尺度的研究区内可能出现各国土空间类型的概率进行计算和评估，得到研究区农业生产空间、工矿生产空间、城镇生活空间、农村生活空间、绿地生态空间、水域生态空间和其他生态空间的适宜性分布概率图(图 6-7)。

表 6-13　　　　　　　　　　**FLUS 模型模拟实验相关参数及具体设置情况**

模型运行模块	主要参数	说明及要求	具体设置情况
基于神经网络的出现概率计算模块	Land Use Data	初始年份用地类型栅格数据，用地类型编号从 1 开始，属于区域内的用地类型设置为"Valid Data"，区域外的设置为"NoData Value"	研究区国土空间类型共 7 种；初始年份为 2009 年
	ANN Training	设置神经网络获取训练样本的采样模式、采样比例及隐藏层数	采样模式：均匀采样模式。采样比例：20，即采样点占研究区有效像元的 2%；隐藏层数：12(默认值)，层数越高可降低误差，提高概率数据精度
	Save Path	设置存放路径及输出概率数据的精度类型	数据精度类型：Single Accuray
	Driving Data	加载驱动因子栅格数据，各因子数据的行列数要与用地类型栅格数据保持一致	研究区驱动因子共 14 个，用于神经网络适宜性概率计算
基于自适应惯性机制的元胞自动机	Land Use Data	初始年份用地类型栅格数据，用地类型编号从 1 开始，属于区域内的用地类型设置为"Valid Data"，区域外的设置为"NoData Value"	—
	Probability Data	加载适宜性概率数据	上述基于神经网络的适宜性概率计算模块得到的各用地类型的分布概率数据
	Restricted Data	输入约束用地变化的限制数据。该数据为二值数据，即"0"和"1"两个数值。数值 0 表示不允许用地类型发生转化，1 表示允许发生转化	研究区含有滇池和抚仙湖等多个流域，湖面面积 625.1380km^2，将其作为限制区域
	Simulation Setting	设置模拟参数。迭代次数：300。邻域大小：3×3。加速因子：0.1(默认)。初始年份的用地类型像元数：2009 年各用地类型数量。模拟的目标像元数：2015 年各用地类型数量。成本转换矩阵：根据研究区 2009—2015 年国土空间格局面积转移矩阵设置。邻域因子参数：根据经验设置，参数范围 0~1，越接近 1 表示该用地类型的扩张能力越强
	Save Simulation Result	设置模拟结果保存路径	

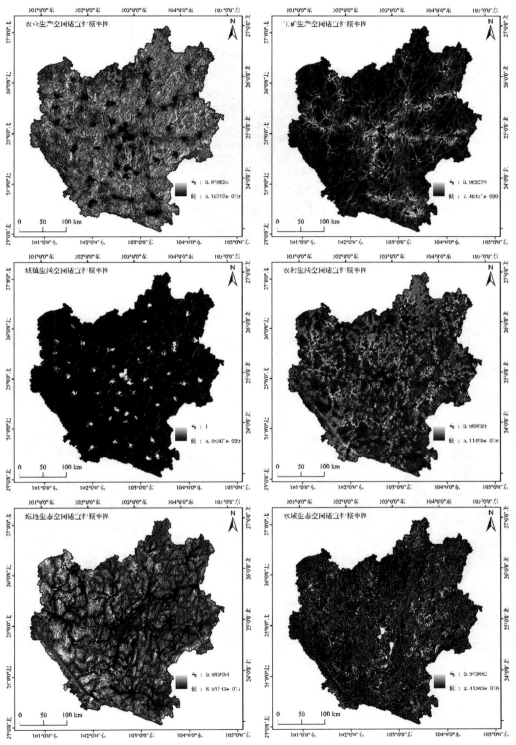

图 6-7　滇中城市群各国土空间类型适宜性概率图

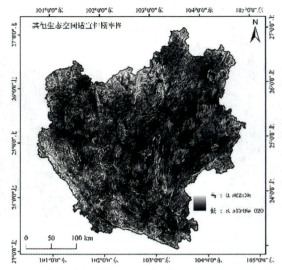

图 6-7　滇中城市群各国土空间类型适宜性概率图(续)

根据研究区各国土空间类型适宜性概率图，综合表 6-13 模型参数设置，运行 FLUS 模型中基于自适应惯性机制的元胞自动机模块，对研究区 2015 年国土空间格局进行模拟，模拟结果如图 6-8 所示。

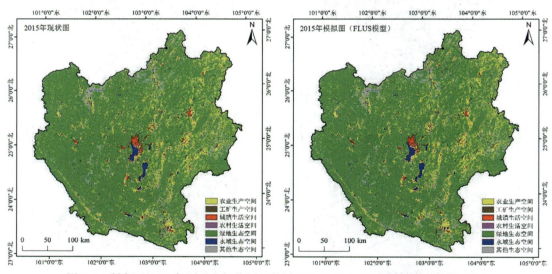

图 6-8　研究区 2015 年国土空间格局现状图(左)及基于 FLUS 模型的模拟图(右)

3. 精度检验

为确定各国土空间类型模拟的准确率，本节运用 FLUS 模型中的精度验证工具，采用数量误差、总体精度(Overall Accuracy，OA)、κ(Kappa)系数及景观指数法对两种模型模拟结果精度进行验证。其中，数量误差绝对值越小，表示该模型的模拟预测精度越高；OA、κ 系数介于 0~1，其值越接近 1，模拟精度越高。

1）数量、空间精度检验

经计算得，基于 CLUE-S 模型模拟的 2015 年研究区国土空间格局总体精度为 89.13%，κ 系数为 0.7868；而基于 FLUS 模型模拟的 2015 年研究区国土空间格局总体精度为 98.07%，κ 系数为 0.9684（表 6-14）。由此便知，两种模型各参数设置合理，各国土空间类型模拟结果有效，达到预测要求。不论是总体精度、κ 系数，还是各国土空间类型的数量误差，FLUS 模型的模拟结果优于 CLUE-S 模型的模拟结果。

表 6-14　　　　　　　　　**2015 年研究区国土空间格局模拟误差及精度**

国土空间类型	CLUE-S 模型			FLUS 模型		
	数量误差/%	总体精度/%	κ 系数	数量误差/%	总体精度/%	κ 系数
农业生产空间	0.1119			0.0190		
工矿生产空间	0.2012			0.1861		
城镇生活空间	0.2195			0.2756		
农村生活空间	0.0860	89.13	0.7868	0.0546	98.07	0.9684
绿地生态空间	0.0775			0.0120		
水域生态空间	0.0373			0.1351		
其他生态空间	0.4144			0.0079		

2）景观指数精度检验

运用景观指数分析软件，参考相关研究（秦贤宏等，2009），选取平均斑块指数（SHAPE_MN）、平均斑块分维数（FRAC_MN）、平均周长面积比（PARA_MN）、平均邻近指数（CONTING_MN）、周长面积分维数（PAFRAC）、平均欧几里得距离（ENN_MN）和聚集指数（AI）共 7 个景观指标对两种模型模拟结果与现状实际景观指数进行精度检验。由表 6-15 看出，两种模型模拟下国土空间类型结果的景观指标与实际的国土空间类型景观指标均十分相似，但总体上 FLUS 模型的国土空间类型结果景观指标更与实际接近，表明模拟结果与现实分布不仅在精度上接近，而且从景观分布上也较一致。

表 6-15　　　　　**研究区国土空间格局模拟结果与现状景观指数对比**

国土空间类型		景观指标						
		平均斑块指数	平均斑块分维数	平均周长面积比	平均邻近指数	周长面积分维数	平均欧几里得距离	聚集指数
农业生产空间	现状	1.3181	1.0290	34.4848	0.1281	1.6803	2190.2096	41.7993
	CLUE-S 模拟	1.3666	1.0328	33.8753	0.1454	1.6697	2226.8528	44.4901
	FLUS 模拟	1.3296	1.0294	34.3109	0.1318	1.6772	2186.3693	42.7783

续表

国土空间类型		景观指标						
		平均斑块指数	平均斑块分维数	平均周长面积比	平均邻近指数	周长面积分维数	平均欧几里得距离	聚集指数
工矿生产空间	现状	1.0436	1.0066	38.3748	0.0372	1.5481	4811.3084	13.3123
	CLUE-S 模拟	1.0961	1.0144	36.8172	0.0763	1.5752	5146.1659	19.5475
	FLUS 模拟	1.0416	1.0065	38.2651	0.0392	1.5253	5131.5179	13.9560
城镇生活空间	现状	1.1176	1.0151	34.5428	0.1224	1.4247	6874.5205	48.5521
	CLUE-S 模拟	1.2051	1.0247	31.8067	0.1916	1.4356	9926.1742	54.9275
	FLUS 模拟	1.1135	1.0146	34.1924	0.1284	1.4017	8817.2316	50.6070
农村生活空间	现状	1.0258	1.0042	39.2553	0.0181	1.6842	3932.8200	4.2527
	CLUE-S 模拟	1.0322	1.0052	39.0966	0.0232	1.6916	3960.2418	5.2165
	FLUS 模拟	1.0329	1.0054	38.9774	0.0244	1.6691	3971.8737	5.6539
绿地生态空间	现状	1.3017	1.0227	35.1642	0.1093	1.6682	2126.2824	66.8848
	CLUE-S 模拟	1.3098	1.0205	35.1126	0.1121	1.6370	2165.4464	75.2885
	FLUS 模拟	1.3067	1.0231	35.1391	0.1111	1.6632	2129.1076	67.0805
水域生态空间	现状	1.0338	1.0051	38.6191	0.0313	1.4258	4952.4956	35.9499
	CLUE-S 模拟	1.0691	1.0101	37.5910	0.0570	1.4766	5397.8300	40.7326
	FLUS 模拟	1.0330	1.0049	38.6616	0.0304	1.4182	4990.5435	36.3211
其他生态空间	现状	1.1678	1.0182	36.2923	0.0860	1.6461	2522.4335	31.1693
	CLUE-S 模拟	1.0835	1.0111	37.6391	0.0553	1.6053	3801.8393	18.1901
	FLUS 模拟	1.1678	1.0182	36.3007	0.0859	1.6455	2526.8619	31.1882

综上分析可得，根据前文所构建的各国土空间类型的 Logistic 回归模型结果，并借助 CLUE-S 模型可以实现研究区国土空间格局的有效模拟，说明 Logistic 回归模型结果准确；基于 CLUE-S 和 FLUS 模型对研究区 2015 年国土空间格局情况进行模拟，经精度检验后发现，FLUS 模型要优于 CLUE-S 模型，且各国土空间类型的模拟结果与现状分布相比，FLUS 模型模拟下的空间布局更紧凑，尤其以城镇生活空间较明显。因此，后续实验选用 FLUS 模型进行优化配置研究。

6.5　本章小结

本章在前文研究工作的基础上，共设计了 0.5km×0.5km、1km×1km、3km×3km、5km×5km、7km×7km、10km×10km、20km×20km、30km×30km 共 8 个栅格尺度，运用二元 Logistic 回归模型构建了研究区国土空间格局模拟模型。结果发现，在不同栅格尺度下国土空间格局模拟模型的驱动因子数目与驱动因子系数均存在一定差异，表明国土空间格局与其驱动因子之间的关系存在一定的尺度相关性特征。利用 ROC 值和分维数确定了表征研究区国土空间格局信息的最佳栅格尺度为 1km×1km。在此基础上，基于改进的二元 Logistic 回归模型计算与模拟研究区国土空间类型的空间分布概率，并绘制了研究区国土空间格局分布的经验统计概率图。运用 CLUE-S 模型和 FLUS 模型模拟研究区 2015 年国土空间分布格局情况，为后续国土空间格局优化配置研究提供实验模型。结果表明，本书构建的研究区国土空间分布格局的 Logistic 回归模型结果较为理想，运用 CLUE-S 模型模拟的研究区国土空间格局结果有效，但总体而言，基于 FLUS 模型的模拟结果在数量误差、总体精度、κ 系数和景观指数指标方面均优于 CLUE-S 模型的模拟结果，本书选用 FLUS 模型进行后续优化配置实验研究。

第 7 章 滇中城市群国土空间格局多目标优化配置

7.1 研究区国土空间格局多目标优化配置分析框架

本章在前文国土空间格局栅格多尺度特征分析及多模型模拟对比的研究工作的基础上，基于选定的最佳尺度和模拟模型，提出一种基于生态安全格局的国土空间格局多目标优化配置方法，即运用 MCR-FLUS-Markov 耦合模型对研究区未来国土空间格局进行优化配置研究。在该耦合模型中，首先，利用 MCR 模型构建研究区生态安全格局，并对其进行优化配置功能分区，将各功能分区的面积作为目标函数的约束条件嵌入 FLUS 模型，然后通过 Markov 模型分别预测不同情景下的国土空间类型用地需求并将其输入 FLUS 模型进行优化模拟；其次，运用 ArcGIS 软件中的空间叠加与空间分析工具，将研究区不同情景下的模拟结果进行叠加分析，最终得到"生活-生产-生态空间"协调下的国土空间格局优化配置方案。国土空间格局优化配置分析框架如图 7-1 所示。

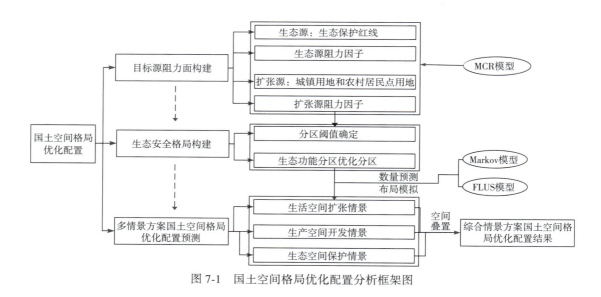

图 7-1 国土空间格局优化配置分析框架图

7.2 生态安全格局识别

本节将国土空间格局扩张看作生态源和扩张源向四周扩散，生态源和扩张源分别为生态保护用地和城镇用地、农村居民点用地。采用最小累积阻力模型建立生态源地与生活空间扩张源地这两个生态变化过程的最小累积阻力面，以最小累积阻力差值结果作为构建研究区生态安全格局的依据。

7.2.1　目标源的确定

在生态安全格局识别中最重要的步骤就是确定目标源地。生态保护红线的划定对象为区域内生态保护的核心区，具有重要生态功能或高度生态敏感性和脆弱性（林勇等，2016）。以生态保护红线区作为生态源，是维系研究区生态安全的基本保障区域，原则上任何城市扩张行为均不得占用。为消除细碎图斑对生态安全格局构建的影响，综合研究区实际情况，提取生态保护红线区内图斑面积大于 $5km^2$ 的单个图斑作为生态源地，生活空间扩张源主要是指研究区内城镇用地和农村居民点用地。研究区目标源地如图 7-2 所示。

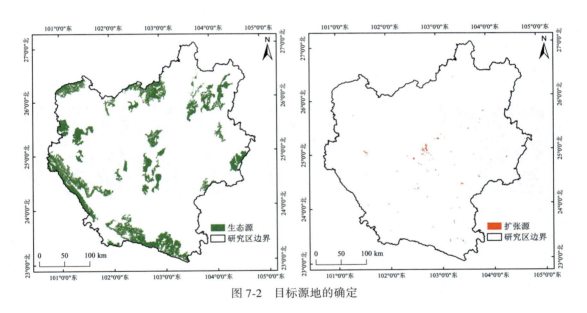

图 7-2　目标源地的确定

7.2.2　阻力面的建立

在阻力面理论中，物种对景观的利用被看作对空间的竞争性控制和覆盖过程，而控制和覆盖必须通过克服阻力来实现，阻力越小，物种的发展和传播越顺利（赵筱青等，2019）。在构建生态安全格局之前，需要先建立目标源的阻力面。从生态角度来看，可将生态空间和生活空间视为对生态重要性的一种竞争关系（Li et al.，2015），这种竞争需要克服一定的生态阻力。不同的自然地理环境和社会经济条件对生态空间源地和生活空间扩张源地具有不同的生态阻力影响。为使这两种源地的扩张及转化在同一标准下进行，需要建立阻力因子相同、阻力系数相反的阻力评价体系。

1. 阻力因子选取

结合研究区实际，选取高程、坡度、土地利用类型、土壤类型、植被覆盖度、年均气温、年均降水、距道路距离、距水体距离共 9 个指标作为生态源、生活空间扩张源阻力因子，同时对各阻力因子进行等级划分并采用层次分析法确定权重。每个因子划分为 5 个等级：1、2、3、4、5。等级越低，阻力越小，表示生态源越容易得到保护和维持；反之，则表示生活空间扩张能力越强。两个过程的阻力分级相反。高程、坡度划分标准是依据第 5 章对研究区高程、坡度分区进行设定的；土地利用类型是依据土地利用分类及转换标准（八大类转换）重分类为 5 级；土壤类型采用中国土壤类型空间分布数据并提取研究区内土壤类型数据，参考土壤分类标准对其进行等级划分；植被覆盖度是采用 2015 年云南省公里格网归一化植被指数数据集并提取研究区内数据，运用 ENVI 软件计算植被覆盖度指数，参考相关文献（谢花林，2008；卓静，2008）并结合研究区实际，对其进行等级划分；气温、降水数据的分级是依据研究区实际情况划分的。各个目标源阻力因子分级及权重赋值见表 7-1。

表 7-1　　　　　　　　生态源、生活空间扩张源阻力因子分级及权重

目标源		阻力因子分级					权重
生态源		1(低阻力)	2(较低阻力)	3(中等阻力)	4(较高阻力)	5(高阻力)	
扩张源-		5(高阻力)	4(较高阻力)	3(中等阻力)	2(较低阻力)	1(低阻力)	
阻力因子	单位	分级标准					
高程	m	>3500	2500~3500	1500~2500	500~1500	<500	0.1311
坡度	(°)	>25	15~25	8~15	2~8	<2	0.1316
土地利用类型	—	林地、水域	草地、园地	耕地	未利用地	城镇	0.1447
土壤类型	—	黄棕壤、棕壤、暗棕壤、黑毡土	燥红土、粗故土、草甸土、山地草甸土、赤红壤、红壤	新积土、紫色土、水稻土、砖红壤、黄壤	红黏土、沼泽土	石灰土、岩石	0.0793
植被覆盖度		>75%	60%~75%	45%~60%	30%~45%	<30%	0.1489
年均气温	℃	<15	15~17	17~19	19~21	>21	0.0634
年均降水	mm	>780	741~780	705~741	672~705	<672	0.0692
与道路距离	m	>9500	6500~9500	3500~6500	1500~3500	<1500	0.1087
与水体距离	m	<10000	10000~50000	50000~100000	100000~150000	>150000	0.1231

2. 生态源阻力面的建立

根据表 7-1 生态源阻力因子分级情况，经重分类后得到各阻力因子空间分布图（图 7-3），再将各阻力因子空间分布图进行加权求和后根据值域的大小分为 5 个等级，得到生态源综合阻力因子等级图（图 7-4）。

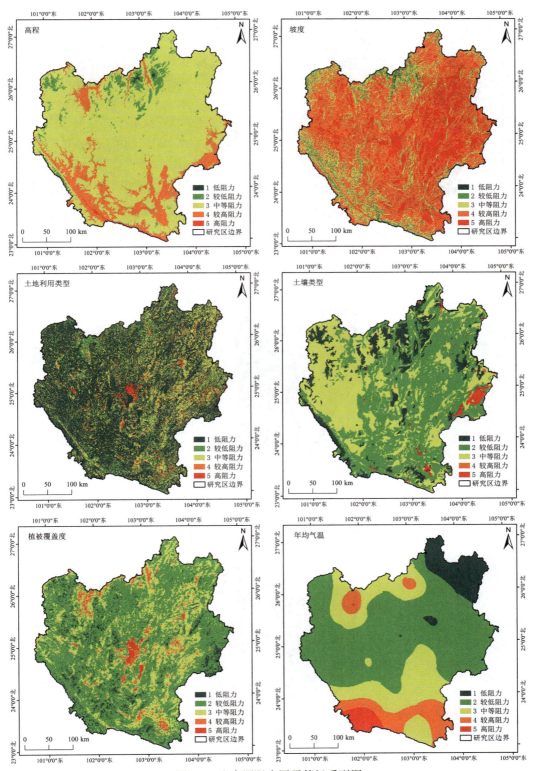

图 7-3　生态源阻力因子等级系列图

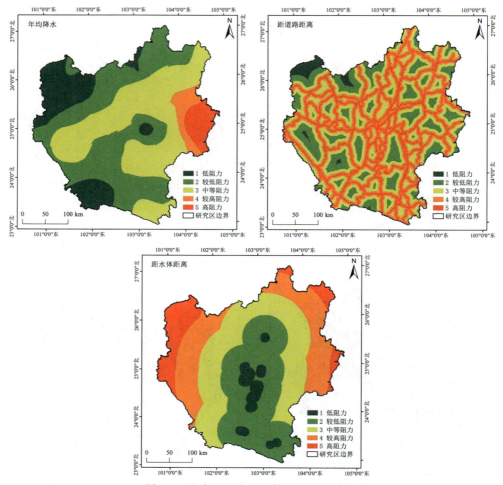

图 7-3　生态源阻力因子等级系列图(续)

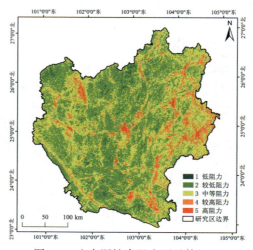

图 7-4　生态源综合阻力因子等级图

3. 生活空间扩张源阻力面

采用上述同样的方法，得到生活空间扩张源阻力因子等级系列图(图 7-5)和综合阻力因子等级图(图 7-6)。

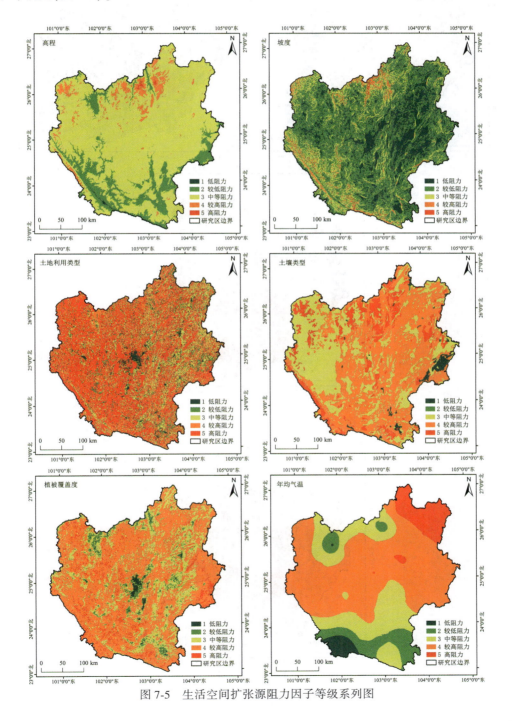

图 7-5 生活空间扩张源阻力因子等级系列图

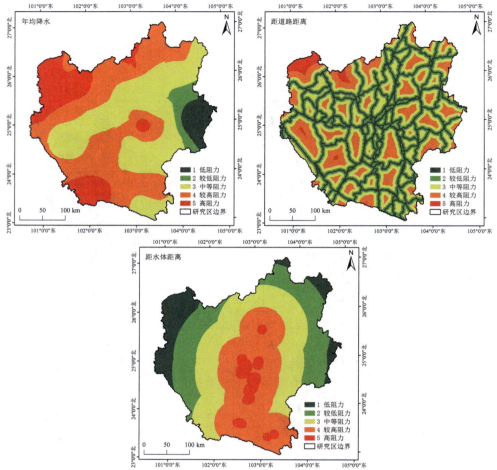

图 7-5 生活空间扩张源阻力因子等级系列图(续)

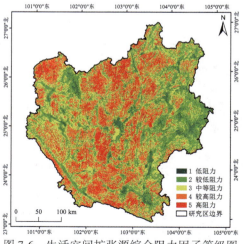

图 7-6 生活空间扩张源综合阻力因子等级图

7.2.3 生态安全格局构建

1. 最小累积阻力计算

首先运用 ArcGIS 软件中的 Cost Distance 分析功能分别计算两个目标源地的最小累积阻力面，记为 $MCR_{生态源}$ 和 $MCR_{扩张源}$；然后，用 $MCR_{生态源}-MCR_{扩张源}$，得到两个目标源地阻力面的差值面 $MCR_{差值}$，根据差值变化情况进行重分类，最终得到基于生态安全格局的国土空间格局优化分区结果。

2. 分区阈值的确定

分区阈值可用 MCR 差值与面积曲线的突变点来确定（杨姗姗等，2016）。根据前文计算得到的两个目标源地阻力面的最小阻力差值面进行重分类，利用自然间断点法制作最小阻力差值与栅格数目折线图（图7-7）。从图7-7中可以看出，栅格数目随最小累积阻力差值的增大呈先增后降趋势，当值为 7306.0968 时，栅格数目个数最多；此外，当阻力值为 -23960.6741、-6590.2458、7306.0968 和 21202.4395 时，栅格数目存在一个突变过程。将突变点上的阻力值作为细化分区的阈值，具体分区阈值见表7-2。并结合研究区实际情况，建立研究区综合生态安全格局下的国土空间利用优化配置分区，即生态空间保护核心区、生态空间保护边缘区、生产空间开发重点区、生产空间开发边缘区和生活空间扩张集中区。

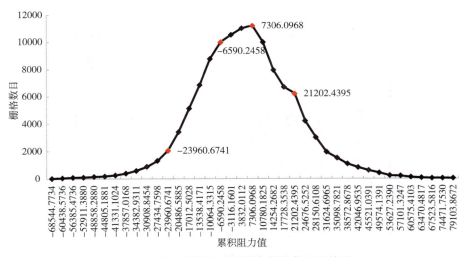

图 7-7　最小累积阻力差值与栅格数目的关系

表 7-2　　　研究区综合生态安全格局分区阈值区间及分区类型

值域范围	功能分区	国土空间类型
−68544.7734 ~ −23960.6741	生态空间保护核心区	生态空间
−23960.6741 ~ −6590.2458	生态空间保护边缘区	

续表

值域范围	功能分区	国土空间类型
−6590.2458~7306.0968	生产空间开发重点区	生产空间
7306.0968~21202.4395	生产空间开发边缘区	
21202.4395~79103.8672	生活空间扩张集中区	生活空间

7.2.4　生态功能优化分区

　　根据研究区综合生态安全格局下的国土空间利用优化配置分区结果(图 7-8、表 7-3)，生态空间保护核心区以生态环境保护为主导，禁止开展任何开发建设活动，该功能区面积占研究区总面积的 27.67%，分布在生态源的四周，即在研究区的北部、西北部、西部和西南部呈大面积分布，这些区域地势较高，森林密布，作为研究区各类自然保护区的核心地带，中部及东部分布相对较少。生态空间保护边缘区应该在保护的基础上进行合理开发利用，该功能区面积占研究区总面积的 24.00%，主要分布在生态空间保护核心区周围，即在研究区的中部、东部及东北部分布较多，该类区域主要以天然牧草地、灌木林地等组成，属水源涵养林的生态过渡区，也是保障研究区生态安全的屏障。生态空间保护核心区和生态空间开发边缘区均为生态空间，总体以生态保护及恢复为主，原则上不得用作其他用途。生产空间开发重点区以农业生产开发为主，主要由耕地、基本农田、园地和高原农业组成，该功能区面积占研究区总面积的 15.42%，主要分布在研究区的东北部、西北

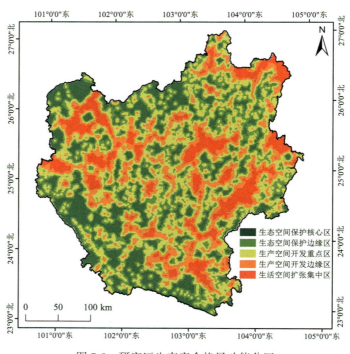

图 7-8　研究区生态安全格局功能分区

部、西南部和东部。生产空间开发边缘区占研究区总面积的 20.63%，作为生活空间扩张集中区与生产空间开发重点区的过渡带，主要分布少量质量较差的耕地和一些未利用地，是今后国土整治、国土开发利用的重点区域，也是工矿生产空间开发的后备用地，还可适当作为生活空间扩张用地。生活空间扩张集中区主要包括现已开发建成的生活空间和重点建设的县域及周边具有扩张潜力的区域，作为今后生活空间集中扩张区域，该功能区面积占研究区总面积的 12.28%，这些区域地势相对平坦，主要分布在研究区的中部、东部、西北部、东北部及南部的少部分区域。

表 7-3　　　　　　　　　　　　研究区生态安全格局功能分区统计

功能分区	面积/km²	比例	主要分布区域
生态空间保护核心区	28058.21	27.67%	生态源周围，在研究区的北部、西北部、西部和西南部呈大面积分布
生态空间保护边缘区	24336.41	24.00%	生态空间保护核心区周围，主要分布在研究区中部、东部及东北部
生产空间开发重点区	15639.84	15.42%	主要分布于研究区的东北部、西北部、西南部和东部
生产空间开发边缘区	20917.04	20.63%	主要分布于研究区的中部、东部、西北部、东北部和西南部
生活空间扩张集中区	12450.50	12.28%	主要分布于研究区的中部、东部、西北部、东北部及南部的少部分区域

7.3　多目标情景方案国土空间格局优化配置预测

7.3.1　情景方案设置

本节利用 Markov 模型，基于 2000—2015 年研究区国土空间类型转移概率，分别模拟 2016—2030 年间生活空间扩张情景、生产空间开发情景和生态空间保护情景下各国土空间类型用地需求量。

1. 生活空间扩张情景

生活空间扩张情景主要为城镇用地和农村居民点用地扩张区域，为满足人口增加对生活空间的需求而进行生活空间的扩张。该情景模拟条件下，假设研究区各国土空间类型用地需求量按自然增长速率扩张，即以 2009—2015 年国土空间类型转移速率发展的，各国土空间类型之间转移概率恒定不变，预测研究区 2016—2030 年各国土空间类型逐年用地需求量。由表 7-4 看出，根据模型预测的 2016—2030 年国土空间类型用地需求量，研究区生活空间逐年增长，符合生活空间历年变化趋势。

表 7-4　　　　生活空间扩张情景下的滇中城市群国土空间利用需求量预测　　（单位：km²）

年份	农业生产空间	工矿生产空间	城镇生活空间	农村生活空间	绿地生态空间	水域生态空间	其他生态空间	合计
2016 年	30006.92	1149.17	1190.04	1893.87	62989.51	1726.50	12446.00	111402.00
2017 年	29925.43	1162.48	1263.95	1944.01	62983.26	1724.50	12398.38	111402.00
2018 年	29843.87	1175.76	1337.90	1994.12	62977.03	1722.49	12350.84	111402.00
2019 年	29762.40	1189.05	1411.83	2044.27	62970.82	1720.51	12303.13	111402.00
2020 年	29681.15	1202.33	1485.84	2094.40	62964.55	1718.52	12255.22	111402.00
2021 年	29599.36	1215.63	1560.02	2144.53	62958.29	1716.55	12207.63	111402.00
2022 年	29518.01	1228.62	1634.22	2194.64	62952.04	1714.55	12159.93	111402.00
2023 年	29436.52	1241.54	1708.39	2244.79	62945.86	1712.54	12112.37	111402.00
2024 年	29355.74	1254.76	1782.50	2294.73	62939.64	1710.55	12064.09	111402.00
2025 年	29274.33	1268.04	1856.66	2344.74	62933.39	1708.57	12016.28	111402.00
2026 年	29192.84	1281.34	1930.82	2394.89	62927.12	1706.58	11968.42	111402.00
2027 年	29111.50	1294.30	2005.02	2444.87	62920.92	1704.60	11920.80	111402.00
2028 年	29030.01	1307.51	2079.04	2494.98	62914.73	1702.61	11873.17	111402.00
2029 年	28948.51	1320.81	2153.13	2545.10	62908.48	1700.59	11825.39	111402.00
2030 年	28865.78	1335.34	2229.22	2595.91	62901.76	1698.23	11775.76	111402.00

2. 生产空间开发情景

生产空间开发情景是以粮食安全和经济社会发展安全为出发点，维护一定数量的耕地数量以满足人类社会发展对粮食的需求，同时保证其他产业生产空间稳定，以达到经济、社会发展的完美融合。该情景条件下，假设城镇生活空间和农村生活空间扩张以占用农业生产空间为主，在 2009—2015 年国土空间类型转移速率发展的基础上，通过降低生活空间扩张速率来减缓农业生产空间转移速率，其他国土空间类型的转移速率保持不变，预测研究区 2016—2030 年各国土空间类型用地需求量（表 7-5）。

表 7-5　　　　生产空间开发情景下的滇中城市群国土空间利用需求量预测　　（单位：km²）

年份	农业生产空间	工矿生产空间	城镇生活空间	农村生活空间	绿地生态空间	水域生态空间	其他生态空间	合计
2016 年	30032.40	1149.17	1177.77	1880.66	62989.51	1726.50	12446.00	111402.00
2017 年	29976.64	1162.48	1239.10	1917.65	62983.26	1724.50	12398.38	111402.00
2018 年	29920.89	1175.76	1300.36	1954.64	62977.03	1722.49	12350.84	111402.00
2019 年	29865.16	1189.05	1361.68	1991.66	62970.82	1720.51	12303.13	111402.00
2020 年	29809.43	1202.33	1423.04	2028.92	62964.55	1718.52	12255.22	111402.00
2021 年	29753.69	1215.63	1484.41	2065.81	62958.29	1716.55	12207.63	111402.00

续表

年份	农业生产空间	工矿生产空间	城镇生活空间	农村生活空间	绿地生态空间	水域生态空间	其他生态空间	合计
2022 年	29697.94	1228.62	1545.77	2103.16	62952.04	1714.55	12159.93	111402.00
2023 年	29642.23	1241.54	1607.12	2140.35	62945.86	1712.54	12112.37	111402.00
2024 年	29586.51	1254.76	1668.79	2177.67	62939.64	1710.55	12064.09	111402.00
2025 年	29530.79	1268.04	1730.15	2214.79	62933.39	1708.57	12016.28	111402.00
2026 年	29475.03	1281.34	1791.78	2251.74	62927.12	1706.58	11968.42	111402.00
2027 年	29419.27	1294.30	1853.40	2288.72	62920.92	1704.60	11920.80	111402.00
2028 年	29363.56	1307.51	1914.76	2325.67	62914.73	1702.61	11873.17	111402.00
2029 年	29307.79	1320.81	1976.13	2362.82	62908.48	1700.59	11825.39	111402.00
2030 年	29251.67	1335.34	2036.64	1880.66	62901.76	1698.23	11775.76	111402.00

3. 生态空间保护情景

生态空间保护情景是从顾及生态安全优先的国家战略角度出发，为了保护研究区生态环境，严禁乱砍滥伐，植树造林、退耕还林；加之研究区域内有滇池、抚仙湖、星云湖、阳宗海和杞麓湖，根据《阳宗海保护条例》《滇池保护条例》和《抚仙湖保护条例》等，要求湖体最高蓄水位沿地表向外延伸 110m 范围内不得建永久性设施，且严格控制从流域取水等；沿途 1km 范围禁止布局有污染的工业企业和规模化养殖场。该情景下，以降低生产空间和生活空间扩张速率来减缓水域生态空间和其他生态空间转移速率，同时增加绿地生态空间扩张速率，以此预测研究区 2016—2030 年各国土空间类型用地需求量(表 7-6)。

表 7-6　　生态空间保护情景下的滇中城市群国土空间利用需求量预测　　(单位：km²)

年份	农业生产空间	工矿生产空间	城镇生活空间	农村生活空间	绿地生态空间	水域生态空间	其他生态空间	合计
2016 年	30013.39	1146.23	1178.87	1865.45	63074.81	1726.46	12396.80	111402.00
2017 年	29938.62	1156.54	1241.58	1887.16	63153.87	1724.49	12299.75	111402.00
2018 年	29863.87	1166.86	1304.30	1908.89	63232.92	1722.46	12202.71	111402.00
2019 年	29789.10	1177.16	1367.03	1930.61	63311.96	1720.47	12105.68	111402.00
2020 年	29714.32	1187.48	1429.74	1952.34	63391.01	1718.47	12008.65	111402.00
2021 年	29639.54	1197.80	1492.46	1974.07	63470.07	1716.49	11911.58	111402.00
2022 年	29564.77	1208.13	1555.17	1995.78	63549.12	1714.50	11814.54	111402.00
2023 年	29490.01	1218.45	1617.89	2017.49	63628.16	1712.52	11717.49	111402.00
2024 年	29415.26	1228.77	1680.63	2039.22	63707.19	1710.51	11620.43	111402.00
2025 年	29340.51	1239.11	1743.35	2060.93	63786.24	1708.50	11523.37	111402.00
2026 年	29265.75	1249.43	1806.08	2082.66	63865.30	1706.47	11426.32	111402.00

年份	农业生产空间	工矿生产空间	城镇生活空间	农村生活空间	绿地生态空间	水域生态空间	其他生态空间	合计
2027 年	29190.98	1259.80	1868.79	2104.37	63944.35	1704.44	11329.28	111402.00
2028 年	29116.22	1270.12	1931.51	2126.10	64023.40	1702.43	11232.23	111402.00
2029 年	29041.44	1280.45	1994.24	2147.81	64102.46	1700.41	11135.20	111402.00
2030 年	28966.59	1290.78	2056.93	2169.54	64181.56	1698.23	11038.36	111402.00

7.3.2　情景方案预测结果

本节以研究区 2015 年国土空间类型现状作为初始年数据，以前文预测所得的不同情景下研究区 2030 年各国土空间类型的用地需求量为目标年数据，将基于 MCR 模型计算得到的研究区生态安全格局功能分区中各功能空间分区作为目标函数的约束条件，对研究区国土空间格局配置的区域和要素进行空间限制，利用 FLUS 模型模拟不同情景下的研究区国土空间格局分布情况。

1. 生活空间扩张情景预测结果

结合研究区生态安全格局功能分区结果(图 7-8)，将生活空间扩张集中区作为该情景下的约束条件，进行研究区 2030 年生活空间扩张情景下的国土空间格局模拟。与 2015 年各国土空间类型面积相比，2030 年农业生产空间、绿地生态空间、水域生态空间和其他生态空间面积减少，工矿生产空间、城镇生活空间和农村生活空间面积增加。从变化量来看，农业生产空间、其他生态空间、城镇生活空间和农村生活空间变化数量较大，分别减少 1230.22km²、682.09km²，增加 1110.98km²、746.17km²；从变化率来看，城镇生活空间、农村生活空间、工矿生产空间变化率较大，分别为 99.54%、40.47%、17.53%，变化率最小的为绿地生态空间(表 7-7)。从空间分布来看，城镇生活空间和农村生活空间扩张位置主要分布在研究区中部、东部和南部地区，大量占用农业生产空间和其他生态空间(图 7-9)。随着城乡一体化建设的加快，生活空间明显增加并愈加趋向集约节约利用，分布也愈加集中化，但该情景势必会占用部分生产空间，尤其是农业生产空间。因此如何在生活空间扩张的同时兼顾生产空间的保护，是当前城市群发展过程中需要考虑的问题。

表 7-7　　　　　生活空间扩张情景下各国土空间类型面积变化情况

国土空间类型	2015 年	2030 年生活空间扩张情景	变化量	变化率
	面积/km²	面积/km²	/km²	
农业生产空间	30088.15	28857.93	-1230.22	-4.09%
工矿生产空间	1135.90	1334.97	199.07	17.53%
城镇生活空间	1116.15	2227.13	1110.98	99.54%
农村生活空间	1843.72	2589.89	746.17	40.47%

续表

国土空间类型	2015 年	2030 年生活空间扩张情景	变化量	变化率
	面积/km²	面积/km²	/km²	
绿地生态空间	62995.75	62896.74	−99.01	−0.16%
水域生态空间	1728.51	1683.60	−44.95	−2.60%
其他生态空间	12493.83	11811.74	−682.09	−5.46%

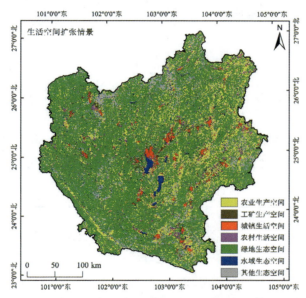

图 7-9 生活空间扩张情景方案下滇中城市群 2030 年国土空间类型优化配置结果

2. 生产空间开发情景预测结果

将生产空间开发重点区和生产空间开发边缘区作为该情景下的约束条件(图 7-8),进行研究区 2030 年生产空间开发情景下的国土空间格局模拟。该情景下优先将生产空间开发重点区和边缘区内的其他生态空间转为城镇生活空间,保证工矿生产空间和生活空间的扩张较少占用农业生产空间。与 2015 年相比,2030 年农业生产空间、绿地生态空间、水域生态空间和其他生态空间面积减少,工矿生产空间、城镇生活空间和农村生活空间增加。从变化量来看,农业生产空间、其他生态空间、工矿生产空间、城镇生活空间和农村生活空间变化数量较大,分别减少 516.35km²、1063.45km²,增加 278.93km²、896.19km² 和 535.43km²;从变化率来看,城镇生活空间、农村生活空间、工矿生产空间的变化率较大,分别为 80.29%、29.04%、24.56%,绿地生态空间的变化率最小(表 7-8)。与生活空间扩张情景相比,农业生产空间面积减少速率明显放缓。从空间分布来看,研究区东部、中部、南部及东北部的农业生产空间减少明显,主要转为城镇生活空间、农村生活空间;其他生态空间主要被工矿生产空间占用,以研究区的西北部和南部分布为主(图 7-10)。该情景下,一定程度上控制了生产空间规模的减少，边远山区、交通设施落后区和居民点分散区的生活空间转为生产空间和生态空间，仍需大力提高闲置地的开发潜力，适当减少环境恶劣地区、交通不便地区和居民点破碎化程度较高区域的生活空间面积；对不适宜居住的区域应整体搬迁，并压缩村庄规模，将这些生活空间用作农业生产空间进行开发利用。

表 7-8　　　　　　　　生产空间开发情景下各国土空间类型面积变化情况

国土空间类型	2015 年	2030 年生活空间扩张情景	变化量	变化率
	面积/km²	面积/km²	/km²	
农业生产空间	30088.15	29571.80	−516.35	−1.72%
工矿生产空间	1135.90	1414.83	278.93	24.56%
城镇生活空间	1116.15	2012.34	896.19	80.29%
农村生活空间	1843.72	2379.15	535.43	29.04%
绿地生态空间	62995.75	62915.82	−79.93	−0.13%
水域生态空间	1728.51	1677.69	−50.82	−2.94%
其他生态空间	12493.83	11430.38	−1063.45	−8.51%

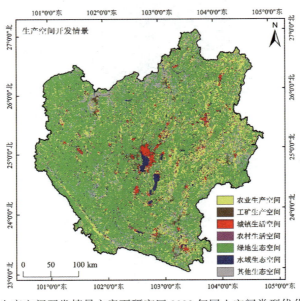

图 7-10　生产空间开发情景方案下研究区 2030 年国土空间类型优化配置结果

3. 生态空间保护情景预测结果

将生态空间保护核心区和生态空间保护边缘区作为该情景下的约束条件（图 7-8），进行研究区 2030 年生态空间保护情景下的国土空间格局模拟。该情景为重点保护两个生态空间功能区内生态安全，禁止其他国土空间类型转换占用该区域的国土空间类型，而将生产空间重点开发区、生产空间开发边缘和生活空间扩张集中区作为优先配置区域。与2015年相比,2030年的农业生产空间、水域生态空间和其他生态空间面积减少,工矿生产空间、城镇生活空间、农村生活空间和绿地生态空间面积增加。从变化量来看,农业生产空间、其他生态空间、城镇生活空间和绿地生态空间变化数量较大,分别减少1247.20km²、1464.67km²,增加904.18km²和1419.90km²;从变化率来看,城镇生活空间的变化率最大,水域生态空间的变化率最小(表7-9)。从空间分布来看,位于研究区西北部、东北部、东部的农业生产空间及东部的其他生态空间转为绿地生态空间,西北部的其他生态空间转为农村生活空间和工矿生产空间,而居民点集中较高地区的城镇生活空间在原城镇生活空间的基础上向周围扩张,今后应继续大力植树造林,对重要水源保护区进行保护,对现有生活空间、生产空间进行重点优化,提高国土资源利用率(图7-11)。

表7-9　　　　　生态空间保护情景下各国土空间类型面积变化情况

国土空间类型	2015年	2030年生活空间扩张情景	变化量	变化率
	面积/km²	面积/km²	/km²	
农业生产空间	30088.15	28840.95	−1247.20	−4.15%
工矿生产空间	1135.90	1260.91	125.01	11.01%
城镇生活空间	1116.15	2020.32	904.18	81.01%
农村生活空间	1843.72	2122.37	278.65	15.11%
绿地生态空间	62995.75	64415.65	1419.90	2.25%
水域生态空间	1728.51	1712.64	−15.87	−0.92%
其他生态空间	12493.83	11029.16	−1464.67	−11.72%

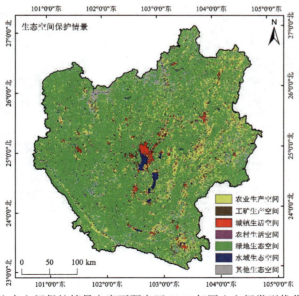

图7-11　生态空间保护情景方案下研究区2030年国土空间类型优化配置结果

7.4　综合情景方案国土空间格局预测结果

　　基于上述不同情景方案下研究区 2030 年国土空间类型优化配置结果（图 7-9～图 7-11），采用 ArcGIS 软件中的空间叠置功能，对生活空间扩张情景、生产空间开发情景和生态空间保护情景模拟结果图在空间上进行叠加分析。根据叠加结果显示（图 7-12），左图为综合情景方案下基于国土空间类型二级分类的研究区国土空间用地布局情况，共有161 种用地配置方案；右图为综合情景方案下基于国土空间类型一级分类的研究区国土空间用地布局情况，共有 25 种用地配置方案（图 7-12）。顾及用地配置的复杂性和灵活性，并结合本书主旨为探究研究区"生活空间-生产空间-生态空间"相协调的国土空间格局优化配置方案，故选用国土空间类型一级分类下的用地布局情况，且遵循以下原则进行研究区各国土空间类型在空间布局上的优化配置。首先，坚持生态优先为前提，保障研究区生态空间面积，将叠加结果中处于生态空间内部且与生态空间冲突的区域及生态保护红线区全部划为生态空间；其次，保证研究区生产空间结构稳定，严守基本农田保护红线，将坝区破碎化程度较高的生活空间及基本农田保护红线区划为生产空间；最后，根据收集的部分市、县相关规划中的城市开发边界及叠加结果适度调整生活空间扩张规模，实现研究区"三生空间"用地之间的相互协调。

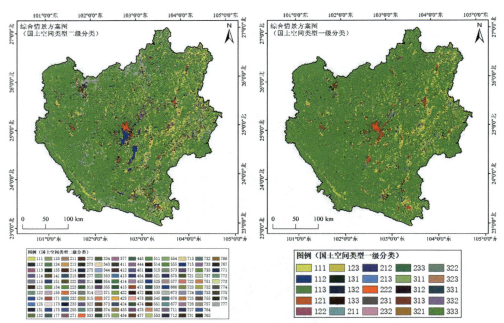

　　注：各用地配置采用 ABC 式组合，A 代表生活空间扩张情景下的适宜用地类型，B 代表生产空间开发情景下的适宜用地类型，C 代表生态空间保护情景下的适宜用地类型。图例（国土空间类型二级分类）中数字 1、2、3、4、5、6、7 分别代表：农业生产空间、工矿生产空间、城镇生活空间、农村生活空间、绿地生态空间、水域生态空间、其他生态空间。图例（国土空间类型一级分类）中，数字 1、2、3 分别代表：生产空间、生活空间、生态空间。以图例（国土空间类型二级分类）中的 111 为例，指三种情景下的适宜用地类型均为农业生产空间。

图 7-12　多目标情景方案下研究区 2030 年国土空间类型优化配置叠加结果

7.4.1　综合情景方案国土空间数量预测

根据国土空间的主导功能及多功能性，结合研究区实际情况，将研究区分为七大类：生活空间、生产空间、生态空间、生活-生产空间、生活-生态空间、生产-生态空间和生活-生产-生态空间。其中，生活空间面积为 3423.73km²，生产空间面积为 30393.16km²，生态空间面积为 77242.83km²，生活-生态空间面积为 94.97km²，生活-生产空间面积为 106.25km²，生产-生态空间面积为 53.64km²，生活-生产-生态空间面积为 87.42km²。对比不同情景方案下各国土空间类型面积变化量（表 7-10），综合情景方案的用地配置结果既考虑了生活空间扩张、生产空间开发和生态空间保护需求，还划定了综合功能区，认为该方案更合理。

表 7-10　　　　　　　　　　　情景方案用地数量对比　　　　　　　　　　（单位：km²）

国土空间类型	综合情景	生活空间扩张情景	生产空间开发情景	生态空间保护情景
	面积	面积	面积	面积
生活空间	3423.73	4817.02	4391.48	4142.69
生产空间	30393.16	30192.90	30986.63	30101.86
生态空间	77242.83	76392.08	76023.89	77157.45
生活-生态空间	94.97	—	—	—
生活-生产空间	106.25	—	—	—
生产-生态空间	53.64	—	—	—
生活-生产-生态空间	87.42	—	—	—
合计	111402.00	111402.00	111402.00	111402.00

7.4.2　综合情景方案国土空间优化布局

由图 7-13 可以看出，基于"生活-生产-生态空间"协调下的 2030 年研究区各国土空间类型的空间分布聚集效应显著。此外，研究区"一主四副"的空间布局结构愈加明显，其中"一主"表示以昆明都市区为核心，"四副"分别是指曲靖市城镇组团、玉溪市城镇组团、楚雄州城镇组团和蒙自市城镇组团为次中心，形成核心引领互为支撑的空间格局。

1. 生活空间

根据优化结果（图 7-13），从扩张区位来看，主要是昆明市所辖区域内的四主城区、呈贡区、安宁市及嵩明县，曲靖市所辖区域内的麒麟区、马龙县、沾益区、马永县、罗平县、陆良县，玉溪市所辖区域内的红塔区、澄江县、通海县，楚雄州所辖区域内的楚雄市、姚安县和元谋县，蒙自市、开远市等县域周围生活空间出现增加的趋势；从生活空间

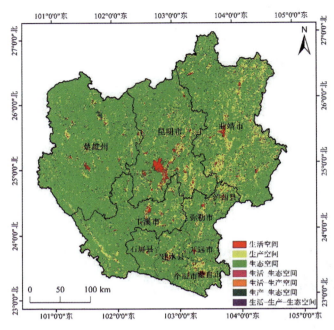

图 7-13　"生活-生产-生态空间"协调下的 2030 年国土空间格局优化结果

分布来看，研究区生活空间仍存在"满天星"式的分散格局，结合 2015 年生活空间现状分布可以判定，图 7-13 中出现较大面积聚集的生活空间为城镇生活空间，其扩张布局总体较紧凑，有集约节约用地的趋势，而图中分布零散的生活空间为农村生活空间，居民点分布略分散。生活空间的扩张位置主要分布在生产空间周围，尤其农业生产空间的周围。随着人类生态保护意识的提高，在满足人类生活居住的情况下，实施"退房还林""退房还湖"，将偏远山区的生活空间，尤其农村生活空间转变为生态空间；同时在该区域内，应在合理的限度内进行开发利用，在优先保护生态环境的前提下，可开展生产开发活动，但必须科学、环保地处理废弃物及垃圾，以减少对生态环境的污染和破坏。

2. 生产空间

根据优化结果（图 7-13），以宣威市、弥勒市、陆良县、宜良县、会泽县、嵩明县、蒙自市、建水县、寻甸县、师宗县、个旧市、富源县、禄劝县这 9 个县域的生产空间面积减少明显。结合 2015 年生产空间分布情况，减少面积的生产空间类型以农业生产空间为主。基本农田是守护生机盎然的"生命线"，严禁研究区内其他用地类型开发建设时占用基本农田，基本农田保护区与城镇建设用地之间要有一定的隔离带。如图 7-13 所示，针对研究区西北部、东北部、西南部及东西部大部分地区的生活空间扩张建设较粗放的地区，应进行集中的综合整治，降低居住环境恶劣和交通不便地区的城镇生活空间规模，对基础设施等生活条件较差的农村生活空间进行整体搬迁，腾出空间以转为农业生产空间进行开发利用。同时开展农村居民点用地和建制镇用地的集约节约开发，分区保护和综合治理，通过对生活空间的整治，实现耕地总量动态平衡。另外，研究区特有的地势条件，造成坝区耕地资源有限，强化坝区耕地保护，应实施差别化土地政策，引导城镇生活空间、农村生活空间和工矿生产空间向坝区边缘适建山地发展，增加农业生产空间，提升研究区内居民生活环境。

3. 生态空间

根据优化结果（图7-13），2030年研究区生态空间面积略有增加，主要集中在安宁市、西山区、麒麟区、沾益区、元谋县、弥勒市和建水县等县域的生态保护红线区范围。生态保护红线区是严格控制研究区生态"底线"的保障条件，区域内包括国家级和省级重点风景名胜区、自然保护区、国家森林公园、城市水源地、水源涵养区、世界自然和文化遗产地等的部分重要区域，生态敏感性较高，是维持研究区整体生态安全的重要区域。故此，需要对这些区域内的生态用地树立生态底线思维，严厉禁止任何形式的开发建设活动，且针对不同保护区采取不同的保护措施进行保护。如研究区水源涵养区主要分布于昆明市东北部小部分区域、楚雄州中部大部分区域、玉溪市西南小部分区域、曲靖市宣威-沾益-会泽交界地带和富源-罗平大部分区域，应高度重视产业和城镇发展对该类区域的不良影响，妥善处理好保护与发展的关系，通过对水源保护区及周边地带实施封山育林、调整土地利用方式、退耕还林等措施，提高区域的水源涵养能力；研究区内含有滇池、阳宗海、澄江、星云湖、杞麓湖等五大湖泊水体，依据《中华人民共和国水法》《中华人民共和国水污染法》《滇池保护条例》《阳宗海保护条例》《抚仙湖保护条例》等，禁止一切侵占水体和湖滨带的开发活动；推进以退塘、退田、退房、还湖、还湿地、还林为主的"三退三还"生态建设；沿湖1km范围禁止布局有污染的工业企业及规模化养殖场，严格控制旅游设施的建设和城市建设用地；加强农业面源的污染防治，鼓励推广有机农业、生态农业，减少农田化肥及农药用量；禁止在五湖面山取土、取沙、采石和采矿，破坏自然景观；加大面山植树造林和生态建设工程，提高森林覆盖率，以保证生态过程的健康发展。

4. 生活-生产空间

根据优化结果（图7-13），2030年生活-生产空间面积主要分布在研究区中部的昆明市呈贡区、官渡区、安宁市、嵩明县、宜良县、晋宁区，东部的曲靖市麒麟区、沾益区、马龙县、富源县、陆良县和宣威市，西南部的玉溪市红塔区、通海县，南部的蒙自市、个旧市、建水县；西北部的楚雄州南华县有少量分布。该优化结果与滇中城市群规划结果较为一致，昆明市主城区内不适宜发展劳动密集型产业，应布局在外围的宜良县、晋宁区等区域，重化工向嵩明县—寻甸—东川的特定区域转移；曲靖市是我国面向西南开放的重要新型工业基地，优势的农业生产资源和生产能力也使其在未来农业发展中将成为滇中农业发展的重点。曲靖半小时经济圈包括麒麟区、沾益、马龙中心城区，以及陆良、富源的部分城镇，具备广阔的城镇及产业发展空间；楚雄州作为滇中城市群中相对弱的一个州，重点发展农副产品加工和民族文化产业；蒙自市、建水县、开远市、弥勒市和个旧市，重点发展旅游、烟草、新材料、机械制造与现代农业等。因此，该优化区域内可按照各州市规划引导，进行农产品种植和其他产业开发，以促进经济发展；但重化工以及类似的高污染、大运输量的产业要远离生活和生态区域；也可进行建设用地的扩张，以满足人口日益增长对生活用地的需求。

5. 生活-生态空间

根据优化结果（图 7-13），2030 年生活-生态空间主要分布于研究区东部的曲靖市富源县、罗平县、师宗县、宣威市、会泽县，中部的昆明市呈贡区、官渡区、安宁市和寻甸县，西北部的楚雄州楚雄市、元谋县和大姚县，西南部的玉溪市华宁县和澄江县，南部的建水县和泸西县，其余地区零星分布。该区域的生态敏感性处于中间等级，可用于生态空间进行生态环境保护和重建，根据《云南省主体功能区规划》的主体功能区定位要求在优先保障生态空间的基础上也可以进行城镇生活空间和农村生活空间的扩张建设，同时在该区域要进一步加强基础设施和公共服务设施建设，本着科学合理地规划各类生活及生态区，引导人口与产业布局，持续强化自然生态环境和生活空间的共生与持续发展，逐渐达到最优的国土空间分布格局。此外，还应借助互联网、电视电影等多种媒介手段提高居民环保意识，提高公民参与生态环境保护的积极性，共建生态文明。

6. 生产-生态空间

根据优化结果（图 7-13），2030 年生产-生态空间主要分布在西北的楚雄州元谋县，北部的昆明市东川区、寻甸县，东部的曲靖市宣威市、会泽县和富源县，南部的建水县和开远市，西南部的玉溪市华宁县、澄江县、元江县、峨山县和新平县；其他地区零星分布。该区域应优先作为生态空间进行保护，或进行生态-农业产业种植，也可根据各州市民族文化特色，进行风景名胜区等工矿生产空间的开发和建设。譬如，楚雄州的农业方面以绿色农产品加工业为主，重点培育元谋、罗川两大特色蔬菜种植园区，建立多种多类农产品养殖基地，建设绿色食品加工园区；加之，楚雄州文化资源丰富，应大力整合民族文化资源，以文化资源引导旅游业发展。玉溪市作为亚洲最大的烟草产业基地，具有良好的生态环境，产业发展过程中应尽可能避免对生态环境造成破坏，应优先发展旅游、教育、高新产业等绿色环保型产业。因此，在生产-生态空间内应制定科学、环保的开发利用计划，不仅可发展部分生态园林或生态经济园林种植，也可开展部分农业生产活动及旅游文化等其他产业活动，以促进对研究区生态环境的保护。

7. 生活-生产-生态空间

根据优化结果（图 7-13），2030 年生活-生产-生态空间主要分布于研究区西北部的楚雄州元谋县，南部的蒙自市和建水县，中部的昆明市嵩明县、安宁市和呈贡区，东部的曲靖市罗平县、富源县和宣威市；其他地区零星分布。该区域国土空间利用功能最多样，应重点作为生态空间进行保护，牢筑生态安全屏障，满足生态空间需求后可考虑用于生活空间、基础设施和公共服务设施等工矿生产空间的开发建设，增加居民生活居住及活动区范围，也可用于农业生产空间开发，增加耕地数量。因此，在优先保障生态空间供给的前提下，适当扩张大生活空间和完善公共基础设施建设，提高农业生产空间效率，结合滇中城市群规划发挥各州市各城镇组团的优势功能，推动研究区国土空间协调利用，促进生活-生产-生态空间的高效配置与绿色发展。

7.5 本章小结

本章在第 5 章和第 6 章内容的基础上，将如何把维护城市群生态安全融入国土空间格局优化配置作为本章的核心问题和根本出发点，耦合 MCR-FLUS-Markov 模型提出一种基于生态安全格局的国土空间格局多目标优化配置方法，丰富了城市群国土空间格局优化配置的新方案，深化了国土空间资源优化的新方法，以期为国土空间规划编制工作、国土空间资源有效利用提供科学依据。

本章以生态保护红线作为生态源地，以城镇用地和农村居民点用地作为生活空间扩张源，选取了 9 个阻力因子，采用 MCR 模型和累积耗费距离模型构建研究区生态安全格局，并结合研究区实际情况进行综合生态安全格局下的生态功能优化分区，即生态空间保护核心区、生态空间保护边缘区、生产空间开发重点区、生产空间开发边缘区和生活空间扩张集中区等 5 个区域，以此作为研究区国土空间格局优化的约束条件。耦合 MCR-FLUS-Markov 模型对研究区 2030 年在生活空间扩张情景、生产空间开发情景和生态空间保护情景下国土空间格局进行优化：其中生活空间情景综合考虑了生活需要及政策指导下以扩张生活空间为主导的"生活-生产-生态空间"数量及空间结构的发展方向；生产空间情景控制生活空间规模，开发部分生态空间潜力，生态空间保护情景下生产空间面积减少，生活空间面积少量增加。对以上 3 种情景空间的综合叠加结果，遵循坚持生态优先为前提，保证研究区生产空间结构稳定，严守基本农田保护红线，结合各州市的城市开发边界对冲突区域进行修正，得到"生活-生产-生态空间"协调下的研究区国土空间格局优化布局方案。根据国土空间的主导功能及多功能性，将研究区分为 7 种空间类型：生活空间、生产空间、生态空间、生活-生产空间、生活-生态空间、生产-生态空间和生活-生产-生态空间，各类空间面积存在较大差异，其中以生产-生态空间面积最小，生态空间面积最大。根据优化配置结果，结合城市群内各县域发展特点，指出各国土空间类型的生产、生活开发和生态保护建设的重点及方向，并提出相关建议措施。

第8章 结论与讨论

8.1 主要结论

本书以滇中城市群为例,综合运用计量地理模型、景观指数、地学信息图谱、空间分析等技术方法,以土地利用数据、遥感数据、社会经济数据等多源数据为基础,以"生产-生活-生态空间"作为研究范式,从多尺度视角出发,深入研究滇中城市群国土空间格局时空演变过程及尺度分异规律,对国土空间格局及影响国土空间格局变化的驱动因素进行定量分析,探析其尺度效应;在此基础上构建栅格多尺度下国土空间格局模拟模型,分析了国土空间格局模拟过程中的尺度相关性特征,通过 ROC 值和分维数确定国土空间格局模拟及优化的最佳尺度;耦合 MCR-FLUS-Markov 模型,构建区域生态安全格局,将维护区域生态安全融入国土空间格局优化过程和结果,预测和模拟在生活空间扩展情景、生产空间开发情景和生态空间保护情景下 2030 年国土空间用地布局情况,通过空间叠加和空间分析工具对 3 种情景方案结果在空间上进行叠加,探究在"生活-生产-生态空间"协调下的研究区国土空间格局多目标优化配置方案。为后期国土空间规划、专项规划、详细规划、开发策略制定和实施提供理论和方法支撑。本书主要结论如下:

1. 国土"三生空间"分类体系与土地利用类型衔接

基于第二次全国土地利用调查分类和中国 LUCC 遥感监测数据分类体系,采用自下而上的归并分类方法,以顾及国土空间安全下的生态安全、粮食安全和经济社会发展安全为出发点,结合滇中城市群生态保护红线和永久基本农田保护红线,对滇中城市群国土"三生空间"分类体系进行划分,实现滇中城市群国土"三生空间"类型与土地利用类型的衔接和融合。

2. 不同行政区尺度下研究区 2015 年国土空间格局现状分析

从城市群尺度、市域尺度、县域尺度出发,分析滇中城市群 2015 年国土空间格局现状特征。这三种行政尺度下国土空间格局现状特征分布一致,具体表现为国土空间类型一级分类下,生态空间为绝对主体,生产空间次之;国土空间类型二级分类下,绿地生态空间占城市群总面积最大,农业生产空间次之。由于受地理区位及地形因素影响,不同行政尺度下国土空间格局整体特征不尽相同。研究区国土空间格局形成"中部以生活-生产空间为主,中部以西以生态空间为主,中部以东以生产空间为主"的整体特征。

3. 开展多尺度国土空间格局时空演变分析

综合运用综合动态度指数、转移矩阵、面积占比、国土空间利用程度、信息熵、分维数、地学信息图谱、景观格局指数、重心迁移及方向分布、计量模型等多种方法，从国土空间数量、国土空间结构及国土空间格局三个方面深入剖析了国土空间格局时空演变规律及尺度效应。

(1) 国土空间数量演变：2000—2015 年 15 年间滇中城市群各国土空间类型的面积均有不同程度的增加或减少。受西部大开发战略、"建设用地上山"等相关土地政策影响，人类生产生活活动影响以及数据分类、统计口径和制图综合的原因，2005—2009 年的国土空间动态度要高于 2000—2005 年的和 2009—2015 年的。以高原山区为主导的地形特征影响了研究区国土空间类型分布，尤其以坡度因素对生产、生活和生态空间分布的影响作用最明显，总体上，生产空间、生活空间和生态空间在平地、平坡和缓坡上的分布受人类活动的影响程度要明显高于在斜坡和陡坡上的分布。

(2) 国土空间结构演变。

① 国土空间利用程度演变：研究期内，城市群、市域和县域三个行政尺度下的国土空间利用程度指数均呈现两两相近的态势，即 2000 年和 2005 年、2009 年和 2015 年的国土空间利用程度指数较相近，且后两年的国土空间利用程度高于前两年的利用程度，这与云南省推行的相关土地政策有关。城市群尺度下，各年份国土空间利用程度指数均高于云南省平均水平；市域尺度下，昆明市、曲靖市、玉溪市、红河州 7 个县市的国土空间利用指数总体上高于楚雄州，说明楚雄州国土空间开发利用尚有较大潜力，有待进一步集聚开发；县域尺度下，仅 2000 年东川区国土空间利用程度(109.96)和双柏县国土空间利用程度(111.01)低于全省平均水平，整体上各县域国土空间利用程度总体较高，且随时间推移呈增加趋势，说明国土空间利用开发程度在增强。

② 信息熵演变：城市群尺度国土空间结构信息熵和均衡度均呈现波动中趋向上升态势，优势度的变化趋势则正好相反。市域尺度国土空间结构稳定性经历了"最低→稍高→较高→最高"的演变趋势，2000 年、2005 年信息熵由大到小排序为昆明市—玉溪市—曲靖市—红河州 7 个县市—楚雄州，2009 年、2015 年信息熵由大到小排序为昆明市—红河州 7 个县市—曲靖市—玉溪市—楚雄州。总体上，楚雄州国土空间结构最稳定，曲靖市、玉溪市和红河州 7 个县市的国土空间结构变化较大，昆明市国土空间结构最不稳定，这与市域经济发展、产业发展及人类活动有关。县域尺度国土空间结构信息熵均呈先增加后下降趋势，2000 年、2005 年国土空间结构的高信息熵、中高信息熵主要分布在研究区中部和东部，中低信息熵主要集中在中高和高信息熵县域周围，低信息熵分布在北部、东北部、西北部、西南部；2009 年以后县域国土空间信息熵发生变化较大，原因是研究区所辖市域城区国土空间功能定位发生改变，国土开发强度加大，反映出国土空间结构信息熵也在加剧。

③ 分维数演变：景观层次栅格多尺度分维数值介于 1.53~1.67，国土空间结构复杂性较高，表明 15 年间研究区国土空间格局受人类活动影响较为严重，结构边界较不规则；

从时间纵向来看，栅格尺度下的国土空间结构分维数随时间推移呈先增加后减少趋势；从尺度横向上，分维数随栅格尺度的增大呈逐年增加趋势，并在不同栅格尺度下出现不明显拐点特征，说明分维数具有明显的尺度效应。类型层次栅格多尺度下同一国土空间类型的分维数随尺度的增大而增大；同一年份不同国土空间类型的复杂度及稳定性不尽相同，同一尺度、不同年份同一国土空间类型的复杂度受土地政策和人为影响，变化较大。

④ 国土空间结构尺度效应：市域尺度的国土空间结构差异并不显著，处于随机状态；县域尺度表现出较强的空间正自相关性，且国土空间利用程度具有显著的尺度效应。反映出国土空间结构存在行政尺度效应，县域尺度对国土空间结构的表征更"灵敏"，因而县域尺度更适合作为研究国土空间结构的适宜尺度。此外，景观多样性指数对国土空间结构也存在尺度效应。

（3）国土空间格局演变。

① 国土空间格局信息图谱演变：2000—2005 年，发生变换的图谱类别有 39 个，面积为 23018.35km^2，以农业生产空间和绿地生态空间相互转换为最大转移图谱类型，主要集中在罗平县、富源县、师宗县、泸西县、马龙县等县域，在其他县域呈散点式分布；2005—2009 年，发生变换的类别有 41 个，面积为 45213.10km^2，以农业生产空间和绿地生态空间相互转换和绿地生态空间→其他生态空间为最大转移图谱类型，其中以农业生产空间与绿地生态空间相互转换的图谱主要集中分布在宣威市、沾益区、富源县、寻甸县、个旧市、蒙自市、建水县、泸西县、石林县等县域，以绿地生态空间转移到其他生态空间的图谱集中在东川区、元谋县、双柏县等县域；2009—2015 年，发生变换类别的有 42 个，面积为 41654.57km^2，以农业生产空间和绿地生态空间相互转换、绿地生态生活和其他生态空间相互转换为主要转移图谱类型，其中以农业生产空间与绿地生态空间相互转换的图谱主要集中分布在研究区中部以东的县域，以绿地生态空间和其他生态空间相互转换的图谱集中分布在禄劝县、东川区、罗平县、大姚县、双柏县、石屏县、建水县、开远市等县域。

② 国土空间景观格局演变：研究期内，从斑块类型尺度来看，农业生产空间斑块个数、密度呈先减少后增加趋势，斑块总体上较密集，斑块形状趋于复杂且离散度较高；工矿生产空间斑块个数、密度呈显著增加趋势，集中程度得到提升，总体上斑块形状较不规整且分布较离散；城镇、农村生活空间斑块个数、密度均呈上升趋势，反映出两种生活空间面积增大且分布较密集；绿地、水域和其他生态空间的斑块个数、密度均呈先减少后增加趋势，说明受生产、生活活动影响，生态空间被分割占用，导致斑块数目增加，斑块破碎化程度变高。从景观尺度来看，研究区国土空间景观类型趋于多元化、均衡化的分布格局，集聚程度有所降低。研究区 2000—2015 年国土空间景观格局演变存在明显空间分异，判断地形条件、交通设施、人口分布及人类活动是引起该空间分异的主要因素。

③ 国土空间格局分布特征演变：研究期内，生产、生活空间分布趋势均为东北—西南方向，且东北方向的分布最聚集，其重心位置一直位于官渡区。绿地生态空间方向分布呈现阶段性特征：2000—2005 年，绿地生态空间分布趋势近似东—西走向，2009—2015 年为东北—西南方向，分布较离散，重心位置从官渡区移至西山区。水域、其他生态空间

方向分布也呈现阶段性特征：2000—2005 年，水域生态空间分布趋势近似南—北走向，2009—2015 年为东北—西南方向，水域生态空间重心位置由呈贡区转移到官渡区，其他生态空间重心位置经历了马龙县—寻甸县—官渡区的区域位置变化。研究期内的国土空间格局分布特征演变与研究区国土空间功能定位改变、"建设用地上山"及农村建设用地整治等一系列土地政策有关。

④ 国土空间格局扩张形态特征演变：研究期内，研究区"三生空间"核密度测算值总体呈增加态势，生产空间、生活空间核密度测算值空间分布特征表现为中部、西部及东北部高，而南部、西南部及西北部低，多核扩散破碎化明显；生态空间核密度测算值在滇中城市群中部以东较密集，受人类活动干扰，破碎化严重，分布不均匀。

4. 开展多尺度国土空间格局分异特征分析

（1）多尺度国土空间利用程度空间自相关分析：研究期内，研究区国土空间利用程度均存在正的全局空间自相关性，但全局空间自相关性对单元尺度和采样方式比较敏感。同种采样方式下，尺度越小，插值越精确；小的单元尺度，局部空间自相关 LISA 聚集地图所反映的国土空间利用程度空间聚集区域更精确。

（2）国土空间利用程度热点分析：研究期内，研究区国土空间利用程度热点区主要分布在中部的盘龙区、官渡区、宜良县、澄江县和东部的陆良县、师宗县等地区及其周边的某些地区；冷点区分布在研究区北部的禄劝县、东川区，西部的楚雄市、双柏县、新平县、元江县，西北部的大姚县、永仁县、姚安县等地区及其周边的某些地区。热点分布区周边地区的国土空间利用程度普遍偏高。受土地政策影响，2009 年以后研究区北部的禄劝县、东川区、会泽县，南部的个旧市、开远市、建水县等冷点区的国土空间利用程度有所提高。

（3）多尺度国土空间格局及驱动因子空间自相关分析：研究区 7 种国土空间类型，绿地生态空间的相关性最强，水域生态空间的相关性最弱；7 种国土空间类型均呈现空间正自相关性，反映在空间上均为聚集分布；由于各国土空间类型在空间上的分布位置及规模的不同，对应的 Moran's I 指数在距离权重上有差异，且随栅格尺度、距离权重的增加而逐渐减弱，但减弱的速度有所差异。总之，研究区国土空间类型存在多尺度空间相关性，且具有一定的分异规律，由于尺度聚合的非线性特征影响，空间自相关性受研究尺度变化而增强或减弱，也可能受国土空间类型的分布位置及规模大小的影响。此外，影响研究区国土空间格局构成的 22 个驱动因子均呈现一定的空间正相关性，且空间正相关性随栅格尺度、距离的增加而逐渐减弱。

5. 国土空间格局多尺度模拟

（1）借助 GIS 空间分析技术，设计 0.5km×0.5km、1km×1km、3km×3km、5km×5km、7km×7km、10km×10km、20km×20km、30km×30km 共 8 种栅格尺度，构建各尺度国土空间格局二元 Logistic 回归模拟模型，探讨不同尺度下各驱动因子对研究区国土空间格局变化的影响。结果表明不同尺度下，影响国土空间类型与驱动因子 β 系数及其作用强度存在明显差异性,呈现一定的"尺度效应"特征。但不论栅格尺度如何转换,各驱动因子对各国土空间类型分布格局的发生概率的作用方向是一致的。高程、坡度、交通通达性因子和人口密度是国土空间类型的主要解释变量。

(2)ROC 值和分维数两种方法相互验证,确定 1km×1km 尺度是能表征研究区国土空间格局信息的最佳栅格尺度。

(3)采用 CLUE-S 模型和 FLUS 模型分别对研究区 2015 年国土空间格局进行模拟。模拟结果表明,基于 FLUS 模型的模拟结果在数量误差、总体精度、κ 系数和景观指数指标上均优于 CLUE-S 模型的模拟结果,以 κ 系数为例,CLUE-S 模型的 κ 系数为 0.7868,FLUS 模型的 κ 系数为 0.9684。因此 FLUS 模型具有更好的模拟预测能力,作为本书后续实验的模型之选。

6. 国土空间格局多目标优化配置

(1)运用 MCR 模型构建了研究区生态源和生活空间扩张源,通过建立阻力面和耗费距离分析得到研究区综合生态安全格局下的生态功能优化分区,即生态空间保护核心区、生态空间保护边缘区、生产空间开发重点区、生产空间开发边缘区和生活空间扩张集中区 5 个区域。结果表明,生态空间保护核心区和边缘区分布在生态源的四周,属地势较高的山林地、各类自然保护区区域,这两个区域适宜生态源的扩张;生产空间开发重点区作为农业生产开发的主要区域,生产空间开发边缘区作为生活空间扩张集中区与生产空间开发重点区的过渡带,是今后国土整治、国土开发利用的重点区域,主要分布在研究区的东部、东北部、西北部、西南部缓坡地带;生活空间扩张集中区主要分布在中部、东部、西北部、东北部及南部的少部分区域,属地势较为平坦地带,适宜优先作为生活空间扩张源的选址。

(2)耦合 MCR-FLUS-Markov 模型模拟 2030 年研究区在生活空间扩张情景、生产空间开发情景和生态空间保护情景下的"生活-生产-生态空间"的优化布局。3 种情景下"生活-生产-生态空间"的面积和空间分布均存在较大差异。生活空间扩张情景综合考虑了生活需要及政策指导下以生活空间扩张建设为主导的"生活-生产-生态空间"数量及空间结构的发展方向;生产空间开发情景下生活空间扩张规模得到一定控制,开发部分生态空间潜力;生态空间保护情景下生产空间面积少量减少,生活空间面积少量增加。

(3)将研究区生活空间扩张情景、生产空间开发情景和生态空间保护情景结果在空间上进行叠加分析,得到"生活-生产-生态空间"协调下的研究区 2030 年国土空间优化配置结果。根据国土空间的主导功能及多功能性,分为 7 种空间类型:生活空间、生产空间、生态空间、生活-生产空间、生活-生态空间、生产-生态空间和生活-生产-生态空间,各类空间面积存在较大差异,其中以生产-生态空间面积最小,生态空间面积最大。根据优化配置结果,指出各国土空间类型的生产、生活开发建设和生态保护的重点及方向,并提出相关建议措施。

(4)研究设定的情景模拟的侧重点不同,生活空间扩张情景重点在于满足人口增加对生活空间的需求;生产空间开发情景侧重维护一定数量的耕地数量以满足人类社会发展对粮食的需求,同时保证其他产业生产空间稳定;生态保护情景重点是顾及生态安全,维护区域生态安全平衡和保护生态环境;基于"生活-生产-生态空间"协调的综合情景不仅考虑了生活空间扩张、生产空间开发和生态空间保护需求,还划定了综合功能区。我们认为综合情景方案更合理,而其他3种情景方案可为综合情景方案的实施进行补充和调整。

8.2 特色之处

(1)本书基于多尺度视角,提出一套系统的国土空间格局多尺度时空演变与多目标优化综合分析的理论与技术实现框架,为国土空间格局时空演变及优化配置方面多尺度、多目标问题的研究提供了一种新的思路,充实了国土空间规划的基础理论和技术方法体系。

(2)本书研究构建了基于不同地形梯度下的国土空间格局分布特征分析方法,将标准差椭圆和核密度估计的方法应用于国土空间格局分布特征、变化差异及动态演化模式分析中。综合以上方法,既可表达数量结构变化,又能揭示格局演变特征和变化机理,拓展了国土空间分析的技术方法路径;从行政区尺度、栅格尺度和景观尺度等多尺度视角出发,开展国土空间格局分异特征及多尺度空间自相关性研究,探究国土空间结构和格局尺度规律、尺度效应,对地理信息科学、景观生态学等学科领域多尺度问题研究具有一定的借鉴意义和参考价值。

(3)本书运用 MCR-FLUS-Markov 耦合模型,提出一种基于生态安全格局的国土空间格局多目标优化配置新方法,深化了国土空间资源优化的新方法。首次将维护生态区域安全融入国土空间格局优化过程,探究在"生活-生产-生态空间"协调下的滇中城市群国土空间格局多目标优化配置方案,为今后开展城市群生态治理、绿色发展及国土空间有效利用提供科学依据。

8.3 讨论

(1)国土空间分类体系的构建方法仍存在一些不足,本书采用定性分析方法,将研究区国土"三生空间"类型与土地利用类型较好地衔接和融合。但鉴于国土空间存在空间范围的动态性、空间尺度的差异性、空间功能的复合性及空间用地的异质性等特征,未来考虑采用指标分析方法对国土空间进行量化识别,为实现从城市群、市域、县域自上而下的宏观调控,以及从县域、市域、城市群自下而上的微观协调,设计科学、统一的且覆盖多尺度的"三生空间"分类指标体系,将作为今后深入研究的重要方面。

(2)本书选取了滇中城市群 2000—2015 年的土地利用数据,经重分类后得到国土空间类型数据,采用目前较常用的模型和方法,尽管也能较好地体现国土空间利用特征,但由于研究区域范围较大,受到数据和资料获取方面的限制,未能在较长时间上反映滇中城市群国土空间的历史演变特征,在模型和方法运用的广度和深度也有待进一步加强。此外,国土空间是一个历史性与动态性的复杂系统,要想更清楚地掌握滇中城市群国土空间格局演变规律,未来仍需对其国土空间利用进行长期的追踪研究。

（3）关于尺度的选取，受数据来源、统计口径、制图综合及计算机处理能力等因素影响，导致分析结果存在一定偏差。本书中 2000 年和 2005 年的国土空间类型数据为栅格数据，空间分辨率为 500m，2009 年和 2015 年的国土空间数据为矢量数据，用于本书研究的基本栅格尺度和其他栅格尺度数据则是在其基础上通过空间聚类算法得到的。在驱动因子选取方面，多以参考其他相关研究进行选取，人为影响较大，且如高程、坡度和坡向等因子原空间分辨率为 30m，经重采样后变为其他像元尺度，无疑降低了数据精度。尺度转化方法仍有待深入研究。此外，本书中涉及部分驱动因子数据来源于统计数据，且以县级为统计单元，采用空间插值方法实现数据格网化，其中会存在一定误差，在一定程度上影响了国土空间格局模拟精度，后续将详细、深入地研究诸如人口、社会经济等因子的空间量化问题，并考虑将统计单元细化至乡镇级甚至行政村级。

（4）本书从多尺度视角出发，采用国土空间利用程度、信息熵、分维数及景观多样性指数等多个指标来分析国土空间结构、格局的尺度效应，发现选取的指标均能较好地体现研究区国土空间结构和格局存在尺度效应，但由于指标选取有限，对于其他指标是否也能揭示这一特征还有待进一步研究。同时本书在进行国土空间格局分异特征分析时，选取的模型方法虽从定量角度分析了空间分异特征、全局及局部空间自相关性，也发现了国土空间格局及驱动因子在空间上均表现出尺度规律性及自相关性，从本质上讲是测算的一个结果，但是国土空间是一个超级复杂的巨系统，其格局的形成及变化所存在的内在机制也具有复杂性，就研究区国土空间格局分布的内在机理仍需进一步考究。

（5）本书耦合 MCR-FLUS-Markov 模型进行国土空间格局多目标优化配置。MCR 模型的关键在于构建阻力因子体系及对其进行赋值，本书建立的指标体系尽管考虑了较多阻力因子，但仍有待改进的地方。由于人类活动对国土生态过程的影响较大，加之随着技术的不断进步，今后应综合考虑各种影响因素，采用更精确、客观的赋值方式，使构建的国土生态安全格局更加科学。在进行国土空间格局优化配置分区时，本书仅从国土空间类型一级分类角度出发，即从生活空间、生产空间、生态空间宏观角度出发进行“三生空间”及综合功能区的划定，得到 7 种国土空间格局优化配置结果。今后考虑将以国土空间类型二级分类，或更微观的角度进行更加详细的空间优化配置分区，探究更适合研究区国土空间格局的优化配置方案。此外，国土空间优化的根本目标是实现可持续国土空间发展，但由于其理念空泛化，难以实施操作。“三生空间”的提出为可持续空间发展实现路径指明了方法。如何切实在“三生空间”优化中体现可持续发展理念，就需要将“生产空间集约高效、生活空间宜居适度、生态空间山清水秀”作为优化理念，并构建与优化理念相对应的目标情景及可量化的指标体系，在此基础上进行国土空间优化建模，以实现生产-生活-生态空间的多目标协同配置方案，有待进一步探索。

参 考 文 献

[1]柴立和. 多尺度科学的研究进展[J]. 化学进展，2005(2)：186-191.

[2]肖金成，欧阳慧. 优化国土空间开发格局研究[J]. 经济学动态，2012(5)：18-23.

[3]中共中央、国务院关于建立国土空间规划体系并监督实施的若干意见[Z]//中华人民共和国国务院公报. (2019-05-10)[2024-01-08].

[4]Shi Z Q, Deng W, Zhang S Y. Spatio-temporal pattern changes of land space in Hengduan Mountains during 1990-2015[J]. Journal of Geographical Sciences, 2018, 28(4)：529-542.

[5]曾源源，朱锦锋. 国土空间规划体系传导的理论认知与优化路径[J]. 规划师，2022，38(10)：139-146.

[6]欧名豪，丁冠乔，郭杰，等. 国土空间规划的多目标协同治理机制[J]. 中国土地科学，2020，34(5)：8-17.

[7]严金明，陈昊，夏方舟. "多规合一"与空间规划：认知、导向与路径[J]. 中国土地科学，2017(1)：21-27，87.

[8]刘彦随，刘玉，陈玉福. 中国地域多功能性评价及其决策机制[J]. 地理学报，2011，66(10)：1379-1389.

[9]谢高地，鲁春霞，甄霖，等. 区域空间功能分区的目标、进展与方法[J]. 地理研究，2009，28(3)：561-570.

[10]徐磊. 基于"三生"功能的长江中游城市群国土空间格局优化研究[D]. 武汉：华中农业大学，2017.

[11]蔡运龙. 当代自然地理学态势[J]. 地理研究，2010，29(1)：1-12.

[12]邬建国. 景观生态学概念与理论[J]. 生态学杂志，2000，19(1)：42-52.

[13]Abler R F. The national science foundation national center for geographic information and analysis[J]. International Journal of Geographical Information System, 1987, 1(4)：303-326.

[14]李双成，蔡运龙. 地理尺度转换若干问题的初步探讨[J]. 地理研究，2005(1)：11-18.

[15]王艳慧，陈军，蒋捷. GIS中地理要素多尺度概念模型的初步研究[J]. 中国矿业大学学报，2003，32(4)：376-382.

[16]应申，李霖，闫浩文，等. 地理信息科学中的尺度分析[J]. 测绘科学，2006，31(3)：18-22.

[17]李玲. 嵌入式GIS空间数据多尺度表达与快速显示技术研究[D]. 南京：东南大

学，2018.

[18]刘朝辉，李锐，王璟琦. 顾及语义尺度的时空对象属性特征动态表达[J]. 地球信息科学，2017，19(9)：1185-1194.

[19]袁磊，赵俊三，陈国平，等. 面向对象的土地利用多尺度时空数据模型[J]. 测绘科学，2014，39(11)：52-56.

[20]Zhao J S, Yuan L, Zhang M. A study of the system dynamics coupling model of the driving factors for multi-scale land use change[J]. Environ Earth Sci., 2016, 75：529.

[21]李霖，应申，孔家安. 尺度基础性问题研究[J]. 武汉大学学报(信息科学版)，2005，30(3)：199-203.

[22]Pan Y, Andreas R, Yu Z R, et al. The impact of variation in scale on the behavior of a cellular automata used for land use change modeling[J]. Computers, Environment and Urban Systems, 2010, 34：400-408.

[23]潘影，宇振荣，段增强，等. 邻域距离对细胞自动机模型模拟土地利用变化精度的影响[J]. 农业工程学报，2010，26(3)：309-315.

[24]陈国平. 土地利用多尺度时空格局演变与动态模拟[D]. 昆明：昆明理工大学，2018.

[25]张永民，赵士洞，Verburg P H. CLUE-S 模型及其在奈曼旗土地利用时空动态变化模拟中的应用[J]. 自然资源学报，2003，18(3)：310-318.

[26]周浩，雷国平，杨雪昕，等. RCPs 气候情景下三江平原典型流域耕地动态模拟[J]. 农业机械学报，2017，48(10)：121-133.

[27]Woodcock C E, Strahler A H. The factor of scale in remote sensing[J]. Remote Sensing of Environment, 1987, 21(3)：311-332.

[28]郑东玉，慎利，李志鹏. 面向对象建筑物目标提取的最优分割尺度选择[J]. 地理信息世界，2018(5)：87-93.

[29]刘一哲. 多尺度分割技术在高分辨率遥感影像地物提取方法的研究[D]. 昆明：昆明理工大学，2016.

[30]周文，明冬萍，闫鹏飞. 结合影像分区与尺度估计的耕地提取方法研究[J]. 地理信息科学学报，2018(7)：1014-1025.

[31]李慧，唐韵玮，刘庆杰，等. 一种改进的基于最小生成树的遥感影像多尺度分割方法[J]. 测绘学报，2015(7)：791-796.

[32]张佩芳，邓喜庆，刘桂青. 多尺度空间下的云南山地流域遥感土地利用分类对比研究[J]. 国土资源遥感，2007(1)：89-93.

[33]邬建国. 景观生态学中的十大研究论文[J]. 生态学报，2004(9)：2074-2076.

[34]赵文斌，朱婧. 我国景观格局演变尺度效应研究进展[J]. 中国人口·资源与环境，2010，20：287-291.

[35]岳天祥，刘纪远. 生态地理建模中的多尺度问题[J]. 第四纪研究，2003(3)：256-261.

[36]覃纯. 东宝区多尺度景观格局分析[D]. 武汉：华中师范大学，2008.

[37]陈利项，吕一河，傅伯杰，等. 基于模式识别的景观格局分析与尺度转换研究框架

[J]. 生态学报，2006，26（3）：663-670.

[38] 王永豪. 东祁连山地景观特征尺度研究[D]. 兰州：甘肃农业大学，2011.

[39] 严金明. 简论土地利用结构优化与模型设计[J]. 中国土地科学，2002（4）：20-25.

[40] 陈其春，吕成文，李壁成，等. 县级尺度土地利用结构特征定量分析[J]. 农业工程学报，2009，25（1）：223-231.

[41] 白丽娜，王冬艳，张渝庆. 基于计量地理模型的长春市土地利用空间结构分析[J]. 东北师大学报（自然科学版），2011，43（2）：145-150.

[42] 宋戈，孙丽娜，雷国平. 基于计量地理模型的松嫩高平原土地利用特征及其空间布局[J]. 农业工程学报，2012，28（3）：243-250.

[43] 封志明，杨艳昭，宋玉，等. 中国县域土地利用结构类型研究[J]. 自然资源学报，2003（5）：552-561.

[44] 陈国平，赵俊三，李红波，等. 滇中城市群土地利用空间结构差异性分析[J]. 河南理工大学学报（自然科学版），2017，36（2）：68-74.

[45] 陈其春，刘德林，全斌，等. 县域土地利用数量结构与功能特征关联方法探讨[J]. 生态经济，2009（8）：26-28.

[46] 施开放. 西南丘陵山区县域土地利用结构特征研究[D]. 重庆：西南大学，2013.

[47] 刘芳，闫慧敏，刘纪远，等. 21世纪初中国土地利用强度的空间分布格局[J]. 地理学报，2016，71（7）：1130-1143.

[48] 刘亚香，李阳兵，易兴松，等. 贵州典型坝子土地利用强度空间演变及景观格局响应[J]. 应用生态学报，2017，28（11）：3691-3702.

[49] Ellis E C, Ramankutty N. Putting people in the map[J]. Frontiers in Ecology and the Environment, 2008, 6(8): 439-447.

[50] Asselen V S. Verburg P H. A land system representation for global assessments and land-use modeling[J]. Global Change Biology, 2012, 18(10): 3125-3148.

[51] 王国杰，廖善刚. 土地利用强度变化的空间异质性研究[J]. 应用生态学报，2006，17（4）：611-614.

[52] 马劲松，晓峰，左天惠. 南京市土地利用强度指数异质性研究[J]. 测绘科学，2010，35（4）：49-51.

[53] 马利邦，李晓阳，成文娟，等. 基于灌区面板数据的流域土地利用强度及其影响因素时空差异识别[J]. 生态学杂志，2019，38（3）：908-918.

[54] 刘纪远. 西藏自治区土地利用[M]. 北京：科学出版社，1992.

[55] 庄大方，刘纪远. 中国土地利用程度的区域分异模型研究[J]. 自然资源学报，1997（2）：10-16.

[56] 吕晓芳，王仰麟，任鑫，等. 流域内城市土地利用扩张多尺度空间分异特征探析——以北京温渝河流域生态廊道规划区为例[J]. 资源科学，2008（3）：392-400.

[57] 苏世亮. 流域生态系统对城市化的时空响应[D]. 杭州：浙江大学，2013.

[58] 徐建华，鲁凤，苏方林，等. 中国区域经济差异的时空尺度分析[J]. 地理研究，2005

（1）：57-68

[59]代合治，段福庆，周琦. 基于不同空间尺度的山东省区域经济差异研究[J]. 地理与地理信息科学，2015，31（2）：76-80.

[60]Zhao Y L, Murayama Y. Effect characteristics of spatial resolution on the analysis of urban land use pattern：a case study of CBD in Tokyo using spatial autocorrelation index[J]. Cities in global perspective：Diversity and transition，2005：585-594.

[61]Overmars K P, de Koning G H J, Veldkamp A. Spatial autocorrelation in multi-scale land use models[J]. Norwich, UK：Geo Books，1986，164（2003）：257-270.

[62]Cai X M, Wang D B. Spatial autocorrelation of topographic index in catchments[J]. Journal of Hydrology，2006，328（3-4）：581-591.

[63]谢正锋，王倩. 广州市土地利用程度的空间自相关分析[J]. 热带地理，2009（2）：129-133.

[64]高凯，周志翔，杨玉萍. 长江流域土地利用结构及其空间自相关分析[J]. 长江流域资源与环境，2010（S1）：13-20.

[65]谷建立，张海涛，陈家赢，等. 基于 DEM 的县域土地利用空间自相关格局分析[J]. 农业工程学报，2012（23）：216-224.

[66]曹冯，陈松林. 县域土地利用程度及其空间自相关探析——以福建省德化县为例[J]. 福建师范大学学报（自然科学版），2014，30（3）：119-126.

[67]张松林，张昆. 全局空间自相关 Moran 指数和 G 系数对比研究[J]. 中山大学学报（自然科学版），2007（4）：93-97.

[68]张松林，张昆. 空间自相关局部指标 Moran 指数和 G 系数研究[J]. 大地测量与地球动力学，2007（3）：31-34.

[69]刘朝海，李正会，王德智. 海口市东海岸带土地利用变化强度及其尺度效应研究[J]. 江西农业学报，2015，27（12）：110-115.

[70]邱炳文，王钦敏，陈崇成，等. 福建省土地利用多尺度空间自相关分析[J]. 自然资源学报，2007（2）：311-321.

[71]刘敏，赵翠薇，施明辉. 贵州山区土地利用变化多尺度空间自相关分析[J]. 农业工程学报，2012（20）：239-246.

[72]刘荣. 哈巴河县土地利用格局多尺度空间自相关分析与模拟研究[D]. 乌鲁木齐：新疆大学，2010.

[73]胡和兵，刘红玉，郝敬锋，等. 南京市九乡河流域土地利用程度空间异质性分析[J]. 地球信息科学学报，2012，14（5）：627-634.

[74]陈曦炜，戴尔阜. 土地利用的多尺度空间自相关模型比较（英文）[J]. 农业工程学报，2011，27（6）：324-331.

[75]王岩松，赵永. 河南省经济发展的空间相关性及尺度效应[J]. 地理与地理信息科学，2015，31（5）：69-72.

[76]肖金成，申兵. 我国当前国土空间开发格局的现状、问题与政策建议[J]. 经济研究参

考，2012(31)：15-26.

[77]喻锋，张丽君，李晓波，等.国土空间开发及格局优化研究：现状述评、战略方向、技术路径与总体框架[J].国土资源情报，2014(8)：41-46.

[78]刘纪远，张增祥，庄大方，等.20世纪90年代中国土地利用变化时空特征及其成因分析[J].地理研究，2003(1)：1-12.

[79]陈佑启，Verburg H P.中国土地利用/土地覆盖的多尺度空间分布特征分析[J].地理科学，2000(3)：197-202.

[80]邵景安，李阳兵，魏朝富，等.区域土地利用变化驱动力研究前景展望[J].地球科学进展，2007(8)：798-809.

[81]刘纪远，布和敖斯尔.中国土地利用变化现代过程时空特征的研究——基于卫星遥感数据[J].第四纪研究，2000(3)：229-239.

[82]刘纪远，张增祥，徐新良，等.21世纪初中国土地利用变化的空间格局与驱动力分析[J].地理学报，2009，64(12)：1411-1420.

[83]李杰，张晓娟，刘路明，等.1990—2010年昆明市东川区国土空间格局变化过程分析[J].云南农业大学学报(自然科学)，2017，32(2)：342-349.

[84]樊杰，王亚飞，陈东，等.长江经济带国土空间开发结构解析[J].地理科学进展，2015，34(11)：1336-1344.

[85]林伊琳，赵俊三，张萌，等.滇中城市群国土空间格局识别与时空演化特征分析[J].农业机械学报，2019，50(98)：176-191.

[86]祁帆，张晓玲.中国国土空间开发利用面临的挑战与对策[J].南京晓庄学院学报，2016，32(1)：79-83.

[87]鲍晓倩.国土空间开发要注重"顶层设计"[N].经济日报，2013-12-02(011).

[88]肖金成.福建省国土空间开发格局调查报告[J].发展研究，2011(12)：21-26.

[89]樊德良，吕晓蓓."一带一路"战略影响下的国土空间演变与规划应对[J].规划师，2016，32(2)：17-22.

[90]林坚，柳巧云，李婧怡.探索建立面向新型城镇化的国土空间分类体系[J].城市发展研究，2016，23(4)：51-60.

[91]黄金川，林浩曦，漆潇潇.面向国土空间优化的三生空间研究进展[J].地理科学进展，2017，36(3)：378-391.

[92]程遥，高捷，赵民.多重控制目标下的用地分类体系构建的国际经验与启示[J].国际城市规划，2012，27(6)：3-9.

[93]王丹君，万军，吴秀芹.区域尺度生态服务评估方法与应用研究[J].安徽农业科学，2011，39(3)：1633-1635，1638.

[94]岳健，张雪梅.关于我国土地利用分类问题的讨论[J].干旱区地理，2003(1)：78-88.

[95]林坚.土地用途管制：从"二维"迈向"四维"——来自国际经验的启示[J].中国土地，2014(3)：22-24.

[96]时振钦，邓伟，张少尧.近25年横断山区国土空间格局与时空变化研究[J].地理研

究，2018，37（3）：607-621.

[97]李明薇，郧雨旱，陈伟强，等. 河南省"三生空间"分类与时空格局分析[J]. 中国农业资源与区划，2018，39（9）：13-20.

[98]张红旗，许尔琪，朱会义. 中国"三生用地"分类及其空间格局[J]. 资源科学，2015，37（7）：1332-1338.

[99]刘继来，刘彦随，李裕瑞. 中国"三生空间"分类评价与时空格局分析[J]. 地理学报，2017，72（7）：1290-1304.

[100]李广东，方创琳. 城市生态—生产—生活空间功能定量识别与分析[J]. 地理学报，2016，71（1）：49-65.

[101]程婷，赵荣，梁勇. 国土"三生空间"分类及其功能评价[J]. 遥感信息，2018，33（2）：114-121.

[102]杨清可，段学军，王磊，等. 基于"三生空间"的土地利用转型与生态环境效应——以长江三角洲核心区为例[J]. 地理科学，2018，38（1）：97-106.

[103]柳冬青，马学成，巩杰，等. 流域"三生空间"功能识别及时空格局分析——以甘肃白龙江流域为例[J]. 生态学杂志，2018，37（5）：1490-1497.

[104]吴艳娟，杨艳昭，杨玲，等. 基于"三生空间"的城市国土空间开发建设适宜性评价——以宁波市为例[J]. 资源科学，2016，38（11）：2072-2081.

[105]朱媛媛，余斌，曾菊新，等. 国家限制开发区"生产-生活-生态"空间的优化——以湖北省五峰县为例[J]. 经济地理，2015，35（4）：26-32.

[106]Fu C, Tu X Q, An H. Identification and characterization of production-living-ecological space in a central urban area based on POI Data：A case study for Wuhan, China[J]. Sustainability, 2021, 13, 7691.

[107]徐磊，董捷，李璐，等. 基于功能分区视角的长江中游城市群国土空间特征及优化[J]. 经济地理，2017，37（6）：76-83.

[108]崔家兴，顾江，孙建伟，等. 湖北省三生空间格局演化特征分析[J]. 中国土地科学，2018，32（8）：67-73.

[109]扈万泰，王力国，舒沐辉. 城乡规划编制中的"三生空间"划定思考[J]. 城市规划，2016，40（5）：21-26.

[110]张津，朱文博，吴舒尧，等. 基于CLUE-S模型的京津冀城市群土地利用变化时空模拟[J]. 北京大学学报（自然科学版），2018，54（1）：115-124.

[111]Turner M G. Spatial simulation of landscape changes in Georgia：a comparison of 3 transition models[J]. Landscape Ecology, 1987, 1(1)：29-36.

[112]李少英，刘小平，黎夏，等. 土地利用变化模拟模型及应用研究进展[J]. 遥感学报，2017，21（3）：329-340.

[113]IIASA. Modeling land-use and land-cover change in Europe and NorthernAsia[Z]. 1999 Research Plan, 1998.

[114]Veldkamp A, Verburg P H, Kok K, et al. The need for scale sensitive approaches in

spatially explicit land use change modeling [J]. Environmental Modeling & Assessment. 2001, 6(2): 111-121.

[115] Walsh S J, Crews-Meyer K A, Veldkamp T, et al. Spatial explicit land use change scenarios for policy purposes: Some applications of the CLUE framework [M]. Walsh S J, Crews-Meyer K A. Springer US, 2002: 317-341.

[116] 郭延凤, 于秀波, 姜鲁光, 等. 基于 CLUE 模型的 2030 年江西省土地利用变化情景变化 [J]. 地理研究, 2012, 31(6): 1016-1028.

[117] 施云霞, 王范霞, 毋兆鹏. 基于 CLUE-S 模型的精河流域绿洲土地利用空间格局多情景模拟 [J]. 国土资源遥感, 2016, 28(2): 154-160.

[118] 冯仕超, 高小红, 顾娟, 等. 基于 CLUE-S 模型的湟水流域土地利用空间分布模拟 [J]. 生态学报, 2013, 33(3): 985-997.

[119] 黎夏, 叶嘉安, 刘小平. 地理模拟系统: 元胞自动机与多智能体 [M]. 北京: 科学出版社, 2007.

[120] Van Vilet J, Hurkens J, White R, et al. An activity-based cellular automaton to simulate land-use dynamics [J]. Environment and Planning B: Planning and Design, 2012, 39(2): 198-212.

[121] 刘毅, 杨晟, 陈吉宁, 等. 基于元胞自动机模型的城市土地利用变化模拟 [J]. 清华大学学报(自然科学版), 2013, 35(1): 72-77.

[122] 冯永玖, 韩震. 元胞邻域对空间直观模拟结果的影响 [J]. 地理研究, 2011, 30(6): 1055-1065.

[123] Wu F L. Calibration of stochastic cellular automata: the application to rural-urban land conversions [J]. International Journal of Geographical Information Science, 2002, 16(8): 795-818.

[124] Li X, Yeh G. Integration of principal components analysis and cellular automata for spatial decision making and urban simulation [J]. Science in China Series D: Earth Sciences, 2002, 45(6): 521-529.

[125] 杨俊, 张永恒, 葛全胜, 等. 基于 GA-MCE 算法的不规则邻域 CA 土地利用模拟 [J]. 地理研究, 2016, 35(7): 1288-1300.

[126] Wu F, Webster C J. Simulation of land development through the integration of cellular automata and multicriteria evaluation [J]. Environment and Planning B: Planning and Design, 1998, 25(1): 103-126.

[127] 全泉, 田光进, 沙默泉. 基于多智能体与元胞自动机的上海城市扩展动态模拟 [J]. 生态学报, 2011, 31(10): 2875-2887.

[128] Ligtenberg A, Bregt A K, van Lammeren R. Multi-actor based land use modeloling: spatial planning using agents [J]. Landscape and Urban Planning, 2001, 56(1/2): 21-33.

[129] 黎夏, 叶嘉安, 刘小平. 地理模拟系统在城市规划中的应用 [J]. 城市规划, 2006, 30(6): 69-74.

[130]肖蕾.基于 CA-Markov 模型的抚仙湖流域土地利用变化情景模拟[D].昆明：昆明理工大学，2017.

[131]秦贤宏，段学军，李慧，等.基于 SD 和 CA 的城镇土地扩展模拟模型——以江苏省南通地区为例[J].地理科学，2009，29(3)：439-444.

[132]张启斌，岳德鹏，于强，等.磴口县景观格局 AES-LPI-CA 模型演变模拟[J].农业机械学报，2017，48(5)：128-134.

[133]Zhang Y H，Li X，Liu X P，et al. Urban expansion simulation by coupling remote sensing observations and cellular automata[J]. Journal of Remote Sensing，2013(4)：872-886.

[134]张洁.基于 CA-SVM 模型的福建省莆田市城市空间动态扩张研究[D].北京：中国地质大学(北京)，2017.

[135]张鸿辉.多智能体城市规划空间决策模型及其应用研究[D].长沙：中南大学，2011.

[136]Liu X P，Liang X，Li X，et al. A future land use simulation model(FLUS) for simulating multiple land use scenarios by coupling human and natural effects[J]. Landscape and Urban Planning，2017，168：94-116.

[137]朱寿红，舒帮荣，马晓冬，等.基于"反规划"理念及 FLUS 模型的城镇用地增长边界划定研究——以徐州市贾汪区为例[J].地理与地理信息科学，2017，33(5)：80-86.

[138]邓元杰.低碳导向下的土地利用结构优化及模拟研究——以德阳市为例[D].成都：四川师范大学，2018.

[139]吴欣昕，刘小平，梁迅，等.FLUS-UGB 多情景模拟的珠江三角洲城市增长边界划定[J].地球信息科学学报，2018(4)：532-542.

[140]唐华俊，吴文斌，杨鹏，等.土地利用/土地覆被变化(LUCC)模型研究进展[J].地理学报，2009(4)：456-468.

[141]薛东前，王传胜.城市群演变的空间过程及土地利用优化配置[J].地理科学进展，2002(2)：95-102.

[142]罗鼎，月卿，邵晓梅，等.土地利用空间优化配置研究进展与展望[J].地理科学进展，2009，28(5)：791-797.

[143]王昱，丁四保，卢艳丽.建设用地资源的空间优化配置：现状、矛盾与实现路径[J].经济问题探索，2012(4)：7-12.

[144]郭小燕，刘学录，王联国.以提高生态系统服务为导向的土地利用优化研究——以兰州市为例[J].生态学报，2016，36(24)：7992-8001.

[145]张前进，李笑笑.土地利用结构优化配置方法研究综述[J].天津城市建设学院学报，2013，19(1)：10-15，33.

[146]马冰滢，黄姣，李双成.基于生态-经济权衡的京津冀城市群土地利用优化配置[J].地理科学进展，2019，38(1)：26-37.

[147]蒋晓娟.基于生态文明建设的国土空间优化研究[D].兰州：兰州大学，2019.

[148]付晶莹，郗强，江东，等.黑土保护与粮食安全背景下齐齐哈尔市国土空间优化调

控路径[J].地理学报,2022,77(7):1662-1680.

[149]丁明磊,杨晓娜,赵荣钦,等.碳中和目标下的国土空间格局优化:理论框架与实践策略[J].自然资源学报,2022,37(5):1137-1147.

[150]焦利民,刘耀林.可持续城市化与国土空间优化[J].武汉大学学报(信息科学版),2021,46(1):1-11.

[151]樊杰,周侃.以"三区三线"深化落实主体功能区战略的理论思考与路径探索[J].中国土地科学,2021,35(9):1-9.

[152]林伊琳,赵俊三,陈国平,等.基于MCR-FLUS-Markov模型的区域国土空间格局优化[J].农业机械学报,2021,52(4):159-170,207.

[153]张一丁.基于多目标优化的国土空间规划指标体系构建研究[D].昆明:昆明理工大学,2022.

[154]李秀霞,徐龙,江恩赐.基于系统动力学的土地利用结构多目标优化[J].农业工程学报,2013,29(16):247-254,294.

[155]张红旗,李家永,牛栋.典型红壤丘陵区土地利用空间优化配置[J].地理学报,2003(5):668-676.

[156]龚健.基于系统动力学和多目标规划整合模型的土地利用总体规划研究[D].武汉:武汉大学,2004.

[157]Liu Y L, Jiao L M, Liu Y F. Analyzing the effects of scale and land use pattern metrics on land use database generalization indices [J]. International Journal of Applied Earth Observation and Geoinformation, 2011, 13(3): 346-356.

[158]Liu Y L, Liu D F, Liu Y F, et al. Rural land use spatial allocation in the semiarid loess hilly area in China: Using a Particle Swarm Optimization model equipped with multi-objective optimization techniques [J]. Science China Earth Sciences, 2012, 55 (7): 1166-1177.

[159]Ma S F, Liu F, He J H, et al. Land-use spatial optimization based on PSO algorithm[J]. Geo-spatial Information Science, 2011, 14(1): 54-61.

[160]董品杰,赖红松.基于多目标遗传算法的土地利用空间结构优化配置[J].地理与地理信息科学,2003(6):52-55.

[161]张鸿辉,曾永年,尹长林,等.城市土地利用空间优化配置的多智能体系统与微粒群集成优化算法[J].武汉大学学报(信息科学版),2011(8):1003-1007.

[162]刘殿锋,刘耀林,刘艳芳,等.多目标微粒群算法用于土地利用空间优化配置[J].武汉大学学报(信息科学版),2013(6):751-755.

[163]谢莹.基于CLUE-S模型和景观安全格局的重庆市渝北区土地利用情景模拟和优化配置研究[D].重庆:西南大学,2017.

[164]杨天荣,匡文慧,刘卫东,等.基于生态安全格局的关中城市群生态空间结构优化布局[J].地理研究,2017,36(3):441-452.

[165]程迎轩,王红梅,刘光盛,等.基于最小累计阻力模型的生态用地空间布局优化

[J]. 农业工程学报, 2016, 32(16): 248-257, 315.

[166] Wei W, Shi P J, Zhou J J, et al. Configuration partition of land use optimization in arid inland river basin based on ecological security pattern[J]. Transactions of Chinese Society of Agricultural Engineering, 2016, 32(18): 9-18.

[167] 赵筱青, 李思楠, 谭琨, 等. 城镇-农业-生态协调的高原湖泊流域土地利用优化[J]. 农业工程学报, 2019, 35(8): 296-307, 336.

[168] Yan Y, Qi W, Wang D, et al. Spatial pattern optimizing of apple orchard in mountainous area based on GIS[J]. Chinese Journal of Ecology, 2011, 30(8): 1732-1737.

[169] 李精忠. 尺度空间地图多重表达的面向对象数据模型研究[D]. 武汉: 武汉大学, 2009.

[170] O'Neill R V, DeAngelis D L, Waide J B, et al. A hiterarchical concept of ecosystems [M]. Princeton: Princeton University Press, 1986.

[171] Burrough P A. Multiscale sources of spatial variation in soil. I. The application of fractal concepts to nested levels of soil variation[J]. European Journal of Soil Science, 1983, 34: 577-597.

[172] 张娜. 生态学中的尺度问题: 内涵与分析方法[J]. 生态学报, 2006(7): 2340-2355.

[173] 苏理宏, 李小文, 黄裕霞. 遥感尺度问题研究进展[J]. 地球科学进展, 2001(4): 544-548.

[174] 韩鹏, 龚健雅. 遥感尺度选择问题研究进展[J]. 遥感信息, 2008(1): 96-99.

[175] Atkinson P M, Aplin P. Spatial variation in land cover and choice of spatial re solution for remote sensing[J]. International Journal of Remote Sensing, 2004, 25(18): 3687-3702.

[176] 柏延臣, 王劲峰. 基于统计可分性的遥感数据专题分类尺度效应分析[J]. 遥感技术与应用, 2004, 19(6): 443-449.

[177] 彭晓鹃, 邓孺孺, 刘小平. 遥感尺度转换研究进展[J]. 地理与地理信息科学, 2004(5): 6-10, 14.

[178] 周觅. 遥感信息及其尺度问题进展研究[J]. 中国信息界, 2010(12): 96-97.

[179] 黄慧萍. 面向对象影像分析中的尺度问题研究[D]. 北京: 中国科学院研究生院(遥感应用研究所), 2003.

[180] 徐军亮, 章异平. 土地利用中尺度效应研究进展[J]. 安徽农业科学, 2009, 37(14): 6776-6777, 6781.

[181] 郝仕龙, 李壁成. 土地利用的尺度和尺度转换[J]. 中国土地科学, 2004(5): 32-36.

[182] 岳天祥, 刘纪远. 生态地理建模中的多尺度问题[J]. 第四纪研究, 2003(3): 256-261.

[183] 陈睿山, 蔡运龙. 土地变化科学中的尺度问题与解决途径[J]. 地理研究, 2010, 29(7): 1244-1256.

[184] 魏斌, 张霞, 吴热风. 生态学中的干扰理论与应用实例[J]. 生态学杂志, 1996(6): 51-55.

［185］傅伯杰，赵文武，陈利顶. 地理—生态过程研究的进展与展望［J］. 地理学报，2006
　　　（11）：1123-1131.

［186］Jelinski D，Wu J. The modifiable areal unit problem and implications for landscape ecology
　　　［J］. Landscape Ecology，1996（11）：129-140.

［187］李小文，王祎婷. 定量遥感尺度效应刍议［J］. 地理学报，2013，68（9）：1163-1169.

［188］朱明栋. 景观生态规律的尺度推绎问题研究［D］. 武汉：华中师范大学，2007.

［189］邬建国. 景观生态学—格局、过程、尺度与等级［M］. 北京：高等教育出版
　　　社，2007.

［190］赵文武. 我国景观格局演变尺度效应研究进展［C］. 中国可持续发展研究会，2010：
　　　293-297.

［191］傅伯杰. 景观生态原理与应用［M］. 北京：科学出版社，2000.

［192］Li B L. Fractal geometry applications in description and analysis of patch patterns and
　　　patch dynamics［J］. Ecological Modelling，2000，132（1-2）：33-50.

［193］吕一河，傅伯杰. 生态学中的尺度及尺度转换方法［J］. 生态学报，2001，21（12）：
　　　2096-2105.

［194］杨旭艳，王旭红，胡婷，等. 典型地物特征提取的适宜尺度选择［J］. 山地学报，
　　　2012，30（5）：607-615.

［195］胡最，闫浩文. 空间数据多尺度表达研究［J］. 兰州交通大学学报（自然科学版），
　　　2006，25（4）：35-38.

［196］李霖. 空间数据多尺度表达模型及其可视化［M］. 北京：科学出版社，2005.

［197］牛红光. 基于 R 树和 Petri 网的多尺度表达模型研究［D］. 郑州：解放军信息工程大
　　　学，2006.

［198］江孝君. 中国区域经济差异的多尺度时空演化特征及驱动机制研究［D］. 长春：东北
　　　师范大学，2019.

［199］闾国年，俞肇元，周良辰，等. 地理实体分类与编码体系的构建［J］. 现代测绘，
　　　2019，42（1）：1-6.

［200］谢花林，刘黎明，李波，等. 土地利用变化的多尺度空间自相关分析——以内蒙古
　　　翁牛特旗为例［J］. 地理学报，2006（4）：389-400.

［201］付金霞，郑粉莉，李媛媛. 小理河流域土地利用空间自相关格局与影响因素分析
　　　［J］. 农业机械学报，2017，48（1）：128-138.

［202］马燕飞，沙占江，郭丽红，等. 基于 NDVI 及 DEM 的青海湖北岸景观格局空间自相
　　　关分析［J］. 遥感信息，2010（6）：95-100，119.

［203］禹文豪，艾廷华，杨敏，等. 利用核密度与空间自相关进行城市设施兴趣点分布热
　　　点探测［J］. 武汉大学学报（信息科学版），2016，41（2）：221-227.

［204］任平，吴涛，周介铭. 基于 GIS 和空间自相关模型的耕地空间分布格局及变化特征
　　　分析—以成都市龙泉驿区为例［J］. 中国生态农业学报，2016，24（3）：325-334.

［205］刘志强，王明全，金剑. 国内外地域分异理论研究现状及展望［J］. 土壤与作物，

2017, 6（1）：45-48.

［206］陈贤用. 试论地域分异规律研究的历史现状及趋势［J］. 河北师范大学学报，1987
（1）：29-38.

［207］马海涛. 科学认知"国土空间"［J］. 科学，2015（5）：42-44，4.

［208］邬建国. 耗散结构、等级系统理论与生态系统［J］. 应用生态学报，1991（2）：
181-186.

［209］周颖颖. 中学地理教学中的我国国土空间特点与国情教育研究［D］. 曲阜：山东师范
大学，2013.

［210］江曼琦. 城市"三生空间"优化与统筹发展［J］. 区域治理，2019（14）：11-17.

［211］邓玉婷. 基于"三生"功能协调的乡村空间规划探索——以箭塔村为例［C］//中国城
市科学研究会、江苏省住房和城乡建设厅、苏州市人民政府. 2018 城市发展与规划
论文集，2018.

［212］徐磊，董捷，陈恩. 基于"三生"功能的长江中游城市群国土空间利用协调特征［J］.
水土保持研究，2018，25（2）：257-263.

［213］司慧娟. 青海省国土空间综合功能分区与管制研究［D］. 北京：中国地质大学（北
京），2018.

［214］彭云飞. 面向生态安全的城市土地利用优化模拟［D］. 武汉：武汉大学，2018.

［215］陈梅英，郑荣宝，王朝晖. 土地资源优化配置研究进展与展望［J］. 热带地理，2009，
29（5）：466-471.

［216］程钰，任建兰，侯纯光，等. 沿海生态地区空间均衡内涵界定与状态评估——以黄
河三角洲高效生态经济区为例［J］. 地理科学，2017，37（1）：83-91.

［217］肖笃宁. 景观生态学［M］. 2 版. 北京：科学出版社，2010.

［218］俞孔坚. 生物保护的景观生态安全格局［J］. 生态学报，1999（1）：10-17.

［219］李智国，杨子生. 中国土地生态安全研究进展［J］. 中国安全科学学报，2007（12）：
5-12，197.

［220］傅伯杰，陈利顶. 景观多样性的类型及其生态意义［J］. 地理学报，1996（5）：
454-462.

［221］朱春全. 生态位态势理论与扩充假说［J］. 生态学报，1997（3）：324-332.

［222］王春蕊，李耀龙. 基于生态位理论的农民发展问题研究［J］. 生态经济，2007（2）：
64-67.

［223］黄晓霞，刘玲. 生态位理论在昆明市土地利用结构优化中的应用［J］. 云南地理环境
研究，2008（5）：24-28.

［224］赵筱青，王海波，杨树华，等. 基于 GIS 支持下的土地资源空间格局生态优化［J］.
生态学报，2009，29（9）：4892-4901.

［225］Pontius R G，Shusas E，Mceachern M. Detecting important categorical land changes while
accounting for persistence［J］. Agriculture，Ecosystems and Environment，2004，101：
251-268.

[226] 许艺萍. 鄱阳湖土地利用时空变化特征研究[J]. 江西农业大学学报(社会科学版)，2009，8(2)：8-12.

[227] 张珂，赵耀龙，付迎春，张洪. 滇池流域 1974 年至 2008 年土地利用的分形动态[J]. 资源科学，2013(1)：232-239.

[228] Batty M, Longley P A. Urban shapes as fractals[J]. Area, 1987, 19(3): 215-221.

[229] 王新生，刘纪远，庄大方，等. 中国特大城市空间形态变化的时空特征[J]. 地理学报，2005，60(3)：392-400.

[230] 陆汝成，黄贤金，左天惠，等. 经济快速增长区土地利用信息图谱构建——以江苏省环太湖地区为例[J]. 资源科学，2009，31(7)：1133-1141.

[231] 鲍文东，侯志华，吴泉源. 基于地学信息图谱的土地利用动态变化研究——以山东省龙口市为例[J]. 地域研究与开发，2007(3)：80-84，131.

[232] 戴声佩，张勃. 利用 Landsat 影像构建河西绿洲土地利用信息图谱——以张掖市甘州区为例[J]. 遥感信息，2012，27(5)：107-114.

[233] Redman C L. Human dimensions of ecosystem studies[J]. Ecosystems, 1999, 2: 296-298.

[234] 刘茂松，张明娟. 景观生态学原理与方法[M]. 北京：化学工业出版社，2004.

[235] 李团胜. 城市景观异质性及其维持[J]. 生态学杂志，1998(1)：71-73，70.

[236] 陈国平，赵俊三，李红波，等. 滇中城市群耕地时空变化分析方法[J]. 昆明理工大学学报(自然科学版)，2016(2)：24-32.

[237] Lin Y L, Zhao J S, Zhang M, et al. Construction land expansion simulation and landscape effect analysis of the urban agglomeration in Central Yunnan[J]. IOP Conference Series: Earth and Environmental Science, 2019, 237.

[238] 孟超，王计平，支晓蓉，等. 基于 GIS 的县域森林景观空间格局等级特征研究[J]. 农业机械学报，2018，49(10)：187-194，204.

[239] 杜改芳，马民涛，梁增强. 山东半岛城市群经济与污染重心演变特征分析[J]. 中国人口·资源与环境，2014，24(S2)：114-117.

[240] 文广，赵晨，陈利珍，等. 1975—2015 年锡林郭勒盟沙漠化时空演变分析[J]. 兰州大学学报(自然科学版)，2017，53(1)：60-67.

[241] 胡文艺. 基于空间探测方法的珠峰景区旅游安全预警研究[D]. 成都：成都理工大学，2012.

[242] 冯利静. 基于空间统计分析的地震时空传播特性的研究[D]. 成都：电子科技大学，2014.

[243] 摆万奇，赵士洞. 土地利用变化驱动力系统分析[J]. 资源科学，2001(3)：39-41.

[244] 郭斌，陈佑启，姚艳敏，等. 土地利用与土地覆被变化驱动力研究综述[J]. 中国农学通报，2008(4)：408-414.

[245] 崔峰. 城市边缘区土地利用变化及其生态环境响应[D]. 南京：南京农业大学，2013.

[246] 肖金成，刘保奎. 国土空间开发格局形成机制研究[J]. 区域经济评论，2013(1)：

53-57.

[247] 邓祥征，战金艳. 中国北方农牧交错带土地利用变化驱动力的尺度效应分析[J]. 地理与地理信息科学，2004(3)：64-68.

[248] 林晓丹. 基于 GIS 和 Logistic-CA-Markov 模型的土地利用/覆被变化与模拟研究[D]. 福州：福建农林大学，2017.

[249] 骆方. SPSS 数据统计与分析[M]. 北京：清华大学出版社，2011.

[250] Knaapen J P, Scheffer M, Harms B. Estimating habitat isolation in landscape planning[J]. Landscape and Urban Planning, 1992, 23(1)：1-16.

[251] 张序强，李华，董雪旺. 旅游地阻力面理论初探：五大连池风景名胜区为例[J]. 地理科学，2003，23(2)：240-244

[252] 姜晓丽，杨伟. 基于"三生"空间视角的城市建设用地拓展适宜性[J]. 江苏农业科学，2019，47(16)：282-285.

[253] 江倩倩，罗先香，张龙军. 生态适宜性评价研究及在海洋环境中应用的思考[J]. 海洋环境科学，2016，35(1)：155-160.

[254] 宋跃光. 空间规划决策支持技术及其应用[M]. 北京：科学出版社，2011.

[255] 崔健，林年丰，汤洁，等. 霍林河流域下游地区土地利用变化动态及趋势预测[J]. 吉林大学学报(地球科学版)，2006(2)：259-264.

[256] 王远飞，何洪林. 空间数据分析方法[M]. 北京：科学出版社，2007.

[257] 黄金川，陈守强. 中国城市群等级类型综合划分[J]. 地理科学进展，2015，34(3)：290-301.

[258] 吕志强，吴志峰，张景华. 基于最佳分析尺度的广州市景观格局分析[J]. 地理与地理信息科学，2007(4)：89-92.

[259] 郭恒亮，刘如意，赫晓慧，等. 郑州市景观多样性的空间自相关格局分析[J]. 生态科学，2018，37(5)：157-164.

[260] 张培. 北碚区土地利用景观格局信息图谱分析[D]. 重庆：西南大学，2011.

[261] 邵俊明，周宝同，徐中强，等. 基于 Moran's I 和 Kriging 插值在不同采样尺度下的土地利用程度分析——以重庆市石柱县为例[J]. 四川农业大学学报，2015，33(2)：215-222.

[262] 华娟，涂建军，孔露平，等. 基于空间自相关的重庆区域经济时空差异研究[J]. 西南大学学报(自然科学版)，2012，34(10)：118-123.

[263] Zhao Y L, Murayama Yuji. Effect of spatial resolution on urban land-use pattern analysis in different classification systems：an empirical study in the CBD of Tokyo[J]. Theory and Application of GIS, 2006, 14(1)：29-42.

[264] de Koning G H J, Veldkamp A, Frescol L O. Land use in Ecuador：a statistical analysis at different aggregation levels[J]. Agriculture, Ecosystems and Environment, 1998, 70：231-247.

[265] 张永民，周成虎，郑纯辉，等. 沽源县土地利用格局的多尺度模拟与分析[J]. 资源

科学，2006（2）：88-96.

［266］张薇，刘淼，戚与珊. 基于 CLUE-S 模型的昆明市域土地利用预案模拟［J］. 生态学杂志，2014，33（6）：1655-1662.

［267］赵文武，傅伯杰，陈利顶. 景观指数的粒度变化效应［J］. 第四纪研究，2003（3）：326-333.

［268］朱明，濮励杰，李建龙. 遥感影像空间分辨率及粒度变化对城市景观格局分析的影响［J］. 生态学报，2008（6）：2753-2763.

［269］林勇，樊景凤，温泉，等. 生态红线划分的理论和技术［J］. 生态学报，2016，36（5）：1244-1252.

［270］Li F，Ye Y P，Song B W，et al. Evaluation of urban suitable ecological land based on the minimum cumulative resistance model：A case study from Changzhou，China ［J］. Ecological Modelling，2015，318：194-203.

［271］谢花林. 土地利用生态安全格局研究进展［J］. 生态学报，2008，28（12）：6305-6311.

［272］卓静. 基于 3S 技术的陕北地区生态环境遥感动态监测及评价［D］. 西安：西北大学，2008.

［273］杨姗姗，邹长新，沈渭寿，等. 基于生态红线划分的生态安全格局构建——以江西省为例［J］. 生态学杂志，2016，35（1）：250-258.